山东财经大学统计交叉科学研究中心（RCSI）

碳中和约束下碳汇生态产品价值的统计核算及实现机制研究（21BTJ064）

黄河流域绿色低碳高质量发展统计测度及提升路径研究

杨晓彤　田金方◎著

知识产权出版社
全国百佳图书出版单位
—北京—

图书在版编目（CIP）数据

黄河流域绿色低碳高质量发展统计测度及提升路径研究 / 杨晓彤，田金方著．
北京：知识产权出版社，2024.12． —（山东财经大学统计交叉科学研究中心
（RCSIS）系列丛书）． —ISBN 978-7-5130-9640-9

Ⅰ．F127.2

中国国家版本馆 CIP 数据核字第 2024XB9078 号

内容提要

推进绿色低碳高质量发展是适应全球可持续发展要求的必由之路，也是打造社会—经济—环境系统协调发展模式的关键方向。本书紧密对接黄河流域生态保护和高质量发展的重大国家战略，构建黄河流域绿色低碳高质量发展的 DPSIR 统计测度体系，系统评价黄河流域绿色低碳高质量发展的基本现状，深度剖析当前所面临的新形势新挑战，旨在为正确处理好黄河流域"绿水青山"与"金山银山"之间的关系，建设具有中国特色的绿色低碳高质量发展道路提供经验参考。

责任编辑：刘 鹗	责任校对：潘凤越
封面设计：邵建文 马倬麟	责任印制：孙婷婷

山东财经大学统计交叉科学研究中心（RCSIS）系列丛书

黄河流域绿色低碳高质量发展统计测度及提升路径研究

杨晓彤 田金方 著

出版发行：知识产权出版社有限责任公司	网 址：http://www.ipph.cn
社 址：北京市海淀区气象路 50 号院	邮 编：100081
责编电话：010-82000860 转 8119	责编邮箱：liuhe@cnipr.com
发行电话：010-82000860 转 8101/8102	发行传真：010-82000893/82005070/82000270
印 刷：北京建宏印刷有限公司	经 销：新华书店、各大网上书店及相关专业书店
开 本：720mm×1000mm 1/16	印 张：18.25
版 次：2024 年 12 月第 1 版	印 次：2024 年 12 月第 1 次印刷
字 数：296 千字	定 价：99.00 元
ISBN 978-7-5130-9640-9	

出版权专有 侵权必究

如有印装质量问题，本社负责调换。

前　言

为应对日益严峻的气候变化形势，绿色低碳发展成为当下全球共同关注的重要议题。作为中华文明的重要发源地，黄河流域承载着厚重的历史与文化底蕴，是我国重要的生态屏障与经济带。然而，在实现经济快速增长的同时，黄河流域面临着经济发展与生态保护的双重压力，资源约束趋紧、环境污染加剧、生态系统退化等形势严峻。因此，如何在保障黄河流域沿线地区经济高质量发展的同时，加强生态保护修复，促进经济社会发展绿色转型，推动黄河流域绿色低碳高质量发展，成为当前亟待解决的关键问题。

本书旨在通过深入统计分析和实证研究，厘清绿色低碳高质量发展的内在价值逻辑，系统评价黄河流域绿色低碳高质量发展基本现状，剖析当前流域沿线地区面临的新问题、新挑战，识别影响绿色低碳高质量发展的关键因素，为推动实现黄河流域乃至全国其他地区绿色低碳高质量发展提供实践参考。

本书的主要研究特色如下。

（1）紧密对接黄河流域生态保护和高质量发展的重大国家战略。党的十八大以来，我国生态文明建设从理论到实践发生了历史性、转折性和全局性变化。黄河流域作为我国重要的生态屏障和经济带，其绿色低碳发展对于国家生态文明建设、区域协调发展具有重要意义。本书立足于生态文明建设和高质量发展的时代要求，围绕黄河流域生态保护和高质量发展的重大国家战略，诠释黄河流域绿色低碳高质量发展的国家战略导向、理论内涵及科学依据等，为后续分析奠定了理论基础。

（2）合理构建绿色低碳高质量发展的 DPSIR 统计测度体系。本研究对标开源统计数据，基于 DPSIR 模型构建包含驱动力、压力、状态、影响及响应五个维度在内的黄河流域绿色低碳高质量发展测度体系，测算评价黄河流域绿色低碳高质量发展现状。同时，运用聚类分析、空间关联性分析以及收敛性分析等多元统计方法，对各级指标进行综合评价，以系统把握黄河流域绿色低碳高质量发展时空特征，为相关政策方案设计提供数据支撑。

（3）深度剖析黄河流域绿色低碳高质量发展的新形势、新挑战，提出有针对性的提升路径及政策建议。通过收集黄河流域沿线地区经济社会发展数据和生态环境数据，运用统计分析方法，对黄河流域绿色低碳发展的现状进行客观评价，揭示发展过程中存在的问题和不足。进一步地，在把握黄河流域绿色低碳发展现状并识别其影响因素的基础上，提出切实可行的提升路径和政策建议，为推动实现黄河流域绿色低碳高质量发展提供参考。

本书面向的读者群体广泛，包括从事生态环境统计、区域经济研究、政策制定与评估等领域的专家学者、政府工作人员、企业管理人员，以及关心黄河流域经济社会与生态环境发展的广大读者。希望本书的研究能够为读者提供有益的参考和启示。同时，我们也期望本书的研究成果能够引起社会各界对黄河流域绿色低碳高质量发展的高度关注，促进相关政策的制定和实施，为黄河流域经济社会可持续发展作出积极贡献。

在本书出版之际，要特别感谢知识产权出版社刘嚣编辑及其同人的支持和帮助，各位以认真负责、精益求精的工作态度为本书提供了许多宝贵意见，并付出了辛苦的劳动。感谢山东财经大学统计交叉科学研究中心（RCSIS）的同事和同学们（王云靓、于龙光、张舒、寇慧文、齐泽璇、许冰、姜浩天、葛洲、闫豪、任晓琪、李恩泽等）对本书的支持，帮助我们不断提升文稿质量，在此表示衷心感谢。实现黄河流域绿色低碳高质量发展是一项长期而艰巨的任务，需要全社会的共同努力和持续推动。本书作为该领域的研究成果之一，希望能够为黄河流域的社会–经济–环境系统协调可持续发展提供理论支撑和实践指导，同时激发公众更多的思考和行动，推动黄河流域乃至全国绿色低碳高质量发展事业不断向前迈进。

作　者

2024 年 7 月

目 录

第1章 黄河流域绿色低碳高质量发展的国家战略导向 ················· 1
    1.1 绿色低碳高质量发展理念提出的国际背景 ···················· 1
    1.2 绿色低碳高质量发展的国家战略要求 ························ 12

第2章 黄河流域绿色低碳高质量发展的价值意蕴 ······················ 16
    2.1 黄河流域绿色低碳高质量发展的历史必然 ···················· 16
    2.2 黄河流域绿色低碳高质量发展的理论内涵 ···················· 25
    2.3 黄河流域绿色低碳高质量发展的科学依据 ···················· 31

第3章 黄河流域绿色低碳高质量发展的新形势和新挑战 ·············· 38
    3.1 黄河流域绿色低碳高质量发展的比较优势 ···················· 38
    3.2 黄河流域绿色低碳高质量发展的关键挑战 ···················· 43
    3.3 黄河流域绿色低碳高质量发展的主体响应 ···················· 48

第4章 黄河流域绿色低碳高质量发展的基本现状 ······················ 69
    4.1 黄河流域生态系统服务 ···································· 69
    4.2 黄河流域生态环境治理 ···································· 85
    4.3 黄河流域经济社会发展 ···································· 93

第5章 黄河流域绿色低碳高质量发展的典型案例 ······················ 99
    5.1 生态保护与修复行动纵深推进 ······························ 99
    5.2 绿色低碳经济转型持续发力 ································ 103
    5.3 数字化助力绿色低碳绩效提升 ······························ 111

第6章 黄河流域绿色低碳高质量发展的测度体系 ······················ 117
    6.1 绿色低碳高质量发展的测度方法 ···························· 117

  6.2 绿色低碳高质量发展的测度逻辑……………………………………121

  6.3 绿色低碳高质量发展的指标体系……………………………………126

第7章 黄河流域绿色低碳高质量发展的统计测度………………………………139

  7.1 黄河流域省（区）级绿色低碳高质量发展的测度结果……………139

  7.2 黄河流域地级市绿色低碳高质量发展的测度结果…………………164

  7.3 黄河流域城市群绿色低碳高质量发展的测度结果…………………189

第8章 黄河流域绿色低碳高质量发展的时空特征………………………………200

  8.1 黄河流域绿色低碳高质量发展的区域集聚性评价…………………200

  8.2 黄河流域绿色低碳高质量发展的空间关联性评价…………………213

  8.3 黄河流域绿色低碳高质量发展的收敛性评价………………………232

第9章 黄河流域绿色低碳高质量发展的驱动机制………………………………235

  9.1 黄河流域绿色低碳高质量发展的障碍因素诊断……………………235

  9.2 黄河流域绿色低碳高质量发展的驱动因素识别……………………253

第10章 黄河流域绿色低碳高质量发展的提升路径………………………………262

  10.1 牢固树立绿色低碳意识，坚定绿色低碳高质量发展方向…………262

  10.2 加快升级产业结构，确保绿色低碳高质量发展质量………………265

  10.3 加速培育绿色发展新动能，提高绿色低碳高质量发展效率………267

  10.4 建立健全绿色政策，强化绿色低碳高质量发展制度建设…………270

参考文献…………………………………………………………………………………273

第1章　黄河流域绿色低碳高质量发展的国家战略导向

推进绿色低碳高质量发展是适应当今全球可持续发展要求的必经之路，不仅满足经济绿色转型发展的现实要求，也是打造社会-经济-环境系统协调发展模式的关键方向。当前，经济社会发展的绿色低碳转型已经逐步成为全球共识，我国对此高度重视，相继出台了一系列政策文件着力推进绿色低碳高质量发展。本章从国际与国内两个视角出发，通过梳理绿色低碳高质量发展道路的历史沿革，系统把握绿色低碳高质量发展的国际战略背景与国内战略要求。

1.1　绿色低碳高质量发展理念提出的国际背景

1. 倡导全球可持续发展战略

随着资源紧缺、环境污染、气候恶化等问题给公众生活带来的严峻挑战，粗放型经济增长方式对环境的影响日益受到关注，推动实现可持续发展的理念逐渐被提出。20世纪80年代，"可持续发展"作为一种新的发展观，由世界环境与发展委员会（WCED）首次提出。1987年，WCED发表的《我们共同的未来》对可持续发展理念进行了首次系统的阐释，这一理念得到了国际社会的广泛认可。然而，新理念的建立并不是一蹴而就的，雏形产生后，仍需在动态环境中经过不断完善才能最终形成。可持续发展理念的雏形可溯源至 20 世纪 60 年代。如《寂静的春天》的出版和"宇宙飞船经济理论"等理念均可被视为可持续发展理念的前身，它们关注到了生态环境破坏、有限资源消耗对人类生存环境的威胁与挑战。此外，罗马俱乐部作为一个独立的国际性民间学术团体，其对于科技革命与人类发展的关系进行了深入讨论，主张改善全球管理，强化公众的全球意识。罗马俱乐部以全球性的视角，强调环境保护与人类社会命运的关系，同样对可持续发展理念的提出起到了促进作用。《关于可持续发展的声明》经过不断调整与完善，最终在 1989 年的第 15 届联合国环境规划署（UNEP）理事会上通过，这一声明确立了共同实现可持续发展的长期目标。

可持续发展理念的核心目标是在满足当前需求的同时，保留足够资源和环境条件，以满足未来世代的发展需求。然而，要实现这项长期目标，需要国际社会的共同努力。可持续发展的深层理念还蕴含着对基础自然资源的保护理念，即合理应用自然资源，强化生态系统的抗压能力，实现经济、社会与环境的协调发展。可持续发展理念要求国家与政府在推进经济可持续增长的同时，关注生态环境的保护与治理，并施以相关环境发展计划与政策的约束，应对环境变化带来的挑战。可持续发展理念的核心要义是将环境和生态保护纳入经济可持续增长体系内，既要实现经济的良性增长，又要保障资源利用效率和生态环境安全，特别是要为后代子孙提供可靠的资源和生态保障。

区别于可持续发展理念，可持续发展战略是指国家在多个领域内制定的一系列行动计划和纲领，旨在实现长期的可持续发展目标。作为一项全球性议题，可持续发展战略综合考量了经济、社会与环境三个维度的发展问题。在全球范围内倡导可持续发展战略，即是鼓励各国政府采取适当措施，调整经济发展方式，关注环境生态保护，制定相应的行动计划及纲领，使得社会、经济与生态环境发展目标相协调。为了促进世界可持续发展战略在全球范围内推行，1992 年 6 月，在巴西里约热内卢召开的联合国环境和发展会议提出并通过了《21 世纪议程》，是"世界范围内可持续发展行动计划"，为 21 世纪各国政府、联合国组织等提供了可持续发展计划的行动蓝图。同时，该文件要求各国政府根据国家的实际情况，制定相应的可持续发展战略及行动方针、计划。为响应全球可持续发展战略，我国国务院于 1994 年通过了第一个

第1章　黄河流域绿色低碳高质量发展的国家战略导向

国家级的可持续发展战略《中国 21 世纪议程——中国 21 世纪人口、环境与发展白皮书》，确定了中国可持续发展的总体战略框架及其在各领域内的关键目标。可持续发展战略在得到广泛认可后，世界各个国家或地区为实现可持续发展进行了积极的探索。随着经济社会的发展与时代变迁，可持续发展战略也逐步具体到实际目标中。2015 年 9 月，在美国纽约召开的联合国可持续发展峰会上，联合国 193 个成员国正式通过了《改变我们的世界：2030 年可持续发展议程》，该纲领性文件包括 17 项可持续发展目标和 169 项具体目标。这些可持续发展目标的提出，将可持续发展这一较为宏观的概念落实到经济、社会与环境三个维度的具体目标上，为实现可持续发展战略提供了动态框架。

随着互联网信息技术的不断渗透，数字化、人工智能、大数据、区块链等技术崛起，经济全球化时代下世界各国在可持续发展综合国力方面的竞争也愈演愈烈。只有在可持续发展综合国力方面保持优势，在激烈的竞争中掌握发展机遇，才能为长久的生存和发展奠定坚实的基础，从而在国际舞台中屹立不倒。作为长期的、全球性的目标，可持续发展已成为世界各国努力的方向之一，并且已经付诸具体实践。长久以来，众多国家及地区在推动可持续发展方面取得了良好的成效，也形成了部分可参考的成功案例，为其他国家实行可持续发展战略提供了现实参考。下面我们将介绍丹麦、德国、巴西、瑞士以及中国在推动实现可持续发展目标中所进行的实践。

（1）丹麦可持续发展战略

丹麦通过立法机关、政府、学术研究机构等社会各界及全民的共同参与，走出了一条可持续发展的绿色转型之路。丹麦政府制定了一系列政策和措施。1976 年，推出首个国家能源行动，总体目标是探索开发如风能、太阳能、地热能等可再生能源，实现节能减排的目标；具体措施是从企业入手，给企业制定较高的节能标准，倒逼企业利用节能的生产方式，促进企业可持续发展。2012 年，丹麦议会通过了一项能源协议，该协议为丹麦转型成为零化石燃料社会提供了长远规划，不仅坚持强调发展可再生能源，而且凸显了社会各界对可持续发展的贡献。2019 年，丹麦议会通过的《气候法案》进一步提出了实现可持续发展的战略步骤，明确了世界各国应共同采取气候行动的理念。

丹麦避免了必须要在 GDP 发展和绿色环保中作取舍的状况，做到了在经济大幅增长的同时兼顾可持续发展。如今，丹麦可再生能源占比达到 40%，化石燃料在电力系统中的应用比重降至 20%以下❶。丹麦实施的上述诸多努力使其积累了许多绿色低碳的经验，成为绿色转型的引路人，为其他国家提供理论指导和技术支持。"丹麦经验"启示我们，政府在推动可持续发展中是不可或缺的。

（2）德国可持续发展战略

德国的可持续发展战略是一个多维度的综合规划，旨在确保经济、社会和环境三个方面的协调发展。这一战略的形成和发展经历了多个阶段，并在全球可持续发展议程的指导下不断完善。为增强城市发展的可持续性，德国政府进行了相关战略部署。例如，大力开展公共交通，改变居民出行方式，引导居民更倾向于选择乘坐公共交通工具而非私家车。同时，提高城市绿化经费以及修建自行车道，减少空气污染。德国将气候治理纳入国家可持续发展的长期战略，将可持续发展视为根本目标。自 2017 年 1 月 11 日德国政府出台《德国可持续发展战略（2016 年）》以来，德国严格坚持可持续发展方式。可持续发展既能改善环境质量，又能增强国家创新水平，提高国家总体经济实力。该战略建立了一个可持续发展的量化体系，包含 63 个具体指标。德国联邦统计局定期对各地的指标进行评估，并及时公布指标完成报告。这些指标对各区域和各企业起到了很强的监督作用，推动了德国的可持续发展。2019 年，德国出台"气候保护计划 2030"，计划指出德国将从 2021 年起在交通和建筑领域实施二氧化碳排放定价。届时德国将启动国家排放交易系统，向销售汽油、柴油、天然气、煤炭等产品的企业出售排放额度，价格为每吨二氧化碳 10 欧元。一直以来，德国根据不同时期的具体情况调整能源结构政策，促使其在能源转型中占据着领军地位。德国《可再生能源法》的实行，不仅使碳排放量明显降低，而且推动了再生能源市场份额的不断提高。德国在可持续城市规划、气候治理、能源转型等方面较为出色，成为欧盟和全球气候治理的一个优秀范例。综上，德国的实践经

---

❶ 张智勇：《能源童话：丹麦何以成为"最可持续国家"》，《光明日报》，2022 年 6 月 19 日。

验提醒我们，可持续城市规划、气候治理、能源转型这三个方面是实现可持续发展的重要因素。

（3）巴西可持续发展战略

巴西主要在农业方面实现可持续发展。巴西政府采取了一系列措施鼓励可持续农业的发展，例如巴西对亚马孙热带雨林实行严格的禁止砍伐制度，并禁止在江河湖泊沼泽地以及稀树草原地区乱砍滥伐。此外，巴西还鼓励农民采用可持续的农业技术，例如使用甘蔗生产清洁能源、生物质能发电、免耕直播等。巴西甘蔗可用于生产清洁能源乙醇，使用乙醇燃料代替汽油，减少了1亿多吨的碳排放，保护了巴西的生态环境。近年来，巴西着力于研究利用甘蔗渣发电的方法，并将该方法命名为"生物质能发电"。生物质能发电通过代替一部分传统物质发电，能够减轻环境污染。不仅如此，生物质能发电的发电量大，远超日常所需电量，因此可将剩余电量输送至电量匮乏地区，实现资源配置的优化。据巴西农业部统计，2010年生物质能发电量是巴西总电力消费量的2%，在圣保罗州甚至能达到5%❶。免耕直播是一种新型农业耕作方式，是指免去农作物播种前的翻耕过程，要求是不耕、少耕或浅耕。免耕直播比传统耕作方式的优势在于其能减少80%的碳排放量，有利于促进农业生产可持续发展。因此，目前免耕直播已在巴西推广开来，巴西人民在3 000多万公顷的农田上采用了免耕直播的技术进行耕作。可以说，免耕直播是巴西一种代表性的耕种方式。从巴西农业可持续发展方式中，我们意识到保护自然资源和采用可持续农业技术是实现可持续发展的重要途径之一。

（4）瑞士可持续发展战略

瑞士的可持续发展战略是一个全面且深入的规划。瑞士将可持续发展确立为所有联邦政策的核心要求，通过一系列具体的政策和措施，在可持续消费和生产，气候、能源和生物多样性以及机会均等和社会融合等领域取得了显著进展。瑞士联邦委员会于2021年通过了《2030年可持续发展战略》及《2021—2023年行动计划》。在《2030年可持续发展战略》中，瑞士确定了未

---

❶《低碳农业助推可持续发展》，人民网，https://news.ifeng.com/c/7fcM6hTzSCr。

来十年计划实施 2030 年议程的优先事项，将可持续发展确立为所有联邦政策的核心要求。该战略确定的国内外政策目标及重点集中于三个优先领域：可持续消费和生产，气候、能源和生物多样性，以及机会均等和社会融合❶。在可持续消费和生产方面，瑞士致力于减少资源消耗和环境污染，推动绿色产业的发展。例如，瑞士计划减少国家贫困线以下的人口比例，并确定使用化石燃料相关财政激励措施造成的负面环境影响，以期未来取消类似激励措施。同时，瑞士还通过制定行动计划，提出了更为具体的新举措，包括反对食物浪费、促进可持续航空燃料使用等。在气候和能源领域，瑞士致力于减少温室气体排放，提高能源利用效率，推动清洁能源和可再生能源的发展。瑞士积极参与国际气候谈判和合作，努力推动全球气候治理进程。在生物多样性保护方面，瑞士注重生态系统的保护和恢复，推动生态友好型农业和林业的发展，保护野生动植物种群和栖息地。

瑞士联邦委员会于 2023 年通过了《海洋战略 2023—2027》。该战略确定了瑞士将推动对海洋领域国际法的遵守和细化，主要关注与联合国《改变我们的世界：2030 年可持续发展议程》相关的文件，同时瑞士将为海洋经济发展创造良好的条件，将履行其在保护海洋生物多样性、消除塑料污染和应对气候变化领域的承诺，并致力于推动全球海运净零排放目标的实现。

（5）中国可持续发展战略

作为世界上最大的发展中国家，中国在可持续发展方面取得了诸多成果。这些成果不仅对中国自身的发展有着重要的意义，也为全球可持续发展做出了重要的贡献。首先是能源结构调整。中国是世界上最大的能源消费国之一，因此进行自身能源结构调整尤为重要。中国注重可再生能源的发展和利用，现如今已成功建设多个大型水能、太阳能及风能发电站。在开发新能源的同时，中国加强节约已有能源，使用先进的节能技术和设备节约资源保护环境。对诸如煤炭、石油、天然气等传统能源加强了监管，从而减少传统能源的二氧化碳排放量。其次是环境保护。中国加大了环境监测力度，将环境监测网

---

❶《瑞士通过 2030 年可持续发展战略及行动计划》，中华人民共和国商务部，http://ch.mofcom.gov.cn/article/jmxw/202106/20210603171547.shtml。

络拓展到全国。近年来，中国对环境保护给予了更多的资金支持，现已成为全球最大的清洁能源投资国。除此之外，中国加强了环境法律法规的制定和执行，加大了对环境违法行为的打击力度，推动了环境保护的法治化和规范化。最后是城市化发展。中国加强了城市规划和建设，推动了城市化的科学化和规范化，提高了城市的生产力和人民的生活质量，改善了城市管理和服务，促进了城市的智能化和人性化，从而提升了城市的竞争力和吸引力。未来，中国将继续加强可持续发展的各个方面，推动经济、社会和环境的协调发展，为全球可持续发展做出更大的贡献。

基于以上各个国家在推进可持续发展战略方面的典型成功案例，我们应当从中吸取经验，在现有基础上加以完善。一方面，政府需要充分利用激励与约束机制的共同作用，强化政策约束，给予资金支持；另一方面，充分发挥市场与公众的能动性，增强公众绿色环保意识，推进能源绿色转型，加强城市规划的可持续性，促进农业、工业等行业的技术创新，为深化可持续发展战略创造条件，努力实现全球可持续发展目标。

2. 践行绿色低碳经济发展模式

在人类发展与演进的历史长河中，共经历了三次具有典型代表的工业革命，这为世界经济社会的发展带来了巨大变革。然而，由于过于关注物质经济积累、追求经济增长而忽视了自然环境的保护，使得自然资源被过度消耗，生态系统受到破坏，气候变化日益加剧。随着气候变暖、气候灾害频发等问题的相继出现，失控的气候变化成为威胁人类生存发展的主要因素。气候灾害发生量正以惊人的速度增长，给世界经济发展带来了巨大损失。应对气候变化成为近年来国际社会关注的热门议题。为缓解气候变化所带来的负面影响，2015年在第12届联合国气候变化大会（COP21）上通过的《巴黎协定》建立了一个系统的行动框架。该协议的长期目标是将全球平均气温升幅控制在工业化前水平以上低于2℃之内，并努力将气温升幅限制在工业化前水平以上1.5℃之内。为遏制全球气候变暖的速度，绿色低碳经济发展模式受到广泛关注。

在可持续发展战略框架约束的背景下，低碳经济指的是通过技术改进、新能源开发应用、产业结构转型升级以及制度改革等一系列手段或措施，极大程度地降低国家对高碳排放能源的使用及消耗。例如，通过降低对煤炭、石油等能源的消耗，大幅度削减二氧化碳等温室气体的排放，实现经济高质量增长与生态保护治理协调发展。绿色低碳经济作为环境友好型的经济发展模式，具备低碳排放、低能源消耗以及低污染生成等优点。在绿色低碳经济的发展中，发达国家占据了明显的优势。一方面，发达国家在科学技术水平方面领先于其他国家或地区，在绿色技术创新潮流中处于主导地位；另一方面，发达国家经济发展水平相对较高，能够为绿色低碳经济改革提供必要的资金支持，有利于其在世界经济、政治、贸易以及技术等各项领域构造新的发展格局，从而推动综合国力竞争局势的转变。

与低碳经济发展模式相关的政府文件，最早可溯源至2003年。在充分意识到人类所面临的能源安全风险以及气候变化挑战后，英国发布了《我们能源的未来：创建低碳经济》能源白皮书。低碳经济发展模式是相对于以燃烧化石燃料等不可再生资源而言的，它的提出将引领新能源的推广与应用。当人类文明发展水平和单位碳排放所产出的经济效益达到一定水平时，低碳经济发展模式作为新业态经济形成，主要以太阳能、风能、水能等可再生能源为基础，其核心目的是提高能源效率，发展以新能源、清洁能源为核心的生产生活方式。绿色低碳经济发展模式的内涵可概括为三个方面：第一，与高碳排放的经济发展模式相比，绿色低碳经济将摆脱碳密集型能源生产方式，是一种集约型绿色低能耗生产模式；第二，绿色低碳经济作为一种新的经济发展模式，为扩展新能源应用提供了平台，推动传统能源向清洁、可再生能源的转换；第三，发展绿色低碳经济是为缓解人为破坏导致地球生态圈碳失衡状态的自救行为，是人类为缓解气候变化、减缓气候风险而提出的新型经济发展模式。低碳技术是低碳经济发展的核心要义，技术创新发展对于能源利用效率的提高起着至关重要的作用。绿色低碳技术可为低碳经济的发展提供关键保障，但是这也需要大量研发资金的投入，只有如此才能加快技术革新的脚步。低碳经济的发展将会引导人们转向绿色生产生活方式，增强绿色环保意识，保护自然、尊重自然，将绿色低碳理念贯穿于人们的日常生活之中。

作为提高能源利用效率、增进社会-经济-环境系统协调发展、缓解气候变化的新型经济发展模式，绿色低碳经济已得到世界各个国家和地区的普遍认同。特别是全球范围内的金融危机也加速了低碳经济发展模式的推广，使得低碳经济成为实现可持续发展目标的关键力量。为推进绿色低碳经济发展，许多国家的地区纷纷出台了一系列政策措施，以促进能源绿色转型，加快绿色技术创新，实现能源碳减排，以应对全球气候变化局势。

（1）英国绿色低碳经济发展模式

2003 年，英国在《我们能源的未来：创建低碳经济》中指出，二氧化碳排放量分别于 2010 年、2050 年实现在 1990 年水平上减少 20%、60% 的目标。且 2006 年 10 月《气候变化的经济学：斯特恩报告》的发布，不仅巩固了英国在全球应对气候变化行动中的地位，还进一步推动了国际社会对气候变化的关注和行动。为了应对这个挑战，英国于 2007 年推出了全球首部《气候变化法案》，并于次年开始实施。这使得英国成为世界上首个拥有气候变化法的国家。2009 年 4 月，英国再次创造历史，成为全球首个立法约束"碳预算"的国家。此举标志着英国在减少温室气体排放方面迈出了重要的一步。此后，英国持续致力于应对气候变化，并进行体制机制改革以更好地推进国家能源和气候战略政策，为全球应对气候变化问题做出了重要贡献。2016 年的改革使得各项措施更加统筹协调，确保了可持续发展与环境保护的双赢。2017 年，英国发布《清洁增长战略》，把减排作为工业战略的核心任务，制定各行业的减排目标，并进一步强调降低脱碳成本。2019 年 6 月，英国对《气候变化法案》进行了新的修订，制定了于 2050 年达成净零排放的减排目标。截止到 2019 年，英国碳排放比 1990 年减少了 40%，以低碳为支撑的英国经济增长了 2/3，低碳经济成果远优于其他发达国家。近年来，英国在低碳经济的发展中投入了大量的资金，致力于新能源的研发，促使其清洁能源技术在全球内已达到领先水平；另外，英国重视研发和保护与气候相关的新兴技术，使得相关领域的部分技术达到了垄断的状态。

（2）欧盟绿色低碳经济发展模式

2004 年 10 月，欧盟委员会通过了 8 个成员国的废气排放计划，但对各个成员国的碳排放量进行了限制分配。2005 年，欧盟排放交易体系（EU ETS）正式推出，这被视为欧盟 25 个国家执行《京都议定书》所做的一项重大举措。2007 年 3 月，欧盟首脑会议上通过了一项决议，即到 2020 年将欧盟温室气体排放量在 1990 年基础上至少减少 20%。若能达成新的国际气候协议（其他发达国家相应大幅度减排，先进发展中国家也承担相应义务），则欧盟将承诺减少30%。2008年12月，欧盟通过了一项关于能源和气候问题的一揽子计划，并确定了欧盟关于低碳经济的政策框架。2009年3月9日，欧盟委员会决定，将投入巨额资金来支持各国推行"绿色经济计划"。这一举措旨在促进可持续发展和环境保护。2009年11月24日，欧盟提出建立"绿色知识经济体"的战略构想，该构想的目标是将环保和经济增长结合起来，通过技术创新和知识共享推动绿色产业的发展。2011年3月8日，欧盟发布《2050年迈向具有竞争力的低碳经济路线图》，制定了一项长期战略，即于2050年实现欧盟经济去碳化达到1990年的80%~95%的目标。2014年，欧盟对《战略能源技术计划》进行了更新升级，目的在于研究出更加高效、经济的低碳技术。2019年，欧盟发布了《欧洲绿色协议》，提出到2050年欧洲要在全球范围内率先实现"碳中和"。该协议提出了一系列措施和政策，也为欧洲经济带来更多机遇。在低碳经济的发展背景下，欧盟发布的一系列低碳化、绿色化、节能化政策机制，为全球减排做出了巨大贡献。

（3）美国绿色低碳经济发展模式

尽管美国未签署《京都议定书》，但近年来美国对节约能源和减少温室气体排放给予了高度重视。美国于2005年颁布了《2005国家能源政策法案》。2006年9月，美国气候变化技术计划发布了新方案，提出从"捕获、削减和储存"三个方面实现对温室气体的减排。2007年7月，美国参议院提出了《低碳经济法案》，表明低碳经济或将成为美国发展道路上的一项重大的战略抉择。为了减少美国温室气体排放和减少美国对国外石油的依赖性，美国国会于2009年6月通过了《2009年美国清洁能源与安全法案》，并制定了一系列减排目标。2014年，美国首次对现行及新设的火力发电厂的碳排放量设置限值，制定了"清洁电力计划"，并设定目标：到2030年，美国电力行业的二氧化碳排放要在2005年基础上减少32%。多年来，美国在碳减排方面取得了长足进步，形成了一个以政府为主导，以市场自发调节为导向的减排模式。在这个模式下，美国形成了发展新能源、调整能源结构、创新负排放技术的碳减排路线，在取得一定碳减排效果的同时获取了技术优势。值得一提的是，在技术层面，美国通过不断研发原材料及其他技术，使其技术水平领先世界其他国家。

（4）日本绿色低碳经济发展模式

1979年，日本政府颁布并施行了《节约能源法》，并在之后对其作了多次修改。日本于1991—2001年通过了多项低碳经济相关的法案，全面推进各项节能减排举措。2008年5月，《面向低碳社会的十二大行动》由日本环境省全球环境研究基金项目组发布，并提出了一系列的减排目标。2009年，日本发布了一项名为《绿色经济与社会变革》的政策草案，目的在于通过减排措施来发展日本的低碳经济。2020年10月，时任日本首相菅义伟宣布了日本的减排目标：2030年温室气体排放量与2013年相比减少46%，且将于2050年达成"碳中和"目标。为尽早实现"碳中和"目标，近年来，日本不断培育新产业，推出各种各样的低碳项目，使得其节能水平达到世界领先水平。

（5）中国绿色低碳经济发展模式

2005年，《国务院关于加快发展循环经济的若干意见》正式发布，为了推动循环经济的发展，政府采取了一系列措施，包括在重点行业、重点领域、园区和城市组织循环经济试点工作，以及探索一种有效的发展模式，以期实现可持续发展。2006年，中国在"十一五"规划中首次提出节能减排目标，随后一系列的措施与政策相继出台。同年，《千家企业节能行动实施方案》由国家发展和改革委员会（以下简称国家发改委）等多个部门共同制定。据统计，"十一五"期间，千家企业共同努力，节约能源量高达到1.5亿吨标准煤❶。2010年，国家发改委确定了第一批低碳发展试点省市，此举措将低碳发展正式纳入城市的范畴。2016年，中国在"世界地球日"当天正式加入《巴黎协定》，并做出与其他国家共同努力应对减排和气候变化的承诺。2020年，中国为应对气候变化和推动低碳发展，提出力争于2030年前碳达峰、2060年前实现碳中和的"双碳"目标。世界银行公布的有关数据显示，中国自2005年以来的累计节能量超过了全球节能量的一半。2024年11月，生态环境部发布的《中国应对气候变化的政策与行动2024年度报告》指出，2013年至2023年中国二氧化硫、氮氧化物排放量分别下降超过85%和60%的同时，碳排放强度下降超34%。

---

❶《我国"千家企业节能行动"累计节能1.5亿吨标准煤》，中国政府网，https://www.gov.cn/jrzg/2011-10/02/content_1961989.htm。

1.2 绿色低碳高质量发展的国家战略要求

1. 绿色低碳高质量发展是践行习近平生态文明思想的重要内容

习近平生态文明思想是在对生态环境问题深刻认识的基础上提出的，是中国特色社会主义理论体系的重要组成部分。习近平生态文明思想主要体现在八个方面：一是"生态兴则文明兴"的历史观，二是"人与自然和谐共生"的自然观，三是"绿水青山就是金山银山"的发展观，四是"良好生态环境是最普惠的民生福祉"的民生观，五是"山水林田湖草沙是生命共同体"的系统观，六是"用最严格制度最严密法治保护生态环境"的法治观，七是"建设美丽中国全民行动"的共治观，八是"共谋全球生态文明建设"的全球观。这八个方面的重要论述，既有哲学理论上的宏观意义，又有工作实践上的具体要求，具有很强的针对性、指导性、操作性，是我国生态文明建设的思想指引和根本遵循。在当前全球面临气候变化等严峻环境挑战的背景下，绿色低碳高质量发展已成为全球关注的焦点，习近平生态文明思想为实现这一目标提供了重要的指导。其中，绿色低碳高质量发展作为习近平生态文明思想的重要内容，旨在实现经济发展与生态环境保护的良性循环，为构建美丽中国和"人与自然和谐共生"的中国式现代化道路提供了理论指导和实践路径。

绿色低碳高质量发展强调了经济增长模式的转变。习近平生态文明思想认识到生态环境与经济发展之间的密切关系，提出了"绿水青山就是金山银山"的发展理念。"绿水青山就是金山银山"的发展观强调了生态环境资源的重要性，倡导在经济发展的过程中，实现经济增长与环境保护的良性循环。传统的高耗能、高污染的发展模式已经难以满足人民群众对美好生活的向往，也无法适应当今社会对于可持续发展的需求。要求必须准确把握绿色低碳发展的深刻内涵，把实现减污降碳协同增效作为促进经济社会发展全面绿色转型的总抓手，抓住资源利用这个源头和产业结构调整这个关键，构建绿色低碳的生产体系、流通体系、消费体系，打造资源节约型、环境友好型、能源低碳型的发展模式。我国需要加快推动绿色转型发展，深入推进供给侧结构性改革,大力优化产业结构,实施绿色技术创新攻关行动。

绿色低碳高质量发展是践行习近平生态文明思想的重要内容。在当前全球环境问题日益突出的背景下,绿色低碳高质量发展为实现经济社会可持续发展、推动人类命运共同体建设提供了重要思想指导和实践路径。在未来的发展中,我们应该坚持以习近平生态文明思想为指导,不断深化绿色低碳高质量发展,为建设美丽中国、构建人类命运共同体作出更新更大的贡献。中国经济要在两难或多难选择中,走出一条稳增长与减污降碳相互平衡发展的新路径。

2. 绿色低碳高质量发展是坚持可持续发展理念的深度延续

绿色低碳高质量发展是将环境保护纳入经济社会高质量发展范畴之内,实现生态环境保护治理与高质量发展的有机统一。由此可见,绿色低碳高质量发展是坚持可持续发展理念的本质要求,也是响应全球可持续发展战略的直接体现。我国属于人口大国,在有限资源基础之上,人均资源相对不足,生态环境相对脆弱。只有坚持实施可持续发展战略,才能在满足当代人需求的基础上,为后代子孙保留其发展所需的资源。

坚持深入推进绿色低碳高质量发展,是建设人与自然和谐共生的现代化、推动经济发展绿色化的根本之路。但是,长久以来高碳排放的生产生活方式给生态系统造成了一定程度的破坏,自然生态系统的保护和修复尚不能满足当前经济高质量发展的要求。因此,推进绿色低碳高质量发展将是一项长期而艰巨的任务。只有全面促进经济发展的绿色转型,坚持可持续发展理念,在发展经济的同时兼顾生态效益,才能调动并利用好整个系统的各项要素,为建立稳定、有序、绿色、高效的经济发展模式创造机会。

作为新型发展模式,绿色低碳高质量发展是坚持可持续发展理念的本质要求,是对可持续发展观的深度延续,为新发展格局下建设美好中国提供了指引。在"生态兴则文明兴,生态衰则文明衰"的绿色发展理念框架下,绿色低碳高质量发展模式不是简单地将经济与环境折中发展,而是要在生态系统与自然资源基础可以承载的范围之内促进经济的高质量发展。当前,我国在推动绿色低碳高质量发展的过程中仍然面临着诸多挑战。能否实现良性的、长期的、可持续的发展是解决当前问题的关键突破口。因此,绿色低碳高质量发展需要在可持续发展战略框架下加以推进。在深入贯彻落实绿色低碳高质量发展要求的进程中，党和国家将"绿色低碳"作为高质量发展战略中的一项重要的落脚点，始终坚持把绿色价值理念纳入高质量发展过程中。在新时代、新征程中，绿色低碳高质量发展是可持续发展战略的良好延续，只有坚持绿色低碳高质量发展，才能为后代的发展保留坚实基础。

3. 绿色低碳高质量发展是建设中国式现代化的必由之路

自 2021 年 7 月习近平总书记提出"走好中国式现代化新道路"后，中国式现代化逐渐成为国家发展的重点。2022 年 10 月，习近平总书记在党的二十大报告中全面系统深入地阐述了中国式现代化的科学内涵，即中国式现代化的中国特色、本质要求和重大原则。2023 年 2 月，习近平总书记在学习贯彻党的二十大精神研讨班开班式上强调，概括提出并深入阐述中国式现代化理论，是党的二十大的一个重大理论创新，是科学社会主义的最新重大成果。随着中国经济的快速增长和城市化进程的加速，环境污染、资源消耗等问题日益突出，人民对美好生活的向往也日益迫切。在这样的背景下，绿色低碳高质量发展成为了建设中国式现代化的必由之路。

绿色低碳高质量发展是保护生态环境的必由之路。生态环境作为人类生存和发展的基础，在现代社会中愈加彰显其不可替代的重要性。绿色低碳高质量发展的提出旨在从根本上解决经济增长与环境保护之间的矛盾，强调了节约资源、保护环境的理念。这一发展模式不仅追求经济增长的数量性变化，更注重经济增长的质量性变化，以及与生态环境的协调发展。在推进绿色低碳高质量发展的过程中，必须采取一系列有力措施，如推进绿色技术创新、加强环境治理、推动生态文明建设等，以实现经济发展与生态环境的良性循环。

绿色低碳高质量发展是提升经济质量和效益的必由之路。绿色低碳高质量发展强调了发展的质量和效益，注重提高资源利用效率、降低能源消耗、减少污染排放、推动产业升级等举措的实施，实现经济增长与资源环境的协调发展，推动经济社会实现高质量发展，增强国家的经济竞争力和可持续发展能力。

绿色低碳高质量发展是实现中国式现代化的必由之路。在当前全球化背景下，中国在实现现代化的进程中不仅需要经济的繁荣和社会的进步，还需要更加注重生态文明建设和可持续发展。2024年8月，中共中央、国务院印发的《关于加快经济社会发展全面绿色转型的意见》明确指出，要坚定不移走生态优先、节约集约、绿色低碳高质量发展道路。习近平生态文明思想强调了绿色发展、低碳发展、高质量发展的理念，提出了建设美丽中国、推动人与自然和谐共生的宏伟目标。绿色低碳高质量发展不仅有利于减少环境污染和生态破坏，还有助于提高资源利用效率和生产效率，促进经济社会的持续健康发展。在全球气候变化、生态环境恶化等严峻挑战面前，绿色低碳高质量发展成为中国应对挑战和实现可持续发展的必然选择。实现绿色低碳高质量发展既是实现中华民族伟大复兴的必由之路，也是对全人类未来发展的重要贡献。中国必须发挥自身的优势和作用，积极探索绿色低碳高质量发展的新路径和新模式，为全球可持续发展做出更大的贡献。在新时代背景下，我们需要加强生态文明建设和绿色发展理念的宣传教育，引导全社会形成尊重自然和保护环境的良好氛围，为建设美丽中国和实现中华民族伟大复兴的中国梦不懈奋斗。

第 2 章　黄河流域绿色低碳高质量发展的价值意蕴

随着我国经济发展由高速增长迈向高质量发展新时代，倡导绿色低碳生产生活、全面推进生态文明建设可以为经济高质量发展提供坚实的生态环境基础，对于保障公众福祉和维护国家长远利益具有深远意义。黄河流域作为国家生态安全的重要屏障，是实现绿色低碳高质量发展的重要试验区。正确处理好黄河流域绿水青山与金山银山之间的关系，建设具有中国特色的绿色低碳高质量发展道路，成为黄河流域治理当下迫切需要关注的重点问题。为此，党和国家高度重视黄河流域绿色低碳与高质量发展的有机统一，并相继出台一系列有关政策文件，为推进黄河流域的生态保护与绿色发展，实现绿色低碳高质量发展提供了有效抓手。

2.1　黄河流域绿色低碳高质量发展的历史必然

黄河流域是中华文明的重要发源地，拥有丰富的历史文化遗产。保护这一地区的生态环境，继承和发扬其深厚的历史文化，是对民族文化传承的重要责任，也是实现可持续发展的必要条件。改革开放 40 多年来，中国经济取得了显著的增长，人民生活水平大幅提升。然而，中国在进入 21 世纪后，面临着各种新的挑战。新时期，中国人口和经济等方面发生了不同程度的转变，中国长期依赖的人口红利优势逐渐减弱，经济增长速度放缓。这种转变引发

第 2 章 黄河流域绿色低碳高质量发展的价值意蕴

了许多深层次的挑战，这些挑战亟须我们集中关注并积极应对。首先，地区之间的经济发展差异较大。发达地区和欠发达地区之间的差距明显，这不仅影响了国家的整体经济均衡，也影响了社会的和谐稳定。解决这一问题需要更有效的区域协调发展策略。其次，生态环境治理面临巨大挑战。随着工业化和城市化的快速推进，环境问题日益凸显，如空气污染、水资源短缺等，这些问题不仅影响民众健康，也制约了可持续发展。再次，经济发展的动能不足。随着全球经济环境变化和国内市场饱和，传统的增长模式已难以为继，需要转型升级，发掘新的经济增长点。最后，产业结构的合理化亟待加强。目前中国经济中还存在过度依赖低端制造业、服务业发展不充分等问题，这需要通过科技创新和产业升级来实现结构的优化和转型。

随着生活水平的提高，人们对生态环境方面的关注也日益增强。黄河流域的绿色低碳发展，不仅能够改善生态环境，还能促进经济和社会的全面可持续发展，满足人民对美好生活的向往。在当前的经济形势下，中国将转变其发展战略，不再单纯追求经济增长的速度，而是将重点放在提高经济发展的质量和效率上，这已成为一项更为重要的目标。这一战略转变正符合新时代的发展需求。正是基于新时代的要求，党的十九大报告中明确提出，高质量的经济发展是我国未来经济社会转型和发展的新的发展趋势，是打破当前经济发展困局的新方向，是全面推进社会主义现代化建设的新力量。随着中国经济发展进入新常态，对传统高能耗、高污染的经济增长模式进行转型已成为必然选择。

黄河，作为中国第二大河流，呈现出独特的"几"字型走向，横跨了青海、四川、甘肃、宁夏、内蒙古、山西、陕西、河南和山东九个省、自治区。这条长达 5 464 千米的河流，在中国的生态系统和经济发展中扮演着至关重要的角色。黄河流域不仅是国家重要生态安全屏障、关键粮食生产基地和经济走廊，同时它地跨我国东、中、西部，对于平衡区域发展、促进东西部协调发展具有重要意义。黄河流域横跨多种地貌，其中包括青藏高原、黄土高原和华北平原等，各区域共同肩负着促进国家社会经济发展的重要使命。为了有效改善和保护黄河流域的生态环境，中国自 1970 年以来启动了众多重要的生态保护与建设项目。我国率先实施了三北防护林体系的建设，随后又相继开展了天然林保护、退耕还林、退牧还草、湿地保护和自然保护区建设等一系列关键性生态工程。这些生态工程显著改善了黄河流域的生态环境，提升了植被覆盖度，促进了退化草地的恢复，控制了沙化土地的扩张速度，减少了水土流失面积，并增强了部分水土流失区域的水土保持能力。这些成效为黄河流域的生态恢复与保护奠定了坚实基础。然而，黄河流域的生态保护与经济开发之间的矛盾依然突出，生态安全形势依然严峻。因此，需要继续加大投入力度，采取更为科学、有效的措施，深入推进黄河流域的生态治理与保护工作，以实现该流域生态环境的持续改善与可持续发展（Fu et al., 2022）。在此过程中，还应注重加强科学研究与技术创新，不断提升生态治理的科技含量和水平。同时，加大政策引导与监管力度，促进生态与经济、社会的协调发展，为黄河流域的生态安全提供有力保障。

党的十八大以来，党和国家高度重视生态文明建设，坚持"绿水青山就是金山银山"的理念，坚定不移走生态优先、绿色发展之路，促进经济社会发展全面绿色转型，并深入推进了多个区域发展战略的实施。这些区域发展战略包括京津冀协同发展、长江经济带发展、粤港澳大湾区建设、长三角一体化发展、黄河流域生态保护和高质量发展，以及成渝地区双城经济圈建设等。通过有效实施这些区域发展战略，不仅促进了区域经济的高质量增长，也实现了生态环境的高水平保护。在此过程中，绿色低碳发展取得了显著的进步和丰硕的成果，为构建可持续发展的生态环境和经济体系奠定了坚实基础。

习近平总书记在多个重要场合强调了黄河流域生态保护和发展的重要性。2016年，习近平总书记在宁夏考察时强调，"沿岸各省区都要自觉承担起保护黄河的重要责任，坚决杜绝污染黄河行为，让母亲河永远健康"。2019年9月18日，在郑州举行的黄河流域生态保护和高质量发展座谈会上，习近平总书记明确提出将黄河流域的生态保护和高质量发展上升为重大国家战略。2020年1月3日，在中央财经委员会第六次会议上，习近平总书记强调"黄河流域必须下大气力进行大保护、大治理，走生态保护和高质量发展的路子"，会议指出"要把握好黄河流域生态保护和高质量发展的原则，编好规划、加强落实。坚持统筹谋划、协同推进，立足于全流域和生态系统的整体性，共同抓好大保护、协同推进大治理。"2021年10月，中共中央、国务院印发的

《黄河流域生态保护和高质量发展规划纲要》提出要将黄河流域打造成为大江大河治理的重要标杆、国家生态安全的重要屏障、高质量发展的重要实验区、中华文化保护传承弘扬的重要承载区。[1]2021年11月，中共中央和国务院发布《中共中央 国务院关于深入打好污染防治攻坚战的意见》，强调要聚焦国家重大战略，打造绿色发展高地。为了实现这一战略目标，《黄河流域生态环境保护规划》《黄河生态保护治理攻坚战行动方案》《中华人民共和国黄河保护法》等一系列政策和法规相继出台，为黄河流域的生态保护和高质量发展提供了坚实的政策支持和法律依据。

在抓住重要发展机遇的同时，黄河流域同样面对着一系列由气候变化、人口增长和城市化加速带来的挑战。这些挑战包括水资源的日益紧张、生态环境的持续退化，以及生态系统服务和健康水平的总体不足。这些问题构成了黄河流域发展的主要瓶颈。2022年10月，党的二十大报告指出，高质量发展是全面建设社会主义现代化国家的首要任务。推动经济社会发展绿色化、低碳化是实现高质量发展的关键环节。从可持续发展的角度出发，规划未来的发展道路，这为黄河流域乃至整个国家的绿色低碳高质量发展提供了明确的方向和思路。这种以可持续发展为核心的战略，既着眼于解决当前面临的生态和资源问题，又致力于保障长远的经济和社会繁荣。

1. 绿色低碳高质量发展是经济发展的主旋律

绿色低碳的发展模式已成为21世纪全人类共同追求的目标，同时也是中国经济转型的核心路径。无论对中国还是对全球而言，推动绿色低碳高质量发展都具有至关重要的意义和迫切性。世界各国的政府都在积极行动，致力于推动这一发展趋势。

发展始终是解决问题的关键，历史上世界各国的发展经验已经证明，仅仅限制经济增长并不能有效解决生态问题，反而可能会导致生态环境危机加剧。许多发展中国家的实例也显示，低水平的经济发展往往伴随着生态环境的恶化。经济发展水平落后时，人们可能会过分依赖砍伐树木、耕种土地等

---

[1]《黄河流域生态保护和高质量发展规划纲要》，中华人民共和国中央人民政府，https://www.gov.cn/zhengce/2021-10/08/content_5641438.htm。

方式维生，进而加速生态环境的恶化。这种粗放的发展模式在全球范围内引发了资源和能源供应紧张、生态环境恶化等问题。这使人类意识到，当前的全球经济发展模式已不适应现今的环境现状。2011年2月，联合国环境规划署发布了《绿色经济报告》，将绿色发展确定为有效利用自然资源实现可持续增长的经济模式。同年11月，联合国环境规划署提出，通过在10个主要经济部门投资全球国内生产总值的2%，可以推动向低碳、资源节约型的绿色经济转型❶。2018年10月，为了有效应对金融危机，联合国环境规划署积极响应，推出了绿色新政和绿色经济倡议。该倡议强调将经济的"绿色化"作为推动增长的新动力，并呼吁各国积极转向绿色经济的发展模式，以期实现经济增长模式的根本性转变。此外，联合国环境规划署还制定了"全球绿色新政及绿色经济计划"，旨在应对可持续发展领域所面临的种种挑战，为构建绿色、可持续的未来提供有力支撑。这一计划的实施，不仅有助于缓解金融危机带来的负面影响，更能推动全球经济向更加环保、高效的方向发展。

随着全球对当前恶化的环境状况及其潜在严重后果的认识日益加深，绿色发展已经成为全球发展的重要趋势。21世纪初，世界各地主要国家纷纷推动绿色产业的发展，并将其视为重塑经济结构和促进经济可持续发展的关键。在这种全球背景下，新能源、新型材料、生物医药和节能环保等行业已经成为新一轮工业革命的中心，这一变革被广泛称为"绿色工业革命"。当前，全球的发展模式正在经历一次深刻的转变，从传统的"黑色发展模式"逐渐转向"绿色发展模式"。

绿色发展已成为推动全球经济向前发展的主要动力，这种发展模式在实施时需要围绕四个关键维度进行：首先，构建资源节约型社会至关重要，这一目标的实现要求中国必须致力于提升资源的利用效率，同时积极减少污染物和废弃物的产生，以推动资源的可持续利用。其次，构建环境友好型社会同样不可或缺，这需要我们重视生物多样性的保护，维护生态系统的平衡，从而保障生态环境的安全和健康。再次，推广循环经济模式是可持续发展的

---

❶《联合国环境规划署公布〈绿色经济报告〉》，中国气候变化信息网，https://www.ccchina.org.cn/Detail.aspx?newsId=25824&TId=58。

重要手段，我们需要推动全社会循环利用有限资源，减少在资源开采和使用过程中的能源损耗和环境破坏，实现经济与环境的和谐发展。最后，发展低碳经济是实现绿色发展的核心，政府应严格控制温室气体排放，以减轻对气候变化的负面影响，推动经济社会向低碳、环保、可持续的方向发展。绿色发展还要求在政策制定、企业经营和社会生活的各个层面上实现可持续性的实践。这意味着，从政府到企业再到普通公民，每个人都需要参与到这一转型过程中，共同努力打造一个更加绿色、健康和可持续的未来。因此，政府需要制定和执行更加严格的环保法规，企业需要采用更加环保的生产方式和产品，公民需要培养环保的生活习惯和消费方式。只有这样，绿色发展才能真正成为推动全球经济和社会发展的强大动力。

2. 绿色低碳高质量发展是中国发展的大势所趋

"审时度势，借势而为，找到顺应能源大势之道。"党的十八大以来，习近平总书记站在国家发展和安全的战略高度，多次对推动我国能源生产和消费革命做出深刻论述，强调"绿色低碳发展，这是潮流趋势，顺之者昌"。经过改革开放以来40多年的高速工业化，中国在成长为世界第二大经济体，享受改革开放带来的经济成果和整体小康生活的同时，也面临着由非绿色发展模式所积累的大量生态环境问题。工业化在创造巨大的物质财富过程中，同样使生态系统及其功能显著退化，严重影响了人民群众生命健康，使得人与自然之间的冲突日益加剧。

以高投入、高污染、高能耗为特征的传统工业化发展模式，必然会严重破坏生态环境。与此同时，我国作为一个自然资源相对匮乏的国家，现代化道路又是绝无仅有、史无前例、空前伟大的，资源和环境问题成为制约经济和社会可持续发展的阻碍。探索一种既能节约资源又能保护环境的绿色发展方式，成为我国发展的当务之急。

2011年3月，全国人大通过的"十二五"规划纲要中，将推动"绿色发展，建设资源节约型、环境友好型社会"摆在突出位置。"十三五"规划首次将"绿色发展"作为新发展理念之一。2016年，主题为"改善环境质量，推动绿色发展"的中国环境日，彰显了我国改善环境质量、推动绿色发展的坚定决心。同年11月，中国发布《电力发展"十三五"规划》确立了一个关键性原则：非化石能源占一次能源消费总量的比重于 2020 年将达到 15%，于 2030 年达到 20%左右。2015 年，中国作为《联合国气候变化框架公约》的缔约方，宣布"中国国家自主贡献"，到 2020 年，碳排放强度比 2005 年下降 40%~45%。习近平总书记指出："中国走发达国家发展的老路，实行现在的消费水平和生活方式，是很难维持下去的，如果中国这么走，全球的资源、能源都不够用"。"我们不能吃祖宗饭、断子孙路，用破坏性方式搞发展。绿水青山就是金山银山。我们应该遵循天人合一、道法自然的理念，寻求永续发展之路"。"要正确处理好经济发展同生态环境保护的关系，牢固树立保护生态环境就是保护生产力、改善生态环境就是发展生产力的理念，更加自觉地推动绿色发展、循环发展、低碳发展，决不以牺牲环境为代价去换取一时的经济增长"。

尽快实现从传统的"黑色发展模式"到可持续的"绿色发展模式"的转型升级，对于中国而言，既是必然的选择也是实现长远发展的根本途径。在 2017 年党的十九大报告中，习近平总书记强调了中国转变发展方式、优化经济结构、转换增长动力，进而实现高质量发展的必要性。他提出"绿水青山就是金山银山"的发展理念，并强调必须实现人与自然的和谐共存。习近平生态文明思想是中国绿色发展的行动指南。"改革开放以来，我国经济社会发展取得历史性成就，这是值得我们自豪和骄傲的。同时，我们在快速发展中也积累了大量生态环境问题，成为明显的短板，成为人民群众反映强烈的突出问题。这样的状况，必须下大力气扭转"。习近平总书记把绿色发展战略提升到人类文明的高度，明确指出"我们既要绿水青山，也要金山银山。宁要绿水青山，不要金山银山，而且绿水青山就是金山银山"。总书记多次阐述并强调了绿色发展的重要性和紧迫性，这标志着中国已经开启了推动绿色发展的新时代，进入了生态文明建设的新阶段。同时，这也表明绿色发展已经成为国家战略目标和发展方向，成为中国发展的大势所趋。

中国在推动绿色低碳和高质量发展方面，特别是在低碳发展领域，已经取得了显著进步。"双碳"目标在全球范围内展示了我国低碳减排的责任和决心。在 2020 年 9 月举行的第七十五届联合国大会上，习近平主席宣布中国将实施更强有力的政策和措施，力争 2030 年前实现二氧化碳排放达峰，努力实现 2060 年前碳中和。这一承诺在国际上引起了极大关注，并获得了广泛的积极评价。随后，习近平主席在多个国际场合上多次强调了中国的"双碳"目标，并坚决承诺要实现这一目标。实现"碳达峰""碳中和"的"双碳"目标是生态文明建设的关键环节，也为中国的绿色低碳发展提供了指导性和系统性思路，有助于改善环境质量，促进产业发展。降低碳排放对于促进经济结构的绿色转型、加快绿色生产方式的形成以及推动高质量发展具有重要意义。实现"双碳"目标有助于改善生态环境，从我国长期治理温室气体和空气污染物的实践经验来看，降低碳排放能从治理目标、治理路径、监管主体等方面有效协调传统污染物和温室气体排放的治理，使环境质量改善和温室气体控制产生显著的协同效应。同时，加速降低碳排放的进程，能够重塑产业格局、有效促进绿色技术的创新发展，加快新能源、零碳工业等绿色新兴科技产业的发展，在可再生能源、绿色制造、碳捕集与利用等领域催生新的经济增长点。实现"双碳"目标也需转化为全民自觉行动，强调每个人都有降低碳排放的责任，有助于推动形成绿色低碳生活方式和简约适度消费模式，动员全民参与生态文明建设活动，减少物质产品的消耗和浪费。长期来看，实现降低碳排放目标将有助于提高整个产业和经济在全球市场上的竞争力，实现全球共同努力来减缓气候变化带来的不利影响，减少对经济和社会的损害，实现人与自然的和谐共存。

随着绿色低碳理念的深入人心，绿色低碳发展模式已成为国家层面的核心战略目标和主导方向，为中国的未来发展指明了方向。绿色低碳发展理念力求在保护环境的同时实现经济社会的全面繁荣。这种转型的过程中，中国不断加大对可再生能源的投资，推动绿色科技创新，优化产业结构，减少碳排放，保护生态环境，以确保经济的可持续发展。

3. 城市是中国推进绿色低碳高质量发展的重点区域

城市是中国经济增长的重要引擎。随着城市化进程的加速，城市在国家经济发展中的作用日益凸显。城市集中了大量的人口、资源和产业，对能源的需求巨大，在能源消耗和碳排放方面占据了相当大的比重。因此，城市的绿色转型对于整个国家的低碳发展具有重要意义（Liu et al., 2021）。绿色低碳城市建设是推进绿色低碳高质量发展的重要途径之一。城市是能源消耗和碳排放的主要来源，因此城市的低碳转型具有重要的战略意义。通过推动城市绿色化、智能化、低碳化，可以有效减少能源消耗和碳排放，改善城市环境质量，提高城市生活品质，实现经济社会的可持续发展。绿色发展理念的提出及实践源于深刻的现实背景。随着城市作为人类生产、生活和经济发展的主要场所，技术创新和管理效率的提升，以及持续的人口流入，城市地理空间扩张和人口规模增长不可避免。这一现象不仅反映了国家现代化和信息化发展带来的城镇化发展趋势，也象征着先进生产、优质生活和社会进步的标杆。但现实情况是，中国经过 40 多年的快速发展，随着城市化的不断推进，城市面积和人口数量的扩张、自然资源需求的增加导致环境压力加剧。

尽管中国仍属于发展中国家，2021 年人均国内生产总值（1.25 万美元）刚达到世界银行定义的高收入国家标准（1.269 5 万美元），中国的城市化和工业化进程仍在继续，人口和工业增长持续加剧了城市环境污染，推进绿色低碳高质量发展的任务迫在眉睫。因此，城市是推进绿色低碳高质量发展的重点区域。随着生活水平的提高，城市居民对环境的要求和期望也不断提升，这使得传统的"先污染、后治理"发展模式不再可行。从城市维度出发，我国工业绿色发展需考虑地区差异，在社会福利最大化下统筹经济增长与污染减排的关系，因地制宜、因时制宜地选择适合本地区当前经济发展阶段的绿色发展路径（涂正革等，2022）。绿色转型发展已成为中国城市可持续发展的必然趋势和根本途径。

城市在国家经济和社会发展中所具备的示范效应，不仅可以提高城市本身的可持续性，而且可以通过示范效应推动周边地区乃至全国的绿色发展。政府和企业可以通过在城市推广绿色建筑、低碳交通和能源效率等项目，加快城市的绿色转型过程。然而，面对环境污染问题的外部性特征，市场机制在自主解决生态环境保护的问题上显得力不从心，加之地方政府在实施政策时可能存在的机会主义行为，这些因素共同导致了绿色发展在执行过程中遇到了重重挑战和困难。因此，如何有效促进城市的绿色、低碳和高质量发展，成为了政府及社会各界共同面对的一大难题。城市是中国推进绿色低碳高质量发展的重点区域，推进城市绿色低碳发展具有重要的战略意义。推进城市绿色低碳发展需要不断创新城市治理体系和机制。这包括加强政府管理和监管，完善城市规划和建设管理制度，加强环境保护和资源节约监管。同时，还需要积极推动市场化、法治化、信息化、社会化的发展，促进各方参与城市绿色低碳发展，形成政府、企业、市民共同参与、共同管理、共同享有的城市治理格局。政府应加强对城市发展的规划和管理，采取有效措施推动城市绿色低碳发展，为实现经济社会的可持续发展贡献力量。同时，还需要创新城市治理体系和机制，形成政府、企业、市民共同参与、共同管理、共同享有的城市治理格局，共同促进城市绿色低碳发展。

2.2 黄河流域绿色低碳高质量发展的理论内涵

随着人类对生态环境与经济发展之间关系认识的不断深化，在马克思主义绿色发展观和习近平生态文明思想的基础上，中国绿色低碳高质量发展逐渐成为当前经济社会发展的主题。中国绿色低碳高质量发展被概括为在自然资源和生态环境的可承载范围内，兼顾生态效益和经济效益，协同推进降碳、减污、扩绿、增长，通过经济发展、资源节约、环境保护和社会进步满足人民日益增长的美好生活需要的新型生态理念和发展模式。

1. 绿色低碳发展

绿色低碳发展涵盖环境、经济和社会多个层面，它主要基于可持续发展的原则，强调在促进经济增长的同时减少环境影响。面对日益严峻的资源环境约束和日益增长的清洁能源需求，"绿色化""低碳化""可循环性"已成为新时期中国经济社会可持续发展的主旋律。绿色低碳是一个综合性的发展理念，旨在促进经济、社会和环境的协调发展。在这一理念指导下，政府、企业和个人都在积极探索各种途径，以实现可持续发展的目标。低碳经济和循环经济是绿色经济的重要组成部分。其中，低碳经济可被视为在能源流方面的绿色经济，其要求包括大规模采用清洁能源、提高传统能源利用效率，以及吸收经济活动所产生的碳排放。而循环经济则在物质流方面属于绿色经济的范畴，其关注点在于减少自然资源的消耗、加强物品的循环利用，以及在经济产出端将废弃物重新转化为可再利用的资源（诸大建等，2012）。

"绿色"以低碳循环为终极目标，以节约资源、保护环境为本质要求，是自然环境、社会公平共同制约的发展道路，是受中国人民拥护的发展道路，也是具有全人类共同价值的经济社会发展之路。绿色发展强调保护自然环境和生态系统的重要性。它要求在发展过程中减少对自然资源的过度开发和破坏，保护生物多样性，维护生态系统的健康和稳定。随着国际社会对全球气候变化的关注，绿色发展逐步成为新的发展共识。绿色发展的实质内涵是建立在资源与能源的合理利用、经济和社会的适度发展、人与自然的和谐相处上（蒋南平和向仁康，2013）。从内涵来讲，绿色发展更具包容性，既包括传统可持续发展中所关注的人口和经济增长与粮食和资源供给之间的矛盾，同时也强调气候变化对人类社会的整体性影响。

"低碳"是一种以减少碳消耗、减少碳排放为主要目的的经济发展方式，是绿色发展的重要内容之一，是循环发展的一种实现方式，也是经济与社会发展的准则。低碳发展的核心是减少碳排放，特别是二氧化碳，以应对全球气候变化。它要求生产活动从依赖化石燃料向依赖可再生能源（如太阳能、风能和水能）转变，以减少碳足迹。部分学者认为，低碳经济就是通过理念创新、技术创新、制度创新、产业结构创新、经营创新、新能源开发利用等方式，在生产、流通、分配、消费等经济活动中实现低碳化发展经济模式，最终达到经济社会发展与生态环境保护的双赢局面（付允等，2008；李胜和陈晓春，2009）。把低碳经济纳入可持续发展经济学的理论框架，将其基本内涵和外延表述为：低碳经济应该是经济发展的碳排放量和生态环境代价及社会经济成本最低的经济，是一种能够改善地球生态系统自我调节能力的生态可持续性很强的经济（方时姣，2010）。"循环"聚焦于对资源的使用效率，它的核心是对资源的节约与良好的生态-经济关系，是一种经济与社会发展的途径与方法。循环发展倡导一种闭环的经济模式，在这种发展模式中，资源的使用和废物的产生都被最小化，它强调产品的设计、生产、使用和回收应形成一个循环，以实现资源利用的最大化。循环经济关注的目标不再是单纯的经济增长，而是生态效率的提高（诸大建等，2005）。循环经济模式以实现资源利用最大化、废物排放最小化和经济活动生态化为根本目标，强调在物质循环利用的基础上发展经济不仅可以最大限度地提高能源和资源的利用效率，促进自然资源的循环使用和循环替代，而且能够通过废弃物的少排放甚至零排放有效地减少或避免环境污染和生态破坏,促进生态环境的循环净化,从而能够推动经济的低代价增长,实现经济与资源、环境的协调发展(李兆前,2002)。

绿色低碳发展是全球气候变化应对的关键。在应对全球气候变化的大背景下,绿色低碳发展成为应对气候变化的核心策略(Luo et al.,2022)。全球气候变化是一个跨国界的问题,需要国际社会的共同努力。作为世界上最大的发展中国家和最有影响的新兴经济体,中国已在太阳能和风能领域成为全球领导者,其在环境保护和低碳发展方面所采取的措施不仅对国内的可持续发展至关重要,而且对全球气候变化和环境保护具有深远的影响。中国实施了多项绿色发展政策,如推动绿色建筑、低碳城市试点、绿色交通和提高环保标准等,旨在减少温室气体排放,提高能源效率,并促进可再生能源的使用。在"十四五"规划中,中国设定了一系列环境和能源目标,包括提高非化石能源在能源消费总量中的比例、减少能耗和碳排放强度等。此外,绿色低碳发展已成为许多国际协议和政策的核心,如《巴黎协定》,这些国际合作框架促进了全球范围内的温室气体减排和环境保护。

2. 高质量发展

高质量发展的内涵界定一直以来都是经济学领域的热点问题,"高质量"的含义也在不断地被拓展。党的十九大报告做出了中国经济已由高速增长阶段转向高质量发展阶段的科学论断。2020年,在基于国内发展形势、把握国际发展大势的基础上,中央进一步提出"加快构建以国内大循环为主体、国内国际双循环相互促进的新发展格局",为中国经济高质量转型提出了新的战略构想(杨耀武、张平,2021)。高质量发展被视为建设现代化国家的根本性要求,其强调的不仅是经济增长的速度和规模,更是经济发展的质量和效益。从经济学的基本理论出发,将高质量发展定义为:能够更好满足人民不断增长的真实需要的经济发展方式、结构和动力状态(金碚等,2018)。

从绿色发展和环境治理的视角,高质量发展应当是"环境友好"的发展,在全面推动高质量发展的过程中,强调要处理好因经济快速发展而产生的各种环境问题。从"新动能"和"新经济"两个视角,高质量发展是基于我国经济发展新时代、新变化、新要求，对经济发展的价值取向、原则遵循、目标追求做出的重大调整，是创新、协调、绿色、开放、共享的新发展理念的高度聚合，是创新成为第一动力、协调成为内生特点、绿色成为普遍形态、开放成为必由之路、共享成为根本目的的发展（杨伟民，2018）。它是一种增长速度稳定、经济结构合理、生态环境友好型、社会友好型的经济发展，旨在推进社会主义现代化强国的建设，促进人的全面发展。从当今社会的主要矛盾角度出发，要实现高质量发展，必须在满足人们对更好生活的需求的基础上，才能使人们的生活满意度得到提升。高质量发展是以满足人民日益增长的美好生活需要为目标的高效率、公平和绿色可持续的发展（张军扩等，2019）。随着社会的发展，人民对美好生活的需求日益增长，不仅仅局限于物质需求，更扩展到了环境质量、文化生活、社会公正和个人发展等方面。这要求经济发展模式从简单的数量扩张转向质量和效率的提升，更好地满足人民日益增长的美好生活需要。

高质量发展不仅需要追求高质量发展过程，还要追求高质量发展结果，应从经济结构优化、资源配置高效、区域协调共享、创新驱动发展、生态文明建设和经济成果惠民等方方面面考查高质量发展水平（魏敏等，2018）。一方面，在推动经济高质量发展的过程中，必须重点关注防范金融风险以及生态环境保护等方面。首先，防范金融风险是至关重要的，需要加强金融监管，确保金融体系的稳健运行，避免系统性金融风险的发生。其次，生态环境保护是可持续发展的关键，必须采取积极有效的措施，保护和修复生态环境，确保经济发展与生态环境的协调与可持续性。另一方面，习近平总书记深刻指出，推动高质量发展的最终目的是实现人民的幸福安康。党的二十大报告进一步强调，我们应当在发展过程中，不遗余力地保障并改善民生，根据实际情况尽力而行，采取更多能够惠及民生、温暖民心的举措，全力解决人民群众所面临的急迫、困难、烦忧和期盼的问题。在就业方面，我们应实施就业优先战略，完善就业促进机制，推动实现更高质量和更充分的就业，并加强对灵活就业和新就业形态劳动者权益的保护。在社保方面，我们应构建多层次、多支柱的养老保险体系，完善大病保险和医疗救助制度，建立健全长期护理保险制度，并进一步完善分层分类的社会救助体系。在健康方面，我们应将保障人民健康置于优先发展的战略地位，构建生育支持政策体系，并积极实施应对人口老龄化的国家战略。

3. 绿色低碳高质量发展

绿色低碳高质量发展是一种新型发展理念，旨在促进经济增长的同时，减少对环境的压力，提升发展的质量和效益。其核心理念是通过推动绿色技术创新、优化产业结构、改善生态环境等方式，实现经济、社会和环境的协同发展。在全球范围内，越来越多的国家和地区开始将绿色低碳发展纳入国家发展战略，并采取一系列政策措施促进其实践。

唯物辩证法认为，现存的一切事物都是相互作用和相互影响的。在社会主义建设过程中，生态保护和经济发展相互作用，二者在对立中寻找平衡，在相互作用中寻找统一。习近平总书记提出的"两山"理论，其经济学实质正是将区域生态环境的正外部性予以经济利益维度的内部化，将这种辩证思想融入国家治理体系中来保障生态保护与经济增长的制度化和长效化，进一步实现"人与自然和谐共生"（朱竑等，2023）。新时代的发展要求是绿色低碳与高质量发展在社会主义现代化建设中相辅相成，相互促进。因此，在我国要实现可持续发展，必须坚持"绿色""低碳"原则；高质量发展是一种能够充分体现绿色低碳理念的发展，是一种将绿色低碳融入高质量发展的整个过程中的发展，还是一种能够满足人民对美好生活需求的发展。在人与自然和谐共生的视角下，高质量发展是绿色成为普遍形态的发展，是质的有效提升和量的合理增长的有机结合。具体而言，质主要是优化发展结构、提升发展效益，推进绿色发展的供给侧结构性改革，大力推广绿色低碳循环生产方式，全面提高资源要素利用效率。量应该是既包括合理的经济增长规模和速度，也包括国民收入、社会福利和生态价值（王茹等，2023）。高质量发展是包含生态保护的发展，是体现绿色发展理念的绿色高质量发展（徐祥民等，2022）。绿色高质量发展是绿色发展和高质量发展的深度融合，是以新发展理念为指导、绿色发展为底色、高质量发展为主题，在绿色发展推动高质量发展过程中形成的新发展方式（刘耀彬等，2023）。

在经济发展转型的关键时期，中国式的绿色发展必然与高质量转型紧密结合，两者的交汇将产生相互融合、相互促进的作用。在此基础上形成的"高质量绿色发展"模式，与一般意义上的绿色发展相比，从目标取向、要素结构、实现路径等方面均有着自身独到之处，其基本逻辑关系是：人力资本、实物资本和自然资本构成经济增长的基本要素，在保护不可替代自然资本的基础上，通过人力资本投资、技术和制度创新，促进全要素生产率提升，推动经济结构升级和经济高质量发展，实现国家的总体战略目标（金乐琴，2018）。绿色低碳循环经济高质量发展在国民经济和社会发展中的重要地位体现在：一方面，绿色低碳循环经济高质量发展通过统筹推进区域、产业绿色协调发展，可在供需两侧形成资源高效利用、减污降碳协同增效和优势互补的绿色循环新格局；另一方面，持续推进绿色低碳循环经济高质量发展是第二个百年奋斗目标实现的应有之义，也是可持续发展浪潮下加速传统经济发展模式转型的必然方向（沈世铭等，2023）。从资源流动的角度来看，实现资源的最有效利用，关键在于发展循环经济，通过提升资源产出率，加强生物多样性的保护，以及维护生态环境的健康与稳定。这不仅是资源管理的核心策略，也是实现可持续发展的必要途径。而从能源流动的角度来看，推进绿色发展的关键在于加强技术创新，优化能源结构，积极发展可再生能源，在节能的基础上提高能源利用效率，降低单位能耗的二氧化碳强度，从而构建低碳型社会（邬彩霞，2021）。这一过程不仅有助于降低环境压力，也能为经济社会的发展提供持续稳定的能源保障。

在环境保护和经济增长共同驱动力的推动下，绿色低碳发展成为中国实现高质量发展和走社会现代化道路的必然选择。习近平强调，"绿色发展是当今时代科技革命和产业变革的方向，是最有前途的发展领域"。走高质量发展道路必须坚持低碳发展，优化产业结构和消费结构，协调统一资源、生产、消费等要素，进而能够合理统筹生态保护与经济社会发展，最终实现人与自然的和谐共生。所以经济发展不等于对自然资源的盲目掠夺，也不表示对生态环境的破坏，生态保护也不依赖于经济发展。经济结构和经济发展方式决定了生态环境保护的成功与否，因此，经济发展不能脱离生态保护，更不能将其对立起来。我们应该在发展中求保护，在保护中求发展。绿色低碳高质量发展是一个长期而复杂的过程，需要政府、企业、社会各界共同努力，形成合力。通过加强政策引导、促进科技创新、提高环境治理水平等措施，可以实现经济、社会和环境的协同发展，推动人类走上绿色、低碳、高质量的发展道路。

2.3 黄河流域绿色低碳高质量发展的科学依据

人类对生态环境与经济发展的相互关系进行了深入思考和实践，并在不断发展和总结中形成了丰富的生态理论观点和经验。中国绿色低碳高质量发展理论就是以这样的方法衍生出来的，因此其既包含实践经验又具有理论指导。该理论体系的优势在于思想新颖、内容完善、有较强科学性，且并非将理论简单排列堆砌，而是以深厚的科学底蕴和理论支撑为基础。

1. 马克思主义绿色发展观

马克思主义绿色发展观是在马克思主义基本原理指导下，针对当代环境危机和可持续发展挑战而提出的一种发展理念和实践方案。它强调了人与自然的和谐统一，旨在实现经济社会的可持续发展。绿色低碳高质量发展的理论渊源，可追溯至马克思主义所倡导的绿色发展观。在 19 世纪中期至 20 世纪初期，马克思和恩格斯就敏锐地察觉到资本主义生产方式下潜藏着巨大的经济和生态危机。尽管当时两位杰出人物并未明确提出绿色低碳高质量发展的理念，但他们的哲学和经济学思想中包含丰富的绿色高质量发展内涵。

在工业革命的上升期内，工业文明的快速发展带来了严重的生态问题，马克思、恩格斯敏锐地觉察到资本主义生产方式的逐利性与环境保护的矛盾，提出"人本身是自然界的产物，是在自己所处的环境中并且和这个环境一起发展起来的"❶。马克思、恩格斯进一步从资本主义的本质出发，揭示了资本主义私有制下对利润的无度追求和对资源的无节制攫取是导致生态环境问题发生的根本原因，马克思把实现人类同自然的和解以及人类本身的和解确立为正确处理人与自然、社会三者关系的最高价值目标，并围绕这个目标提出

---

❶ 卡尔·马克思，弗里德里希·恩格斯. 马克思恩格斯文集[M]. 9 版. 中共中央马克思恩格斯列宁斯大林著作编译局，译. 北京：人民出版社，2009：38。

了"使自然界真正复活""使任何自然矛盾真正解决"的历史使命（黄茂兴、叶琪，2017）。

首先，马克思主义所蕴含的绿色发展思想是一种相对完整的绿色发展观，其核心理念在于人与自然之间应该实现和谐共生，发展过程中必须遵循自然规律。具体要求是：第一，推进发展必须以对自然的尊重为前提。人类的存在离不开自然的恩赐，它为我们提供了生存的空间、必需的物质和生产的工具。当人"通过这种运动作用于他身外的自然并改变自然时，也就同时改变他自身的自然。"只有对自然保持足够尊重才有可能实现人与自然和谐相处。人是自然这个范围的一分子，因此人要想发展必须先尊重自然。第二，对自然敬畏的人类才能获得长足进步。一些没有敬畏之心的人类过度汲取自然资源，致使生态环境十分严峻。恩格斯警示道："我们不要过分陶醉于我们人类对自然界的胜利。对于每一次这样的胜利，自然界都对我们进行报复。"

其次，自然环境被严重破坏、人类的生存发展受到威胁的根本原因在于资本主义私有制未能遵守自然规律。马克思主义认为："不以伟大的自然规律为依据的人类计划，只会带来灾难"❶。

最后，马克思主义用生产力发展观点辩证地分析科学技术发展。它的核心命题是：科学技术不仅能创造发明新型生产工具、改善新型生产、改造工艺方法、减少环境污染、降低自然资源浪费，甚至还能开发出新能源。"科学的进步，特别是化学的进步，发现了那些废物的有用性质"。科学和技术的进步也使马克思意识到了绿色消费的意义，并倡导以可持续性为导向，通过"再循环"方式实现资源节约。工业生产中产生的废弃物，经过科学技术的运用，在各个生产阶段都能被有效地循环利用，并且"对生产排泄物和消费排泄物的利用，随着资本主义生产方式的发展而增加"。马克思主义绿色发展观在马克思主义基本原理指导下，有效推进了我国的生态文明建设进程（Liu et al.，2023），是针对当代环境危机和可持续发展挑战而提出的一种发展理念和实践方案，强调了人与自然的和谐统一，主张转变生产方式、完善社会制度、弘

---

❶ 卡尔·马克思，弗里德里希·恩格斯. 马克思恩格斯选集[M]. 3 版. 中共中央翻译局，译. 北京：人民出版社，2012：251。

扬社会主义核心价值观，并倡导加强全球治理和国际合作，共同推动全球绿色、低碳、可持续发展。

2. 马克思主义生态经济理论

生态经济学于20世纪60年代初提出，该学科理论总结了纷繁复杂的生态环境与经济和社会系统之间的相互关系以及可持续发展的基本规律，为社会环境管理制定了行动方针，也为经济社会发展奠定了良好基础。生态经济已经成为一种不可或缺的重要经济形态，一经产生就受到了国内外学者的重视，并引发了社会的广泛关注。生态经济学的核心关注点在于，任何生态经济体系都具备相同的结构、功能、规则以及普遍存在的物理现象。生态经济系统包含的内容也具有层次，它包括整个经济社会的环境和生产资料，经济社会环境又蕴含社会系统、国民经济管理系统和宏观经济管理等。与此同时，各国学者也开始从马克思、恩格斯的经典著作中寻求答案，并对马克思主义是否包含生态经济思想进行了激烈讨论。2000年，《马克思的生态学：唯物主义与自然》一书以大量的思想史事实论证了马克思主义具有的生态内涵和本质，成功地从生态学视角拓展了人们对马克思思想的理解。在此书中，美国著名的马克思主义生态学者约翰·贝拉米·福斯特从唯物主义自然观、历史观和劳动价值论等角度，阐释了马克思理论体系中所蕴含的生态经济理论思想，有助于研究者们将马克思主义理论与当代生态环境问题相结合，为解决生态环境问题提供新思路。

马克思主义生态经济理论在马克思主义生态经济思想史、当代中国马克思主义理论体系、中国特色生态经济学中都占有十分重要的地位，其包括生态生产力论、循环经济论与生态科技观等重要部分（黄娟，2009）。马克思主义生态经济理论是以生产关系为研究对象，以生产关系与生态系统互动为研究内容，以生产方式的生态化改造为主要研究目标的理论体系（Melathopoulos et al.，2015）。首先，马克思运用"物质变换"的概念来阐述人与自然关系的立足点是社会生产关系。马克思指出，"劳动首先是人和自然之间的过程，是人以自身的活动来引起、调整和控制人和自然之间的物质变换的过程"，劳动使得人与自然发生关系，是人与自然界进行物质交换的中介，劳动的过程是自然生态过程和社会经济过程的统一。而劳动是有目的性的和主观能动性的，生产关系的形成使得人们"摆脱最初的本能形式",实现人与自然的物质转换(何悦,2015)。

生态生产力论是对自然生产力论的创新。马克思主义生态经济理论研究的主要内容是生产关系与生态系统的互动。马克思用残酷的现实说明了资本主义生产关系脱离了人类需求范围,走向对剩余价值追求的极端。人类对于剩余产品的追求导致资源的无限攫取,生产关系的异化将必然造成生态系统失衡(Kosoy and Corbera,2010)。同时,在资本主义对土地和劳动力的双重剥削下,社会生态系统也将受到严重破坏。马克思主义生态经济理论的主要目标是改造生产方式,实现生产关系生态化。以资本主义生产方式与生产关系对生态的破坏为鉴,马克思认为只有对生产关系进行生态化改造,才能实现人、社会与自然的和谐。马克思主义生态经济理论的核心就是改造生产方式,实现生产关系生态化,只是科学的创新和生产技术的生态化改造是不够的,在生产方式不改变的情况下,科学和技术只是资本扩张的催化剂,造成更大的生产浪费和生态破坏,因此,生产方式的根本性而非技术性转变才是生态经济发展的原动力。

循环经济论是基于物质循环论的进一步创新,其核心理念在于资源的节约与循环利用,旨在实现与环境的和谐共生。它强调将经济活动组织成一个闭环系统,即"资源—产品—再生资源"的反馈式流程,以此实现资源的低开采、高利用和低排放。在这个循环过程中,所有物质和能源都能得到合理且持久的利用,从而最大限度地减少经济活动对自然环境的负面影响。马克思以生产过程产生的废料利用为例,阐明了资源循环利用的经济可持续发展问题。马克思指出,"所谓的废料,几乎在每一种产业中都起着重要的作用。"习近平强调,推进废弃物循环利用和资源化,以及垃圾的减量化、资源化和无害化,普遍推行垃圾分类制度(白瑞雪和白暴力,2022)。劳动中产生的废料可被投入到再生产过程中循环使用,或被投到生产中获得新的可利用形态,重新成为新的生产要素,科学的进步则为废料的再利用创造了有利条件。

3. 环境协同论

环境协同论由美国科学家彼得·S. 温茨提出。协同理论强调人与自然的协同关系,根据研究,尊重人与自然从综合和长远来看效果较好。因此,要保持人与自然之间和谐、善意、自由的关系和人与自然和谐相处的氛围。由此概念推广并经学者研究证明，环境质量和经济发展也存在与上述协同关系类似的相互协调关系。1991 年，美国经济学家 Grossman 和 Kruege 在研究库兹涅茨曲线时，引入了环保和经济增长的关系，由此诞生了环境库兹涅茨曲线。两位学者发现平均总收入与环境污染因素之间存在普遍关系，而且形状为倒 U 形。以此为基础，Panayotou 进行了提炼升华，并于 1993 年明确提出环境库兹涅茨曲线。他指出，平均总收入的增减与该倒 U 形变化有直接关系。也就是说污染程度因社会总收入增加而逐步加重，环境污染加剧。此时，社会发展会先谋求经济的发展，对生态的处置相对漠视；当超过对应阈值（拐点）时，因人均收入增加、污染缓解，自然环境实现恢复和改善。当经济增长速度达到一定程度时，社会对环保的重视程度提高，以增强环境负荷能力，促进经济和生态协调发展。

环境协同论在人类中心主义与非人类中心主义之争中，强调平等对待人类周围的生态环境与物种，进而保护生物多样性。人类中心主义将人视为世界最高存在者，将自然和非人类存在物视为工具，自然对于人类只存在工具价值。非人类中心主义将道德关怀的对象从人扩大到非人类存在物，其更重视并倡导生物多样性的自在价值，主张人类与环境平等的理念。人类应出于对动物、其他物种以及生态系统的价值的考虑，牺牲人类的某些幸福。当人类和其以外的存在都被认为是拥有自身价值的，人与自然才会和谐共生。环境协同论思想也在大地伦理学、深层生态学、生态女性主义中不断发展，三个学派一致认为人与自然之间存在协同作用，应将自然界中的所有物种视为一个整体，在整体主义的关照下，人类才能深刻认识到人与自然之间的本真关系，进而在自然所能承受的范围内适度生存，实现人与自然的协同进化和共同发展。

虽然环境协同论者自认为实现了对人类中心主义与非人类中心主义的超越，但该理论并不是完美无缺的，仍有许多需要继续补充的局限。首先，即使环境协同论者坚称其是人类中心主义与非人类中心主义的结合，但其与生态人类中心主义有着极高的相似性。环境协同论者认为以人类自身利益为参照，但也同样需要回应在人类利益与环境价值之间选择的限度在哪里，如果难以制定一个合理的限度，那么环境协同论很容易滑向人类中心主义或非人类中心主义的阵营。在实践上，环境协同论者也同样需要回应趋同假说的正确性，以人类利益为中心的人类中心主义在某些开采开发活动中所做的必然要比非人类中心主义要更多，两者最初动机的不同会导致最终效果的不同，是否能够真的解决实践措施的问题，还需要环境协同论者给予更多的回应。

在实践中，环境协同论为环境管理和保护提供了重要的指导原则和方法。例如，在城市规划和建设中，可以采用生态城市的理念，促进城市内部各个环境要素之间的协同作用，实现城市的可持续发展。在工业生产和经济发展中，可以采用清洁生产和循环经济的原则，促进资源的有效利用和循环利用，减少环境污染和生态破坏。在生态保护和环境治理中，可以采用生态修复和生态补偿的措施，促进生态系统的恢复和重建，实现生态环境的持续改善和保护。

4. 绿色发展理念

2008 年，为应对经济危机，联合国环境规划署提出了"全球绿色新政"的倡议（Chen et al.，2016；Feng et al.，2017；Wang et al.，2018），该倡议中蕴含着绿色发展理念的思想，提倡各国建立绿色发展评价体系，促进可持续发展，进而通过"绿色化"的生产方式来刺激区域经济的发展，带动全球绿色变革的进程。各学者对绿色发展理念的理解不同，一些学者认为"人类社会和谐共生"是绿色发展观的根本宗旨，另一些学者认为中国绿色发展理念是"对传统发展模式的理论创新"，还有一些学者认为绿色发展理念是中国"生态文明建设的核心"。绿色发展理念为未来中国经济发展该走什么样的绿色之路提供了方向指导（黄茂兴和叶琪，2017）。如今，基于对全球生态性危机的反思、对我国严峻生态形势的把控以及立足国家发展战略任务的考量，以习近平为核心的党中央在十八届五中全会上提出了"新发展理念"，其中"绿色发展理念"就是为实现中华民族赓续发展、满足人民日益增长的"绿色"需求而提出的。绿色发展是一个多维度的经济社会系统工程，我国在取得 30 多年发展奇迹的同时，粗放型的经济增长使得环境污染问题日益突出，需要通过生产方式绿色化与消费方式绿色化，促进人与自然和谐共生（易淼和任毅，2016）。绿色发展理念是以绿色为导向的绿色经济社会新范式，绿色发展的核心要义可以凝练为"人与自然和谐共生"的理论实质,"生态兴则文明兴、生态衰则文明衰"的文明要义以及"绿水青山就是金山银山"的科学理念。

绿色发展理念将生态环境纳入生产力范畴,赋予生态环境具有生产力本质属性的论述,具有重构人与自然关系、重塑生产力与生产关系、推动生产体制、管理服务体制和绩效评价体制的方法论、认识论和实践论价值(黄健洪,2022)。实现绿色发展的前提是转变经济发展方式,关键是要扭转粗放型经济发展方式,实现对传统经济增长方式的消解与对绿色导向经济增长方式的塑造。其中,"两山论"理念在本质上就是新的生产力观、新的生产方式观、新的发展模式观和新的政绩观。依靠创新驱动来推进绿色发展、创造绿色GDP,其要义在于妥善解决经济发展质量、自然可承载性与发展绩效绿色化的联动优化问题,从而引导经济发展方式的循序"着绿",形成绿色低碳循环的发展模式。绿色发展理念中的"人与自然是生命共同体"强调过度人类中心主义的物质主义会导致"反自然的发展模式",以整体社会利益为目标,应在生态与经济效益之间实现平衡。

第 3 章　黄河流域绿色低碳高质量发展的新形势和新挑战

黄河流域是我国重要生态屏障和经济带，在我国经济社会发展和生态安全方面处于重要地位。但是，过去由于追求经济高速发展而忽视了对生态环境的保护与修复，导致流域内水土流失严重，环境污染问题加剧，尤其是造成了水质污染与空气污染的双重破坏。加强流域生态系统保护，促进可持续发展成为保护母亲河的关键任务。本章以黄河流域为研究对象，深入分析黄河流域绿色低碳高质量发展建设的基础优势以及主要挑战，介绍黄河流域沿线地区在降碳、减污、扩绿、增长等方面治理的各主体响应措施，从而全面展现黄河流域绿色低碳高质量发展所面临的新形势、新挑战。

3.1　黄河流域绿色低碳高质量发展的比较优势

随着全球绿色低碳发展趋势加强，黄河流域绿色发展也迎来了更加广阔的发展空间和机遇。近年来，我国政府对黄河流域的生态保护和环境治理给予了高度重视，出台了一系列政策措施，为黄河流域的绿色发展提供了良好的发展环境。2021 年 10 月，在深入推动黄河流域生态保护和高质量发展座谈会上，习近平总书记强调黄河流域沿线省区要坚定不移走生态优先、绿色发展的现代化道路。保护黄河是事关中华民族伟大复兴的千秋大计，要坚定贯彻落实黄河流域生态保护和高质量发展重大国家战略。在实现绿色低碳高质量发展方面，黄河流域具有优越的地理位置、丰富的自然资源、深厚的文化底蕴、良好的发展环境、强大的科技支撑以及完善的政策体系等基本优势，这为黄河流域绿色发展提供了坚实的基础和强大的动力。

1. 战略区位关键

从自然地理位置来看，黄河流域横跨中国的东、中、西部，连接多个重要的经济区域。丰富的自然资源和优越的地理位置，为绿色低碳高质量发展提供了得天独厚的条件。黄河流域干流全长 5 464 千米，流域总面积 79.5 万平方千米，发端于"中华水塔"三江源地区，流经青藏高原、内蒙古高原、黄土高原、华北平原等多种地形区，跨越高原山地气候区、温带大陆性气候区和温带季风气候区，以及干旱、半干旱和半湿润等降水类型区。黄河流域多元化的资源禀赋特征起源于其独特的自然要素，包括特定的地理位置以及多样的气候条件，自然禀赋造就了其独特的经济要素的数量、质量以及结构，是实现绿色低碳高质量发展的天然基础（Chen et al., 2020）。作为中国的重要生态屏障，黄河流域的关键地理位置特征还使其在维护区域生态平衡和生物多样性方面具有重要作用。加强黄河流域的生态保护和修复工作，有助于提高生态系统的稳定性和服务功能，从而为绿色低碳发展提供良好的生态环境。

从人文地理的角度来看，黄河流域是我国北方地区文明的发源地，串联了多个经济带。地理位置的优势使得黄河流域成为东西部经济交流的重要桥梁和纽带。在推动绿色低碳高质量发展过程中，可以充分利用黄河流域连接东西区域的优势，促进区域间的资源共享、技术交流和产业合作。东部地区在科技创新、产业发展等方面具有较为明显的优势，而西部地区在资源、劳动力等方面具有较大的潜力。因此，在努力推进黄河流域绿色低碳高质量发展过程中，不断加强黄河流域的科技创新和产业升级，有助于推动东西部产业协同发展，形成优势互补、互利共赢的产业格局。

在交通物流体系方面，黄河流域沿线铁路、公路、水路等多种交通方式交织成网，为绿色低碳物流体系的构建提供了有力支撑。一方面，黄河流域的铁路和公路网络线路发达。通过加强交通基础设施建设，提高运输效率和服务质量，可以降低物流过程中的能耗和排放。同时，推广清洁能源运输工具，如电动汽车、氢能源汽车等，有助于减少交通领域碳排放，强化绿色出行。另一方面，黄河及其支流的水运条件较好，发展完善内河航运体系，有利于降低物流成本，减少公路运输的压力。同时，加强港口和航道建设，提高水运效率和服务水平，还能够进一步推动黄河流域的绿色物流发展。

综上可知，黄河流域地处我国关键的地理位置，在实现绿色低碳高质量发展中发挥着重要作用。充分利用其连接东西、资源丰富、交通便利、生态屏障和文化传承等优势，有助于推动区域协调发展、绿色能源发展、绿色物流体系建设、生态保护和修复以及绿色文明建设等多方面工作，为实现绿色低碳高质量发展奠定基础。在未来发展中，应继续发挥黄河流域的地理位置优势，加强区域合作交流，推动绿色低碳技术的创新及应用，为构建美丽中国贡献力量。

2. 自然资源丰富

黄河流域拥有丰富的自然资源，包括水能、太阳能、风能等多种可再生能源。丰富的自然资源为黄河流域发展绿色能源提供了坚实基础。在《"十四五"可再生能源发展规划》明确提出建设的 7 座"十四五"重大陆上新能源基地中，有 4 座基地位于黄河流域，为合理充分利用黄河流域丰富且独特的自然资源，实现黄河流域绿色低碳高质量发展指明了方向。

（1）水资源支撑绿色能源发展

黄河流域拥有丰富的水资源，包括河流水、地下水以及降水等。丰富的水资源不仅为农业灌溉、工业生产和居民生活提供了必要的水源，同时也为绿色能源的发展提供了重要支撑。黄河流域河流纵横交错，水力资源丰富，可以为黄河流域乃至全国提供清洁、可再生的能源。这种能源的开发利用，不仅有助于降低碳排放，推动能源结构的绿色转型，还有助于缓解能源紧张问题，促进经济社会可持续发展。而水资源也为其他绿色能源的发展提供了条件。例如，在黄河流域的一些地区，水资源丰富的环境有利于太阳能光伏发电和风力发电设备的运行和维护。黄河流域沿线地区如果能够合理利用这些资源，则有助于提升黄河流域清洁能源比重，推动能源结构的优化和升级。

（2）土地资源促进生态农业与绿色产业发展

黄河流域的土地资源多样，主要土地类型包括耕地、林地、草地等，为生态农业和绿色产业的发展提供了空间。在生态农业方面，黄河流域的耕地资源为有机农业、绿色农业等提供了良好的发展基础。在实现农业现代化进程方面，便于推广先进的农业技术和农业机械化，从而有助于提高农作物的产量和质量。此外，黄河流域的草地资源也为畜牧业的发展提供了条件。黄河流域沿线地区致力于打造草畜平衡、循环农业等模式，助推畜牧业绿色转型。在绿色产业方面，黄河流域的土地资源为发展节能环保、新能源、新材料等绿色产业提供了必要的空间。只有合理规划产业布局，优化产业结构，才能推动黄河流域的绿色产业发展，提高经济的质量和效益。

（3）矿产资源支撑绿色制造与循环经济

黄河流域能源矿产储量巨大，能源规模优势极为突出，被称为"能源流域"。其中，黄河流域煤炭资源储量占全国总量的45%，原煤产量占全国总产量的60%，且主要集中在内蒙古、陕西、宁夏、山西等省份❶；黄河流域石油资源主要分布在中下游。丰厚的矿产资源为黄河流域工业发展提供了物质基础，也为绿色制造和循环经济的发展注入了活力。在绿色制造方面，黄河流域富饶的自然资源为发展绿色建材、绿色化工等产业提供了原料保障。通过推广清洁生产技术和绿色制造工艺，可以降低生产过程中的能耗和排放，提高产品的环保性能和市场竞争力（Wang et al., 2021）。在循环经济方面，黄河流域的矿产资源为发展资源回收、再利用等产业提供了条件。通过构建完善的循环经济体系，可以实现资源的最大化利用和废弃物的最小化排放，推动黄河流域的可持续发展。

（4）生物资源推动生物经济与绿色发展

黄河流域还具备丰富多样的生物资源，各种植物、动物和微生物等使得黄河流域物种多样性处于较高水平。黄河流域的生物资源为发展生物医药、生物农业等产业提供了丰富的原料和研发基础。加强生物技术的研发和应用，可以推动黄河流域的生物经济发展，培育新的经济增长点。此外，黄河流域的生物资源也为生态系统的保护和修复提供了可能。通过加强生态保护和修

---

❶《黄河流域煤炭矿区转型发展大幕开启》，人民资讯，https://baijiahao.baidu.com/s?id=1711744987757193017&wfr=spider&for=pc。

复工作，可以提高生态系统的稳定性和服务功能，为黄河流域的绿色发展提供生态保障。

3. 文化底蕴丰厚

作为中华民族的发祥地，黄河流域承载着数千年的历史与文化积淀。这片古老的土地孕育了灿烂的华夏文明，也为当代社会的绿色低碳高质量发展提供了深厚的文化精神支撑。黄河流域的文化底蕴极为丰厚，既有古老的农耕文明，又有丰富的历史文化遗产，还有独特的民族风情和地域特色。这些文化元素共同构成了黄河流域独特的文化景观，为当地的经济社会发展提供了宝贵的文化资源。在推动绿色低碳高质量发展的过程中，黄河流域的文化底蕴也为当地人民提供了深厚的思想基础和精神支撑。

黄河流域是中国古代农耕文明的发源地。在长期的生产实践中，人们积累了丰富的农耕经验和智慧，为现代农业的发展提供了借鉴，也为推动绿色农业发展、实现农业可持续发展提供了文化支撑。黄河流域的农耕文明强调人与自然和谐共生，这种理念与绿色发展的核心思想高度契合。农耕文明的形成，也推动了沿线地区珍视自然资源、尊重自然规律、积极推动生产方式和生活方式的绿色转型等理念的形成。

在历史文化方面，黄河流域拥有众多的历史文化遗产，为当地文化旅游产业发展提供了得天独厚的条件。一方面，丰富的历史文化遗产资源为文化旅游产业、文化创意产业等绿色产业发展提供了广阔的空间；另一方面，深厚的文化底蕴也激发了当地人民的创新精神和创业热情（陶晓华，2024），推动了绿色技术的研发和应用。绿色产业的发展不仅有助于提升黄河流域的经济实力，也为实现绿色低碳高质量发展提供重要的产业支撑。因此，黄河流域沿线地区可以通过举办文化活动、建设文化设施、开展文化教育等方式，传承和弘扬黄河流域的优秀传统文化，同时鼓励文化创新和文化产业发展，为绿色发展注入新的活力和动力。此外，还可以通过加强文化交流与合作，提升自身在国际舞台上的文化影响力。通过展示黄河流域独特的文化魅力和绿色发展成果，吸引更多的国际关注，进一步挖掘合作机会，为黄河流域绿色低碳高质量发展提供有力的外部支持及合作资源。

3.2　黄河流域绿色低碳高质量发展的关键挑战

随着经济的快速发展和人口的不断增长，黄河流域面临严峻的生态环境问题。长期以来，黄河流域的严重过度开发以及流域内水土流失加剧等问题，导致其生态环境形势严峻。其中，生态系统安全、水质污染、水土流失及空气污染等问题尤为突出。在推进绿色低碳高质量发展的进程中，不仅需要充分发挥黄河流域的优势，还需克服一系列挑战。加强黄河流域生态治理，保护黄河流域生态系统安全是当前推动黄河流域绿色低碳高质量发展的关键。

1. 生态承载力不足

黄河流域是国家经济发展和生态保护的重点地区，但受其地形、地貌和气候等自然因素的制约，黄河流域的生态环境比较脆弱（Shen et al.，2020）。与此同时，黄河流域内不同地区土地、矿产等资源禀赋以及资源利用率存在较为明显的区域差异。流域内资源利用率较低、环境压力较大等因素严重阻碍了黄河流域的绿色低碳发展。生态承载力，作为衡量一个区域生态系统对人类活动支持能力的重要指标，其大小直接影响着该区域的可持续发展水平（Liu et al.，2022）。目前，黄河流域的生态承载力已经处于较为紧张的状态，主要受到自然资源状况、生态环境质量、人类活动强度等多种因素影响，在水资源供需矛盾、土地退化及生物多样性被破坏等方面受到严峻挑战。

随着经济社会的快速发展，黄河流域的水资源需求量不断增加，导致水资源供需矛盾日益突出。黄河流域存在着水资源总量有限，且时空分布不均的现状（石常峰等，2024）。黄河流域水资源总量在全国占有重要地位，但人均占有量仅为全国平均水平的 1/5 左右，是我国人均水资源最少的流域之一。而且，黄河流域耕地和居民生活用水比重较大，但水资源利用率低，部分地区地下水超采严重，导致生态环境脆弱性加剧。水资源的供需矛盾不仅限制了农业、工业等产业发展，也对生态系统的稳定性构成了威胁。因此，黄河流域沿线地区在保障经济社会发展的同时，应当注重引导水资源利用率的提高，减少浪费和污染，实施节水措施、优化水资源配置等，从而实现黄河流域水资源的可持续利用。

长期的过度开垦、放牧和采矿等活动，导致黄河流域土地退化问题加剧，特别是水土流失和沙漠化现象加剧，土地生产力也随之下降（Zhao et al.，2013）。由于历史上的过度开发和盲目发展，黄河流域生态系统退化严重。这不仅影响农业生产的可持续发展，也对生态系统的服务功能构成了挑战。近年来，黄河流域沿线地区在国家生态修复政策指导下，逐步加强土地资源的保护，防止过度开垦和破坏。对已经退化的土地进行修复和治理，提高土地的生产力和生态功能。同时，加大对土地退化治理和生态修复的投入力度，强化土地利用规划和管理，防止过度开垦和破坏。

尽管黄河流域具有丰富的生物多样性，但由于人类活动的干扰和破坏，许多珍稀物种正面临灭绝的风险。生物多样性的减退不仅影响了生态系统的稳定性，也削弱了其对人类活动的支持能力。由于过度开发、不合理利用以及气候变化等因素的影响，黄河流域的水资源状况严峻，导致河流、湖泊等水体萎缩，许多湿地和生态系统面临退化甚至消失的风险（Zhang et al.，2021）。在此背景下，许多水生生物和湿地生物的生存空间被压缩，种群数量减少，生物多样性受到严重威胁。随着全球气候变暖，黄河流域的气温和降水模式发生变化，这对生物的生存和繁衍造成了影响。一些生物无法适应新的气候条件而面临灭绝的风险，而一些新的物种则可能因气候变化而进入黄河流域。这种生物种群的迁移和变化对生物多样性的稳定性和可持续性也构成了挑战。因此，为进一步保护生物多样性，黄河流域沿线地区需要注重加强水资源管理和保护，确保生态流量的充足，为生物提供适宜的生存环境。此外，还应当加强气候变化应对和适应性管理，提高生物对气候变化的适应能力。

2. 基础设施建设薄弱

近年来，黄河流域在交通、水利、能源等多个领域的基础设施建设方面取得了显著进展。然而，与绿色低碳高质量发展的要求相比，仍然存在诸多不足和短板。例如，交通网络虽已初步形成，但部分地区的交通设施仍显滞后，影响了物流效率和区域发展；水利设施虽在一定程度上保障了农业生产和生活用水，但水资源利用率和水环境保护水平仍有待提升；能源结构偏重，清洁能源的开发利用程度不够，制约了绿色能源的发展。对于黄河流域而言，这意味着基础设施建设必须遵循生态优先、绿色发展的原则，推动形成绿色生产生活方式。因此，黄河流域沿线地区仍需要采取措施，进一步优化交通网络布局，提升交通设施能效；加强水利设施建设，提高水资源利用率和水环境保护水平；推动清洁能源的开发利用，优化能源结构，减少碳排放。

在航运和水利基础设施建设方面，水资源的供需矛盾及水土流失问题导致了航运发展受到阻滞，水利大坝建设困难重重。自古以来，内陆河运是重要的交通运输方式之一。黄河作为我国第二长河流，其漕运在历史上对内蒙古、陕西、山西等地区的经济发展都有着不可替代的重要作用。但是，近年来，黄河水资源匮乏、水沙淤积等问题的存在使得黄河不适合大型船只通航，航运发展受到抑制。同时，黄河流域还面临水坝建设困难的问题。建设大坝的根本目的是防洪抗旱，但由于黄河流域水土流失严重，一旦建设大坝，会很快被泥沙淤积，导致下游可能发生的水患等自然灾害转移到上游。因此，由于客观条件的限制，黄河流域有关通航和水坝建设的计划需要更加科学的探索。

在资本投入方面，黄河流域基础设施建设需要大量的资金投入和技术支持。然而，当前资金筹措难度较大，且部分地区技术水平相对落后，难以满足绿色低碳高质量发展的需求。这就要求政府、企业和社会各界共同努力，创新投融资机制，加强技术研发和推广，提高基础设施建设的质量和效益。政府应加大对黄河流域基础设施建设的支持力度，通过设立专项资金、发行绿色债券等方式吸引社会资本参与。同时，鼓励金融机构加大对绿色项目的信贷支持，降低融资成本。此外，还可以探索开展基础设施领域的政府和社会资本合作（PPP）模式，吸引更多社会资本参与黄河流域的基础设施建设。

由于黄河流域的生态环境相对脆弱，基础设施建设过程中必须充分考虑生态保护和环境保护的要求。然而，当前部分地区的基础设施建设仍存在破坏生态环境、污染水资源、加剧空气污染等问题。因此，黄河流域沿线地区的有关部门需要加强生态环保监管，推动形成绿色建设标准和技术规范，确保基础设施建设与生态环境保护相协调。针对黄河流域基础设施建设中的技术瓶颈和短板，应加强技术研发和创新，推动形成一批具有自主知识产权的绿色技术和装备；加强技术推广和应用示范，提高技术成果的转化率和应用水平。在人才建设方面，应加强人才培养和引进，为基础设施建设提供有力的人才保障。

在区域协调性方面，黄河流域横跨多个省份和地区，各地区之间的经济发展水平和基础设施建设水平存在较大差异。因此，在推进绿色低碳高质量发展的过程中，黄河流域部分地区难以享受基础设施建设的红利，制约了区域协调发展。为缓解区域间发展不平衡问题，黄河流域沿线地区应当注重加强区域合作与协调，推动形成基础设施建设的联动效应和共享机制，促进区域均衡发展。通过优化交通网络布局、加强水利设施建设等措施，可以促进区域间的资源共享和优势互补。针对经济发展欠发达的地区，需要加大支持和帮扶力度，助力提升该类地区的基础设施建设水平，进而缩小区域发展差距，为实现共同富裕奠定基础。

3. 产业结构升级缓慢

长期以来，黄河流域的产业结构以重工业为主导，相关领域涉及能源、化工、冶金等行业。然而，这类行业在推动地区经济发展的同时，也带来了高能耗、高排放等问题。随着环保政策约束日益严格，绿色低碳发展理念深入人心，黄河流域的产业结构升级显得尤为迫切。绿色低碳高质量发展强调在经济发展的同时，注重生态环境的保护和资源的节约利用。对于黄河流域而言，这意味着产业结构升级必须遵循绿色、低碳、循环的原则，创新绿色低碳生产生活方式，拓展新型清洁能源应用边界，助力产业结构升级转型。

黄河流域经济发展对资源性产业有着较高的依赖程度，而这种资源密集型的产业结构，如煤炭、钢铁等，要实现产业绿色转型升级往往需要大规模资本投入，且转型发展过程相对较慢。因此，黄河流域传统产业比重较高，高碳产业比重大，成为制约黄河流域实现绿色低碳高质量发展的重要障碍。在产业结构升级过程中，如何平衡经济发展与环境保护的关系，推动传统产业向绿色、低碳方向转型，是黄河流域低碳高质量发展面临的一大挑战。对此，黄河流域沿线地区有关部门应制定科学合理的产业政策，明确产业结构升级的目标和路径，通过优化产业布局、加强产业协同、推动产业融合等措施，促进黄河流域产业的绿色、低碳、循环发展。

尽管黄河流域在能源、化工等领域具有一定的产业基础，但在新兴产业的发展上相对滞后，包括清洁能源、节能环保等领域。黄河流域虽然拥有丰富的能源资源，但清洁能源资源的分布并不均衡。一方面，黄河流域的太阳能和风能资源较为丰富，但受地形、气候等条件限制，部分地区资源利用难度较大。另一方面，尽管黄河流域的水能资源丰富，但水电开发已接近饱和，且存在生态环保等方面的制约因素。在清洁能源技术方面，部分清洁能源技术的研发和应用水平相对较低，尚未形成具有国际竞争力的核心技术。清洁能源技术的转化和推广速度较慢，技术成果转化为实际生产力的效率不高。在市场推广方面，黄河流域的清洁能源市场尚处于起步阶段，市场规模相对较小，市场体系尚不完善。清洁能源市场的竞争机制尚未形成，企业间的竞争主要集中在价格和规模上，缺乏技术创新和差异化竞争。这一系列问题导致黄河流域在产业结构升级过程中缺乏新的增长点，难以形成新的竞争优势。因此，黄河流域沿线地区政府应加大对新兴产业的扶持力度，通过政策引导、资金支持等方式，推动清洁能源、节能环保等新兴产业的发展。此外，还应加强与传统产业的融合与创新，形成产业协同发展的新格局。

产业结构升级离不开技术创新的支持。然而，黄河流域沿线地区在技术创新方面相对较弱，缺乏具有自主知识产权的核心技术和高端产品，这制约了黄河流域产业结构升级的步伐和质量。因此，培养创新型人才，提升区域技术创新能力，带动产学研深度融合，是助推黄河流域产业结构升级的关键所在。在进一步推进绿色低碳高质量发展过程中，黄河流域沿线地区应当注重加强产学研合作，推动技术创新与产业升级的深度融合；加大对科研机构和创新型企业的支持力度，鼓励开展核心技术研发和高端产品制造。在人才培养方面，优化人才引进策略，培养具备自主创新能力的相关领域人才，为推动产业绿色转型及产业结构升级提供人才保障。要以创新驱动为核心，以绿色发展为引领，推动黄河流域的产业结构实现高质量发展，从而为我国的生态文明建设和经济社会可持续发展作出积极贡献。

3.3 黄河流域绿色低碳高质量发展的主体响应

1. 中央及地方政府的政策演变

生态环境安全关乎地球生态系统的平衡与稳定，与人类生存环境的可持续发展息息相关。在应对全球气候变化挑战的新形势背景下，关注国家生态环境保护，维护生态系统安全，推动绿色低碳高质量发展，有助于为经济发展注入新的活力，满足人民对美好生活的追求，为地球生态稳定和可持续发展贡献力量。党的十八大以来，党和国家高度重视国家生态文明建设，关注区域经济环境协调和绿色发展。在党的二十大报告中，习近平总书记提出要加快构建新发展格局，着力推动高质量发展，推动绿色发展，协同推进降碳、减污、扩绿、增长，推进生态优先、节约集约、绿色低碳发展，为国家推动实现绿色低碳高质量发展提供了路径方向。为响应国家生态保护与经济协调发展的号召（潘桔，2023），推动黄河流域绿色低碳高质量发展，政府有关部门在流域生态保护与治理方面先后出台了一系列政策措施，致力于筑牢黄河流域国家生态安全屏障。

（1）国家宏观战略要求

在国家层面，一系列政策的相继出台体现了国家对于加强黄河流域生态环境保护与治理的决心和行动力。2019 年 9 月，习近平总书记在河南郑州主持召开黄河流域生态保护和高质量发展座谈会，阐释了当前黄河流域绿色发展的关键任务。毫无疑问，绿色发展已成为黄河流域高质量发展的重要风向标，只有保护好生态环境才能持续稳定地为经济发展和社会建设提供保障。至此，黄河流域生态保护和高质量发展已被提升到重大国家战略地位。国家相关部门积极响应号召，采取了一系列行动包括出台有关实施方案或建议，着力推进黄河流域生态保护和高质量发展战略的具体组织实施。

2020 年 1 月，水利部组织成立了推进黄河流域生态保护和高质量发展工

第 3 章　黄河流域绿色低碳高质量发展的新形势和新挑战

作领导小组❶，这为后续治理工作的推进奠定了坚实的基础。2020 年 4 月，财政部、生态环境部、水利部和国家林业和草原局联合印发《支持引导黄河全流域建立横向生态补偿机制试点实施方案》，该方案明确提出要将长江经济带生态文明建设理念融入黄河流域生态保护和高质量发展全过程中。2020 年 4 月，习近平总书记在陕西省考察时着重强调，要改善黄河流域生态环境质量。2021 年 10 月，习近平总书记在山东省济南市主持召开全面推动黄河流域生态保护和高质量发展座谈会，就"十四五"时期推动黄河流域的生态保护和高质量发展工作任务做出了相关安排和部署。2021 年 10 月，中共中央、国务院编制印发的《黄河流域生态保护和高质量发展规划纲要》，成为指导黄河流域生态保护和高质量发展的纲领性文件，也是相关部门制定规划方案的重要依据。

2022 年 8 月，由生态环境部等 12 部门联合印发的《黄河生态保护治理攻坚战行动方案》中明确提出黄河流域未来生态环境建设与治理的具体目标。这一方案聚焦于黄河流域的生态保护和治理，为黄河流域未来几年的生态建设指明了方向，也充分展现了国家在解决流域生态和经济发展矛盾问题的意志力，发挥了政策指引的关键作用。在中央财政支持方面，2022 年 9 月，财政部公开了《中央财政关于推动黄河流域生态保护和高质量发展的财税支持方案》，该方案可归纳为支持建立包括资金多元化利用机制、生态保护补偿机制、国土空间保护利用机制等在内的六项机制，为发挥财税政策的支持作用提供指引，助力黄河流域绿色低碳高质量发展建设。2022 年 10 月，科学技术部发布了《黄河流域生态保护和高质量发展科技创新实施方案》，这是在国际信息化和数字化发展背景下，以科技创新为黄河流域生态保护和高质量发展注入活力的新举措，不仅为流域绿色低碳高质量发展提供了技术支撑和驱动作用，也是国家层面方针引领和示范的推进。2022 年 10 月 30 日，第十三届全国人民代表大会常务委员会第三十七次会议通过了《中华人民共和国黄河保护法》（自 2023 年 4 月 1 日起施行），这部法律为强化黄河流域生态保护、

---

❶《水利部成立推进黄河流域生态保护和高质量发展工作领导小组》，中华人民共和国中央人民政府，https://www.gov.cn/xinwen/2020-01/03/content_5466222.htm。

污染防治，促进流域绿色低碳高质量发展提供了法治保障。

2023年7月，习近平总书记在全国生态环境保护大会上发表重要讲话，强调了全面推进美丽中国建设和加快推进人与自然和谐共生的现代化的重要性。这表明中国政府将继续坚持生态文明建设和环境保护在国家发展中的核心地位。2023年10月，生态环境部举行了主题为"积极应对气候变化，促进绿色低碳高质量发展"的新闻发布会，并发布《中国应对气候变化的政策与行动2023年度报告》，主要强调了我国在加强应对气候变化行动方面的立场选择和态度主张，阐释了要全面推动经济社会发展的绿色转型。这体现了在推进中国式现代化建设框架下，促进人与自然和谐共生的现代化建设实现进程，展现了中国为缓解全球气候变暖、实现"双碳"目标付出努力和行动的坚定决心。

（2）沿黄九省（区）政策规制

在地方层面，黄河流域沿线九省（自治区）[即沿黄九省（区）]积极响应国家号召，在水资源管理、土壤风险防控、生态保护和修复、新旧动能转换等方面出台了相关政策，并采取措施加强黄河流域生态保护，推进绿色低碳高质量发展，取得了初步成效。表3-1列示了沿黄九省（区）在推进黄河流域绿色低碳高质量发展工作中的部分政策规划和实施方案。

表3-1 沿黄九省（区）绿色低碳高质量发展相关政策

地区	年份	政策名称	政策概要
青海	2022	《黄河青海流域生态保护和高质量发展规划》	明确推动黄河青海流域生态保护和高质量发展的指导思想、重点任务与具体举措
	2022	《青海省贯彻落实黄河流域深度节水控水行动实施方案》	提出青海省黄河流域深度节水控水的指导思想和2025年、2030年的主要目标
四川	2021	《四川省长江黄河上游土壤风险管控区建设实施方案》	提出到2025年年底，建立全面、系统、动态的土壤污染排查、预警、管控机制，形成四川省长江黄河上游土壤风险管控模式
	2022	《四川省黄河流域生态保护和高质量发展规划》	提出四川省黄河流域生态保护和高质量发展的十大重点任务

续表

地区	年份	政策名称	政策概要
甘肃	2020	《甘肃省黄河流域生态保护和高质量发展规划》	主动围绕融入新发展格局，推进黄河流域生态保护和高质量发展，着力构建甘肃省黄河流域生态保护和高质量发展规划
甘肃	2022	《甘肃省黄河流域生态保护和修复专项实施方案》	围绕水源涵养能力、水土保持、生态修复等，提出2030年甘肃省生态保护和修复的具体目标
甘肃	2023	《甘肃省黄河流域生态保护和高质量发展条例》	为加强甘肃省黄河流域生态保护，保障黄河长治久安，推动高质量发展，围绕规划与管控、生态保护与修复、水资源节约集约利用与管理、污染防治等方面提出相关规划
宁夏	2022	《宁夏回族自治区建设黄河流域生态保护和高质量发展先行区促进条例》	从生态环境保护和治理、水资源节约集约利用、灾害预防和应对等方面，为宁夏回族自治区加快建设黄河流域生态保护和高质量发展先行区提供法律保障
宁夏	2022	《减污降碳协同增效行动实施方案》	提出到2025年基本形成减污降碳协同推进的工作格局，到2030年减污降碳协同机制更加完善、协同能力显著增强，助力实现碳达峰目标
内蒙古	2022	《内蒙古自治区黄河流域生态保护和高质量发展规划》	确定到2030年、2035年黄河流域生态保护和高质量发展的分阶段发展目标和具体工作任务
内蒙古	2023	《内蒙古自治区工业领域碳达峰实施方案》	明确了内蒙古自治区推进工业领域碳达峰的总体要求、重点任务和政策保障
陕西	2022	《陕西省黄河流域生态保护和高质量发展规划》	从加快推动黄河流域绿色转型发展，打好"蓝天、碧水、净土"保卫战等多个方面作出相关安排部署
陕西	2023	《陕西省黄河生态保护治理攻坚战实施方案》	为贯彻落实黄河流域生态保护和高质量发展重大国家战略，提出打好陕西省黄河生态保护治理攻坚战的总体要求、攻坚目标及相关行动策略

续表

地区	年份	政策名称	政策概要
山西	2022	《山西省黄河流域生态保护和高质量发展规划》	提出山西省黄河流域生态保护和高质量发展的重点任务与举措
山西	2023	《山西建设黄河流域生态保护和高质量发展重要实验区实施方案》	提出重点从流经县、流域区、全省域三个层次，推进山西省黄河流域生态保护和高质量发展重要试验区的建设
河南	2021	《河南省黄河流域生态保护和高质量发展规划》	明确河南省黄河流域生态保护和高质量发展的治理规划与目标
河南	2022	《河南省以数据有序共享服务黄河流域（河南段）生态保护和高质量发展试点实施方案》	围绕黄河流域生态保护和高质量发展战略要求，提出提升黄河流域（河南段）协同化、智能化治理水平的相关实施方案
山东	2022	《山东省黄河流域生态保护和高质量发展规划》	提出黄河下游山东省生态治理与高质量发展的目标与具体规划
山东	2022	《山东省新旧动能转换重大产业攻关项目管理实施细则》	明确推动构建山东省新旧动能转换的新兴产业攻关机制
山东	2022	《山东省建设绿色低碳高质量发展先行区三年行动计划（2023—2025年）》	提出在新时代新征程上"走在前、开新局"，加快建设绿色低碳高质量发展先行区的行动计划

2. 重点产业的绿色低碳转型举措

作为中华民族的母亲河，黄河流域有着丰富的历史文化底蕴，承载着重要的经济发展使命。然而，长期的资源过度开发和利用使得黄河流域面临严重的生态环境压力，经济发展向绿色化方向转型迫在眉睫。产业绿色低碳转型主要是指在经济保持稳定增长的同时，通过技术创新、制度创新或管理创新等方式，驱动传统高耗能、高排放产业向低能耗、低排放、高效益的绿色化方向改进。该过程涉及能源结构调整、生产方式变革、产品绿色化及污染治理等多个方面，是实现产业经济发展与生态环境保护双赢的必经之路（郝智娟等，2023）。推动黄河流域重点产业的绿色低碳转型，培育和发展新兴绿色产业，不仅关乎区域经济的可持续发展，更对维护国家生态安全、促进经济高质量发展具有深远意义。此外，在全球绿色低碳经济发展的大背景下，黄河流域重点产业的绿色低碳转型对于维护国家生态安全、提升区域产业的

第3章 黄河流域绿色低碳高质量发展的新形势和新挑战

国际竞争力具有重要意义。为加快人与自然和谐共生的现代化建设，实现社会–经济–环境系统可持续发展，黄河流域沿线各省区正在积极推进重点产业绿色转型，并且取得了初步成效。

（1）加快传统工业绿色转型

黄河流域作为我国重要的经济地带，长久以来为国家经济发展及生态建设贡献了重要力量，并一直发挥着关键的绿色生态保护屏障作用。但是，黄河流域庞大的产业规模和极为丰富的自然资源却在一定程度上将黄河流域推向生态环境脆弱的局面。由于黄河流域沿线省份多以重工业经济发展模式为主，往往容易带来严重的生态破坏和环境污染，此类型经济模式对人类可持续发展造成了严峻挑战。因此，在促进黄河流域绿色低碳高质量发展进程中，推动传统制造业绿色低碳转型，投入资金创新绿色科技，建设绿色化产业链全模态体系，是当前需要着重加强改进和调整优化的重要环节。尤其是推动传统重化工产业绿色转型及发展天然气、太阳能、风能等清洁能源，对于实现我国"碳达峰""碳中和"的"双碳"目标具有深远意义。

长期以来，在黄河流域沿线经济发展模式中，存在产业结构失衡的状态。土地、能源、生物等固有的资源禀赋存在空间差异，使得流域内部各省份经济发展有着显著的空间分化。整体而言，在产业结构上黄河流域经济发展多向第二产业倾斜，尤其是初级加工业占据主导地位。相对地，第三产业发展则相对处于弱势地位。在全国范围内比较来看，黄河流域第三产业比重低于全国平均水平，且流域内部空间分布差异较大。其中，在沿黄九省（区）中，山西作为煤炭大省在能源领域占据了天然资源优势，为全国经济发展需求输送了大量矿产资源。尽管丰富的矿产资源为山西省经济发展带来了资源红利，短期内拉动了其经济发展水平提升，但从长期来看，也给环境污染防治带来了挑战。并且，山西省与黄河流域沿线其他省份相比，其制造业碳排放水平已超过其他省份，处于高碳排放板块内。除了山西省之外，在沿黄九省（区）中，内蒙古、青海、甘肃以及宁夏同样是制造业碳排放贡献占比较高的地区，而山东、四川、河南等省份的制造业碳排放强度则处于较低水平。近年来，在国家大力倡导绿色化经济发展模式的驱动下，黄河流域沿线省域纷纷响应号召，在产业发展模式转型、产业结构升级、创新绿色技术等方面进行了积极探索。在全域地区的共同努力下，大部分沿黄省（区）的制造业碳排放强度呈现降低态势，其中尤其以山西省和陕西省两个省份的变化趋势最为明显。

为了推动黄河流域传统工业的绿色化转型，国家和地方政府相继出台了一系列政策，着力强化产业结构转型升级、提高能源利用效率，从源头和末端共同采取行动，既要在产品供给端推动绿色技术创新，又要注重产出端废物排放的污染净化和治理，减少生态污染，推动经济、社会和环境的友好协调发展。黄河流域沿线各省（区）政府加强组织领导，明确工业绿色化转型及发展的目标和任务，强调工业绿色发展对黄河流域生态保护和高质量发展的重要性。通过制定相关政策和规划方案，引导激励企业加大绿色环保投入，推动绿色技术研发及应用。此外，在环境规制方面，加强对企业的监管和评估，确保各项措施得到有效执行（Liu et al.，2022）。

山西省作为中国的能源大省，历年来在煤炭、钢铁、化工等传统工业领域占有重要地位，为国家能源需求和重工业建设贡献了不可或缺的力量。然而，随着全球绿色低碳经济发展潮流的兴起，以及国内对生态环境保护关注度的提高，山西工业面临前所未有的挑战。特别是党的十八大以来，党和国家将生态文明建设提升至国家发展的重要战略地位，生态环境执法力度逐步提高，我国生态环境的保护和建设发生了历史性变化。为响应国家经济高质量发展的号召，严格贯彻落实可持续发展宗旨，山西省政府积极推动工业绿色转型，并采取一系列举措且取得初步成效。在政策约束层面，山西省政府制定了一套战略规划，为工业绿色转型提供了前进方向和具体实施路径。2016年，《山西省"十三五"环境保护规划》为山西省工业绿色转型指明了方向，提出"十三五"期间生态环境保护的目标和任务，其中涵盖了工业污染防治、生态修复等生态保护和治理要求。2019年，山西省工业和信息化厅印发《山西省绿色制造2019年行动计划》，为加快构建绿色制造体系提供了目标指引和工作重点要求。其中，对包括汽车、电子电器、通信及大型成套装备机械等行业影响力大的核心制造企业，引导打造绿色供应链，通过加强供应链上企业的绿色化改革助推绿色制造业体系建设。2024年3月，《山西省制造业高质量发展促进条例》正式公布，标志着山西省对制造业高质量发展的全面规划和部署。该条例中明确了大宗工业固体废物、再生资源等综合利用的重点和途径，规范化建设产业集聚区，优化绿色发展模式。此外，该条例还完善了促进绿色消费的政策措施，加强绿色低碳产品的宣传推广和示范应用，助推产业绿色转型。同时，支持企业研发应用绿色低碳技术，实施节能、节水、节材、减污、降碳等清洁生产改造，提升绿色制造水平。

在推动山西省工业绿色转型进程中，累积形成了多项绿色化典型案例，为引领山西省循环经济和绿色制造产业建设起到了示范作用。面对日益严峻的环境保护压力，山西中阳钢铁有限公司（中阳钢铁）坚持绿色发展理念，将绿色低碳纳入企业可持续发展的战略体系。在生产过程中，中阳钢铁积极推广清洁生产技术，加强工业废弃物的资源化利用，实现了从源头到末端的全方位绿色管理。此外，中阳钢铁还加大了对环保设施的投资力度，引进先进的环保技术和设备，确保生产过程中的污染物排放达到国家标准。这些举措不仅提升了企业的环保形象，也为公司的可持续发展奠定了坚实基础。

山西建邦集团有限公司（建邦集团）作为钢铁制造领域的领军企业，通过实施绿色发展战略、发展绿色工艺技术等一系列行动，成功转型为山西省民营企业中第一家国家级绿色工厂。在生产过程中，建邦集团始终坚持"生产为先、质量为本、安全为天、环保为命"的环保方针，建立健全环境管理体系。此外，建邦集团还积极开展绿色供应链管理，与供应商共同推动绿色采购和绿色生产。通过加强与上下游企业的合作，建邦集团实现了产业链的绿色化，为整个钢铁行业的绿色转型树立了典范。

在加快推进产业结构调整和优化，努力实现工业绿色转型中，宁夏回族自治区也进行了积极探索和实践。2019年9月，宁夏回族自治区发布《宁夏回族自治区工业绿色发展行动方案（2019—2022年）》，旨在建立高效、清洁、低碳、循环的绿色制造体系，从产业结构优化、工业节能节水、工业固废综合利用、落后产能和"散乱污"企业专项整治等方面建立相应的行动目标及方案，强调到2022年显著提升能源资源利用效率，初步建立绿色制造体系。2022年，宁夏回族自治区第二产业比重与全国平均水平相比高出8.4%，资源型产业结构明显，重工业所占比例较高，而绿色新兴产业的发展速度仍然缓慢，绿色技术创新潜力上升空间较大（席振鑫等，2023）。2023年11月，宁夏回族自治区出台了《关于加快产业绿色转型升级的实施意见》，紧接着于

2024年1月出台了《自治区新型工业化绿色转型行动方案》，确定了到2027年有关新型工业化绿色转型的目标、重点任务及保障措施。截至2023年，宁夏完成了整改违规在建"高耗能高排放"项目（"两高"项目）22个、违规存量"两高"项目16个，依法依规淘汰落后产能和化解过剩产能42.6万吨，腾退能耗10.3万吨标准煤❶。在扎实推进产业、能源绿色低碳转型行动中，宁夏取得了初步成效，这也标志着宁夏回族自治区一系列政策文件的出台，不仅为推动绿色低碳高质量发展提供了行动指南，更是从政策上充分发挥了产业绿色环保约束，有效强化了工业绿色转型。

2023年，山东省全面启动了绿色制造标杆建设，传统工业向绿色化转型方向大踏步迈进。1月，山东省委、省政府印发《山东省建设绿色低碳高质量发展先行区三年行动计划（2023—2025年）》。该行动计划对传统支柱产业绿色化高端化发展做出明确要求，一方面要巩固提升冶金、化工等优势产业的主导地位，另一方面也要加快推动产业绿色低碳纵向改革，构建绿色制造体系。11月，山东省政府召开新闻发布会并对全省推进"无废城市"建设情况进行了重点介绍。山东省还对包括钢铁、电解铝、水泥等重点行业以及绿色工厂在内的261家企业进行了督导检查，并指定了专业服务机构在企业工业节能诊断方面提供指导，从而深度挖掘节能减排空间，促进能源利用效率提升。此外，在改进绿色技术方面，山东省积极向工业和信息化部申请推广节能降碳技术、节水技术、环保技术等装备，在全国范围内充分发挥了绿色低碳高质量发展的示范效应。

（2）引领农业绿色生态高质量发展

作为我国的重要农业产区，黄河流域农业发展态势承载着亿万人民的生计与福祉。然而，传统的农业生产方式往往伴随着资源消耗大、环境污染重等问题，与现代社会对绿色经济和可持续发展的要求存在较大差距。在土地利用方面，传统农业往往采用广种薄收的方式，土地资源并没有得到充分合理利用，导致土地资源利用效率低下。水资源的管理同样处于相对粗放的状

---

❶《宁夏扎实推进产业能源交通绿色低碳转型》，金台资讯，https://baijiahao.baidu.com/s?id=1788209295846201284&wfr=spider&for=pc。

态（马维兢等，2023）。例如，土地灌溉方式往往采用漫灌等简单形式，这不仅造成水资源大量浪费，还可能导致土壤盐碱化等问题。此外，传统农业在肥料和农药的使用方面也忽视了绿色环保问题。对肥料和农药的过量使用，既增加生产成本投入，降低生产效率，还容易带来土壤和水体的污染后果，加剧生态环境的治理压力。随着经济发展和人民生活水平日益提高，人们对农产品质量和安全性的要求也越来越高。传统的农业生产方式已难以满足市场需求，而绿色农业则因其高品质、高附加值的特点，成为农业产业升级和转型的重要方向，受到公众的热切关注。引领农业绿色高质量发展，有助于推动黄河流域农业向高效、优质、绿色的方向转变，提升农业的整体竞争力。因此，推动黄河流域农业绿色化发展，对于绿色低碳高质量发展的实现具有深远意义。

近年来，随着国家对生态文明建设的持续推进，黄河流域的农业绿色化发展也取得了显著进展。在政策引导方面，国家出台了一系列关于农业绿色发展的政策文件，为黄河流域的农业绿色化转型指明了方向。这些政策涉及财政补贴、税收优惠、技术支持等多个方面，旨在以最大限度鼓励农民和企业充分采用绿色农业技术和模式，从而推动农业产业的可持续发展。2017年9月，中共中央办公厅、国务院办公厅印发了《关于创新体制机制推进农业绿色发展的意见》，要求全力构建人与自然和谐共生的农业发展新格局，推动形成绿色生产方式和生活方式。2019年6月，《国务院关于促进乡村产业振兴的指导意见》明确提出了乡村产业振兴要以绿色引领、创新驱动为基本原则之一，践行绿水青山就是金山银山理念，促进农村生产生活生态协调发展。2021年11月，为全面推进乡村振兴，加快农业农村现代化，国务院发布了《"十四五"推进农业农村现代化规划》，在战略导向方面明确指出要加强和创新乡村治理，促进农业农村可持续发展，加快形成绿色低碳生产生活方式。国家在农业绿色化发展方面出台的政策文件涵盖了多个方面和层次，从国家层面的综合性政策到具体行动计划、指导意见等，形成了较为完整的政策体系。这不仅有利于推动农业的绿色转型和可持续发展，提升农业的综合效益和竞争力，同时也为乡村振兴和生态文明建设做出积极贡献。

在国家政策的指导下，黄河流域沿线各省（区）同样也相继出台了一系列政策文件，涉及农业绿色发展的行动计划和实施方案，为黄河流域绿色农业高质量发展提供了方针指导。例如，2018年9月，四川省委、省政府印发《四川省创新体制机制推进农业绿色发展实施方案》，围绕绿色产业体系、资源高效利用、改善生态环境等方面对农业绿色发展提出了目标任务。2018年12月，内蒙古自治区发布《关于推进农牧业绿色发展的实施意见》，围绕资源利用高效性、产地环境清洁性、生态系统稳定性以及绿色供给能力提升性等方面，提出了相应的目标任务，为推动形成绿色生产生活方式提供了有力支撑。2021年12月，在加快新旧动能转换、推动农业农村高质量发展背景下，山东省政府出台了《山东省"十四五"推进农业农村现代化规划》，提出山东省农业发展要坚持以量质并重、创新驱动、调整优化、生态引领、改革开放等九个方面为重点任务，全面走好乡村绿色发展之路，努力打造乡村振兴的齐鲁样板。2022年4月，为全力推动国家农业绿色发展先行区建设，宁夏回族自治区农业农村厅等七部门联合制定了《宁夏回族自治区农业绿色发展"十四五"规划（2021—2025年）》，对农业资源、产地环境、农业生态、绿色供给、农村生活等五个类别19项主要指标确定了目标值，致力于全面建立以绿色生态为导向的制度体系。

在国家和黄河流域各省（区）政策文件指导下，黄河流域农业绿色化发展取得了显著成果。例如，凭借独特的地理环境和气候条件，青海省在推动农业绿色化发展方面探索出了一条特色之路。在农业生产活动中，农田残膜污染是加剧环境恶化的重要因素，对此，青海省湟源县以提高农田残膜回收利用率为目标，推动残膜回收加工利用，并建立形成了"政府引导、市场运作、公众参与"的回收机制。一方面，湟源县在重点村庄大力推广全膜覆盖栽培技术，并将回收任务具体分配落实到村镇，在大家的共同努力下实现农田残膜的及时回收和处理。另一方面，湟源县还建立了残膜回收监管与补助机制。县农业技术推广中心负责残膜回收数量与质量的监管与督查工作，确保回收工作的顺利进行。农田残膜回收机制的建立健全不仅使农田生态环境得到明显改善，还推动了农业生产方式向绿色化、高效化转变，为农业可持续发展奠定了坚实基础。在绿色循环经济发展模式推动下，甘肃省的农业绿色化发展也形成了典型示范样本。以令宁县百祥养殖有限公司为例，通过"公司+基地+农户"的模式，该公司带动周边农户发展了绿色种养循环农业。在这一环保模式下，农作物秸秆在产业中被加工成青贮饲料投入养殖业。畜禽粪便则通过加工形成有机肥，广泛用于种植业，有效降低了化学肥料对生态环境的污染。这类循环绿色农业通过将农业废弃物回收治理再加工，实现了资源化利用和减量化排放，成为农业绿色化发展的优秀范本。

在推进农业绿色化发展的过程中，黄河流域沿线各省（区）采取的一系列举措为国家乡村振兴和生态文明建设做出了积极贡献。然而，实现农业绿色化发展是一项长期而艰巨的任务，解决水资源短缺（与利用效率低下）、农业面源污染严重、绿色技术人才培养短缺和技术创新不足等问题仍需要全社会的共同努力。推动形成政府、企业、社会多方参与的格局，继续深化农业供给侧结构性改革，实现黄河流域农业绿色化、优质化、品牌化发展，是今后黄河流域沿线各省（区）在农业现代化建设中努力的关键方向，从而为构建现代化农业产业体系、实现乡村振兴和生态文明建设目标做出更大贡献。

（3）推动数字化产业绿色融合

在全球化背景下，以大数据、云计算、人工智能等为代表的新一代信息技术，正在深刻改变着全球产业格局和经济发展方式，数字化已成为各国竞相发展的战略重点。随着信息技术的迅猛发展和全球数字化浪潮的推进，应用大数据、人工智能、物联网、云计算等数字智能化技术助推黄河流域绿色低碳高质量发展已是大势所趋。因此，黄河流域沿线地区必须紧跟全球数字化趋势，加快产业数字化进程，以数字化产业绿色融合助力可持续发展。

近年来，黄河流域在利用数字化技术赋能绿色低碳高质量发展方面进行了一系列探索，如智慧水利建设、草原生态数字化管理、智慧农业示范区建设等。基础设施建设是加快数字化产业与其他产业绿色融合发展的基础。为进一步降低数据中心和移动基站的能源消耗，在黄河流域新型信息基础设施的"绿色化"改造中进行了有益的探索。以"东数西算"为契机，我国在内蒙古、甘肃、宁夏、成渝等算力网络的中上游开展了设施建设，工程重点围绕大中型数据中心、通信网基站及机房的绿色化建设与改造。此外，我国还致力于构建黄河流域全寿命周期的绿色低碳基础数据平台，并将其与产业大数据进行整合，构建数据共享机制，以加快实现数据的汇聚、共享与应用。

作为中华文明发源地，黄河流域的水利建设历来是国家发展的重要基石。在全球信息化技术发展驱动下，智慧水利建设成为推动黄河流域水利转型升级的关键力量。近年来，黄河流域沿线各省（区）在数字化水利建设中加大资金投入力度，并取得了显著成效。在提升信息化水平方面，通过建设水利信息化平台，黄河流域沿线地区实现了对水位、流量、水质等关键水利信息的实时监测和数据采集。同时，利用大数据、云计算等技术手段，对海量水利数据进行深度挖掘和分析，为水利决策提供科学依据。例如，河南黄河智慧管理系统（河务通）是河南省的代表性项目，该系统整合了全省的水利信息资源，实现了对黄河水情的实时监测和预警。同时，通过大数据分析技术，系统还能够为水利决策提供精准的数据支持。此外，该系统还引入人工智能技术，实现了对水利设施的智能化管理和优化调度。山东省在智慧水利建设方面的创新举措则是建设黄河数字孪生水网。通过构建数字孪生模型，该项目实现了对黄河水网的全面仿真和模拟。这不仅提高了水利决策的准确性和科学性，还为水利设施的智能化管理和优化调度提供了有力支持。同时，数字孪生水网还助力了山东省的水资源优化配置和生态环境保护工作。在智慧水利建设中，甘肃省则致力于搭建黄河生态监测系统。通过搭建生态监测站点，引入遥感监测技术，该系统能够实现对黄河流域生态环境的实时监测和评估。此外，生态环境数据的整合与治理也为加强黄河流域生态保护提供了决策支持。伴随着数字化技术的更新迭代，智慧水利建设在黄河流域的应用范围将不断扩大，为可持续发展注入新活力。

在保护和恢复黄河流域沿线草原生态方面，沿线各省（区）政府通过引入数字化技术，建立草原生态数字化管理系统，致力于保护和恢复草原生态。为实现草原生态的精准保护和恢复，内蒙古自治区政府通过遥感监测、地理信息系统等技术手段，对草原生态状况进行实时监测和评估。同时，利用大数据挖掘技术，对草原生态数据进行动态分析，以数字化管理手段推动黄河流域绿色低碳高质量发展。在草原数字化管理方面，甘肃省则注重和强调畜牧业的发展，全面打造草原智慧牧场示范项目，以实现对草原畜牧业的智能化管理。借助于物联网、大数据等技术手段，实时监测牧场的生态环境、动物健康状况等信息，有助于精准指导畜牧业生产活动。同时，智慧牧场还推

第3章　黄河流域绿色低碳高质量发展的新形势和新挑战

动了畜牧产品的追溯和品牌建设，提升了产品的市场竞争力。除此之外，该项目还为当地牧民提供智能化养殖培训和服务，带动了甘肃省畜牧业的可持续发展。草原数字化管理系统的搭建不仅大幅度提升了黄河流域沿线省份的草原管理效率和精度，实现了对草原植被覆盖、生物多样性、土壤状况等关键指标的实时监测，助力草原灾害预警和应急响应，降低了灾害损失，同时也激励了黄河流域草原畜牧业转型升级，为草原可持续发展提供了有力支撑。但需要注意的是，目前黄河流域草原数字化管理系统建设中，还需要着力培养数字化技术人才，加强草原管理人员的数字化培训，协同推动草原数字化管理与其他相关领域的融合发展，从而形成更加完善的草原管理体系。

　　黄河流域数字化技术的渗透在推动城市智慧环保体系建设方面同样取得了显著进展。面对全球日益严峻的环境污染和气候变化形势，信息技术的迭代更新为环保体系建设提供了技术红利。近年来，在国家大力推进黄河流域生态保护和高质量发展过程中，黄河流域沿线城市利用数字化、智能化技术，在智慧环保体系建设方面取得了显著成效。郑州市作为黄河流域沿线河南省的省会城市，全面打造了智慧环保时空精准监测管控平台，为黄河流域沿线城市提供了环保智能化治理样板。该平台整合大气、水、土壤等环境要素的监测数据资源，实现了对全市环境质量的实时监测和预警。目前，该平台已经汇集了全市142个标准监测站点、100个小型空气质量监测站点、高精密站点、高空站、气象站、工业企业全过程档案信息及环评数据、渣土车、交通流量、餐饮油烟监测、施工工地扬尘监测、视频监控等各种类环保数据❶。同时，该平台还具备环保设施智能化管理功能，有力提高了设施运行效率和治污效果。陕西省秦岭生态环境保护综合监管平台的搭建，则为秦岭生态环境治理拉起了数字监测网。作为集数字、智慧、开放的综合管理平台，秦岭生态环境保护综合监管平台围绕"综合监管+预警分析"定位，借助于卫星遥感监测、智能分析模型，整合多源异构的生态环境数据资源，以实现生态环境全方位的综合智慧监管。城市智慧环保体系的建设不仅从数字化管理视角

---

❶《郑州高新区智慧环保管控平台启动，将打造精准治污样板》，大河报•大河财立方，https://baijiahao.baidu.com/s?id=1702806690656872557&wfr=spider&for=pc。

大幅度提升黄河流域沿线城市的环保监测能力，显著改善环保治理效率和治污效果，同时各类智慧环保平台让环保信息更加公开、透明，形成全民参与环保的良好氛围，促进绿色经济发展。

3. 社会公众的绿色低碳行为响应

作为全球面临的严峻挑战之一，气候恶化引致的极端天气事件频发、海平面上升、生物多样性丧失等问题不断加剧，给人类生存和发展带来巨大威胁。社会公众的绿色低碳行为成为减缓气候恶化的有效手段，同时也在推动黄河流域可持续发展和生态环境保护中发挥着至关重要的作用。长期以来，人类活动对生态环境造成了严重破坏，包括森林砍伐、水源污染、土壤退化等。倡导公众积极践行绿色低碳行动，有助于减少对自然资源的过度消耗和污染，促进生态系统的恢复和保护，从而维护生态平衡。因此，为积极响应国家"双碳"目标，黄河流域沿线各省（区）采取了一系列举措，在普及绿色低碳观念、倡导绿色低碳消费、推广绿色低碳出行模式等方面取得了初步成效。

（1）普及绿色低碳观念

加强公众绿色低碳观念普及是生态文明建设的重要组成部分。生态文明建设强调人与自然和谐共生，倡导绿色发展、循环发展、低碳发展。因此，通过向公众普及绿色低碳观念，能够引导公众树立尊重自然、顺应自然、保护自然的理念，积极参与生态文明建设实践，进而有助于推动形成节约资源和保护环境的空间格局、产业结构、生产方式、生活方式，为生态文明建设奠定坚实的基础。此外，伴随着绿色低碳观念深入人心，公众在日常生活中注重并形成绿色低碳行为习惯，有利于提升公众健康水平。长久以来，严重的环境污染对人类健康造成了不可逆的威胁。例如，由于对生态环境保护的忽视，大量工业污染物排放、机动车尾气排放以及扬尘等因素使得我国部分城市前期面临着严重的雾霾污染困扰（Wang et al.，2022）。在这种环境下，人们长期暴露于高浓度的颗粒物和有害气体中，出现了呼吸道疾病、皮肤病等健康问题。更为严重的是，长期吸入这些有害物质还使人们面临患癌的风险。因此，高度重视普及公众绿色低碳观念的工作，通过多种途径和方式加强宣传教育，鼓励公众积极采取绿色低碳行为，提高公众的环保意识和参与

第3章 黄河流域绿色低碳高质量发展的新形势和新挑战

度，是保障公众身体健康，建设美丽中国的必经之路。为深化公众绿色低碳观念，黄河流域沿线各省（区）积极采取行动并初步取得了低碳建设成果，为其他地区推广普及绿色低碳理念，促进生态文明建设提供了实践经验。

作为我国经济发展水平较高的沿海省份，山东省在普及公众绿色低碳观念方面进行了积极的探索和努力。山东省生态环境厅聚焦打赢污染防治攻坚战和全国低碳日，开展了一系列节能低碳宣传活动。通过厅政务网站、微博、微信等多种信息化渠道进行宣传，普及应对气候变化知识和低碳发展理念。同时，还结合全国文明单位创建工作，利用电子屏幕宣传等多种形式，做好节能低碳宣传教育。在节能宣传周和低碳日活动期间，山东省生态环境厅组织各处室、单位学习相关文件及节能低碳理念和知识，倡导节约一度电、一滴水、一张纸，做好资源回收利用。这些活动不仅提高了广大干部职工的节能低碳意识，还营造了共同参与节能降耗的良好氛围。同时，山东省各地市积极响应政府号召，在提升公众绿色低碳理念中采取了多项措施。例如，济南市在山东省绿色低碳高质量发展先行区建设进程中，高度重视公众绿色低碳观念普及，倡导提升绿色行为素养，并涌现了多项典型案例。其中，银丰山庄社区是济南市低碳社区建设的典型代表。该社区以自然教育、自然体验为手段，引导成人与孩子深入了解生态环境保护的重要性。通过引入"口袋森林"项目，将国家"南红北柳"生态治理项目中的柽柳引入社区，作为项目的首批树种。每个单元的居民共同认领并培育树苗，待树苗长大后移植至黄河生态文明示范基地。这一活动不仅提高了市民的低碳意识，还丰富了低碳建设的内涵。此外，济南市还注重低碳学校的建设，其中济南回民中学作为低碳建设试点单位为低碳学校建设贡献了实践经验。该校注重将绿色低碳生活理念融入办学的每个环节中，加强校园低碳装置和环境文化建设，并搭建形成了完整的雨水收集循环利用系统。这一举措的落地不仅减少了学校的能源消耗，还为学生们提供了学习和实践绿色低碳理念的良好环境。

在推动黄河流域绿色低碳高质量发展进程中，多元化的绿色低碳宣传活动成为普及沿线地区公众绿色观念的重要手段。例如，内蒙古自治区各级政府和社会组织举办了多种形式的宣传活动，如绿色出行日、环保知识竞赛等，提高了公众对绿色低碳发展的认识和重视程度。同时，学校也加大环保宣传教育力度，从学生抓起，将绿色低碳理念融入课程教学中，培养学生的环保意识和实践能力。这一系列举措有助于在全社会形成绿色低碳的生活方式和发展理念，助力生态环境保护和治理。四川省同样也通过举办各种绿色低碳主题的活动、展览和宣传，为提高公众对绿色低碳高质量发展重视程度做出了积极努力。在网络数字化技术迅猛发展的当代背景下，互联网媒体也积极宣传绿色低碳理念和实践成果，营造了良好的社会氛围。这些举措不仅增强了公众的日常绿色低碳意识，培养了绿色低碳素养，而且在推动全社会共同参与绿色低碳建设中发挥了潜移默化的作用。

（2）倡导绿色低碳消费

随着全球气候变化以及环境问题日益严重，低碳经济已成为世界各国共同关注的焦点。消费作为社会生产领域的重要一环，必然要与经济绿色转型发展模式相适应，形成以低碳消费为导向的消费模式。我国拥有庞大的消费群体，居民的日常消费模式对经济的绿色发展有着重要的影响。绿色低碳消费作为一种新型消费模式，为经济发展提供了新的动力。一方面，绿色低碳消费推动了绿色产业的发展。人们对绿色产品的需求不断增加，推动绿色产业快速发展，为经济提供了新的增长点。另一方面，绿色低碳消费也促进了技术创新和产业升级。为了满足消费者的绿色需求，企业需要加大研发投入，开发更加环保、高效的产品和技术，从而推动产业结构的优化升级。

作为低碳经济的重要组成部分，绿色低碳消费对于减缓气候恶化、保护生态环境具有重要意义。为此，国家有关政府部门出台了相关政策及实施方案，旨在促进绿色低碳消费行为的推广。2021年2月，国务院印发了《关于加快建立健全绿色低碳循环发展经济体系的指导意见》，提出了建立健全绿色低碳循环发展经济体系的总体要求、主要目标和重点任务，包括全面推动重点领域绿色升级、提升绿色创新能力、构建绿色生产体系、健全绿色流通体系、打造绿色消费模式等。2022年1月，国家发展和改革委员会等部门印发《促进绿色消费实施方案》，全面促进重点领域消费绿色转型，涉及大众"衣食住行"的方方面面。方案要求秉持系统推进的原则，全面推动各领域消费绿色转型，统筹兼顾消费与生产、流通、回收、再利用各环节顺畅衔接，强化科技、服务、制度、政策等全方位支撑，实现系统化节约减损和节能降碳。

第 3 章 黄河流域绿色低碳高质量发展的新形势和新挑战

推动生活性服务业低碳消费是兼顾当前经济稳增长和实现"双碳"目标的重要选择,这对于稳固增长、促进减排而言意义重大。2022 年 9 月,中央全面深化改革委员会第二十七次会议指出,要增强全民节约意识,推行简约适度、绿色低碳的生活方式,反对奢侈浪费和过度消费,努力形成全民崇尚节约的浓厚氛围。

在促进公众绿色低碳消费方面,黄河流域沿线各省(区)采取了包括绿色家居消费、绿色农产品消费、绿色旅游消费等方面的诸多措施,以鼓励公众在日常生活中秉持绿色消费理念,强化环保意识,共同为实现绿色低碳高质量发展贡献力量。在促进绿色家居消费方面,2023 年 8 月,山东省委、省政府研究确定了《关于进一步提振扩大消费的若干政策措施》,提出要组织开展家电"以旧换新"集中促销活动,对家电生产、销售企业推出的节能、绿色、智能等特定机型,支持企业按每台不低于 200 元给予补贴;在居民小区规范设置废旧家具、家电、装修垃圾投放点,推广线上预约收运,提升废旧家居产品回收处置便利度,切实推动居民和家庭服务领域的绿色低碳发展。同时,加强对家电市场的监管,打击假冒伪劣产品,保护消费者的合法权益,在提高家电产品能效水平的基础上,促进绿色家电市场的健康发展。随着绿色消费理念的普及,河南省的绿色消费市场规模也在不断扩大。越来越多的企业开始研发和生产绿色产品,满足消费者的需求。与此同时,河南省政府也通过政策扶持和市场引导,推动绿色产品进入更多领域,从家电、家居到食品、服装等各个领域,绿色产品在市场上的规模占比与前期相比有了大幅度提高。此外,相关家居企业还通过线上线下相结合的方式,开展绿色家居推广活动,吸引更多消费者关注和购买。

在绿色农产品消费方面,黄河流域沿线各省(区)纷纷出台相关政策,引导和扶持绿色农产品的发展。其中包括设立绿色农产品专项资金,对绿色农产品的研发、生产和销售给予财政补贴和税收减免,以及制定绿色农产品认证标准和标识制度等政策,以此规范市场秩序、提高消费者信心。在互联网数字化发展日益渗透的背景下,河南省致力于打造绿色农产品电商平台,为消费者提供安全、健康、环保的农产品(钞小静和沈路,2023)。平台严格筛选供应商和产品,确保所有农产品符合绿色标准。在文化价值观层面,平台还开展绿色农产品知识普及活动,提高消费者对绿色农产品的认识。通过该平台的推广,越来越多的消费者开始选择绿色农产品,促进了当地绿色农业的发展。这种销售模式既拓宽了绿色农产品的销售渠道,也提高了产品的知名度。

由于黄河流域承载了我国悠久的历史文化和自然景观,在得天独厚的自然优势下形成了诸多旅游景点,绿色旅游消费正成为黄河流域各地区努力创新的新型实践模式。作为我国首个国家公园体制试点区,青海三江源国家公园在注重保护生态环境的同时,积极探索绿色旅游发展模式。通过制定严格的旅游开发规划和环境保护措施,限制游客数量,助力旅游业的可持续发展(Zhang et al.,2021)。游客在欣赏壮丽自然风光的同时,也能深刻感受到生态保护的重要性,从而更加珍视和爱护自然环境。位于甘肃省的敦煌莫高窟是世界文化遗产之一,也是黄河流域的重要文化景点。甘肃省在保护莫高窟文化遗产的同时,积极推动绿色旅游发展。通过加强文物保护和修复工作、提高游客环保意识、推广低碳旅游方式等措施,促进文化遗产保护与旅游发展的双赢(王邵军和李晓冰,2023)。秦岭是我国重要的生态屏障之一,也是黄河流域的重要生态区。陕西省在秦岭地区建立了生态旅游示范区,通过推广生态旅游产品、提升旅游服务质量等渠道,实现旅游业的绿色转型。示范区内的旅游项目注重与当地文化的融合,同时积极推广低碳出行方式,减少旅游活动对环境的影响(赵俊远等,2023)。

(3)推广绿色低碳出行模式

随着经济的快速增长和人口的不断增加,全球能源需求日益旺盛。然而,传统化石能源的储量有限,且开采和使用过程中会产生大量污染物。因此,寻找替代能源、提高能源利用效率成为当务之急。绿色低碳出行通过推广电动汽车、公共交通等低碳交通方式,有助于降低能源消耗和减少环境污染,实现可持续发展。绿色低碳出行的核心在于"绿色"与"低碳"。绿色象征着生态与环保,低碳则代表着减少二氧化碳等温室气体的排放。在出行过程中,选择公共交通、骑行、步行等低碳交通方式,减少私家车的使用,均为绿色低碳出行的具体体现。而在科技力量的助推下,新能源汽车、智能交通系统等绿色出行技术得到了快速发展,这些技术的应用使得绿色低碳出行方式更

第3章 黄河流域绿色低碳高质量发展的新形势和新挑战

加多样化、便捷化。此外，为深化绿色低碳出行理念，政府和社会各界也积极推广绿色低碳出行方式，加强相关基础设施建设，为绿色低碳出行提供了有力保障。在推广绿色低碳出行模式中，黄河流域沿线地区近年来采取了多项措施，形成了包括新能源汽车补贴、投放共享单车等在内的多类典型案例，积累了丰富的实践经验。

山东省出台的《关于进一步提振扩大消费的若干政策措施》围绕绿色出行方面提出了相关要求。该文件指出，要开展绿色出行创建行动，全面推进城市公交、出租、物流等公共领域车辆和公务用车电动化，新增和更新的城市巡游出租车、网约出租车原则上全部采用新能源汽车，完善居民电动汽车充电桩分时电价政策，进一步降低电动汽车使用成本，力求从需求端和供给端两个角度实现生活性服务业在居民交通出行领域的绿色低碳发展。在公共交通建设方面，山东省注重提升公共交通的服务质量和覆盖范围，通过优化公交线路、增加公交车辆、建设公交专用道等措施，提高公共交通的便捷性和吸引力。借助于数字化技术，山东省在公共交通体系建设中还着力推广电子支付、实时公交查询等信息化服务，努力提升乘客的出行体验。作为山东省的省会城市，济南市在推动绿色低碳出行方面取得了显著成效。其中，公共自行车系统建设为济南绿色低碳出行贡献了关键力量。该系统覆盖范围广泛，车辆数量众多，为市民提供了便捷、环保的出行方式。在新能源汽车推广方面，青岛市通过建设充电桩网络、给予购车补贴等措施，鼓励居民和企业购买使用新能源汽车。同时，青岛市也加强了对新能源汽车的宣传和推广工作，提高公众对新能源汽车的认知度和接受度。

在推广绿色出行方面，青海省通过实施政策引导、优化公共交通体系、建设绿色出行基础设施等方式，积极响应国家绿色发展号召。在政策引导方面，对新能源汽车给予购车补贴、免费停车等优惠政策，对高排放车辆实施限行、限购等措施，并鼓励企业采用绿色出行方式，如为员工提供公共交通补贴等。在公共交通体系优化方面，青海省一方面加大投入力度，提升公共交通设施的质量和覆盖面，确保公众能够便捷地利用公共交通出行。另一方面，青海省还推出了优惠政策，如公交IC卡折扣、免费换乘等，降低公众使用公共交通的成本，提高公共交通的吸引力。此外，青海省还注重绿色出行基础设施的建设,包括自行车道、步行道、充电桩等,为骑行、步行等绿色出行方式提供便利条件。在推广新能源汽车方面,积极推动新能源汽车的普及,建设充电桩网络,为电动汽车的使用和后续保障提供有力支持。青海省在青海湖周边建设了完善的自行车道和步行道,为游客提供骑行、步行等绿色出行方式;同时,开展骑行旅游宣传活动,吸引更多游客选择绿色出行方式游览青海湖。

随着社会公众环境保护意识的提高,四川省正积极转变发展方式,大力推动绿色低碳出行,以应对环境挑战,促进可持续发展。在基础设施建设方面,四川省注重加强绿色出行基础设施建设,构建绿色高效的公共交通体系。作为四川省的省会城市,成都市在新能源公交车推广方面取得了显著成效。通过购置大量新能源公交车,优化公交线路,提高公交服务质量,成都市的新能源公交车数量不断增加,绿色出行理念深入人心。这不仅加快了四川省碳减排目标的实现进程,也为市民提供了更加舒适、环保的出行方式。在绿色出行品牌打造方面,绵阳市通过发布绿色出行 IP 形象、开展多元化营销活动、购置新能源车辆、改善出行环境等措施,持续推动绿色出行。此外,绵阳市还注重提升公共交通运行质效,优化公交线网布局,丰富公交运营服务模式,以此拓展选择绿色公共出行方式的公众规模。这一系列举措有效提升了绵阳市的绿色出行水平,为构建现代、绿色、低碳、环保的城市交通体系作出了积极贡献。在推动绿色出行的过程中,四川省还注重与智慧交通的融合发展。通过应用大数据、物联网、人工智能等先进技术,实现交通信号的智能调度、车辆运行的实时监测和预测等功能,提高交通系统的运行效率和服务水平。采用智能化手段优化公共交通线路和班次,提高公共交通的吸引力和便捷性,展现了智慧交通赋能绿色低碳高质量发展的重要力量。

第4章 黄河流域绿色低碳高质量发展的基本现状

4.1 黄河流域生态系统服务

作为我国的核心生态防线，黄河流域横跨青藏高原、黄土高坡与华北平原，构建了一条生态走廊。在黄河流域内，三江源、黄河三角洲湿地以及祁连山等地坐落着众多国家公园和重点生态功能区，共同维护着区域的生态平衡。黄河流域不仅提供了生态屏障，而且也是我国重要的经济带。然而，生态本底脆弱、自然资源禀赋限制明显和水资源严重短缺等问题也成为制约黄河流域向绿色低碳高质量发展迈进的主要短板。黄河流域的各游段地区分别面临着不同的典型突出问题。例如，黄河流域上游地区近年来降水量减少，水分蒸发散发程度增强，从而导致产水能力薄弱；中游地区存在土质疏松问题，降水强度大且坡度大导致水土流失问题严重；下游地区建设用地不断扩张，使得生物多样性急剧减退。由此，黄河流域成为我国生态环境脆弱区域的典型代表。深入理解和评估黄河流域生态系统服务价值，对区域生态修复与管理至关重要，同时也可为生物多样性保护及流域内生态环境补偿提供科学支撑。

1. 黄河流域生态系统服务功能

（1）水源供给

黄河流域作为我国重要的生态屏障和经济地带，其拥有防风固沙、水源涵养和生物多样性保护等多重生态功能。但黄河流域面临着水资源短缺、生态环境恶化等环境问题。水源供给是黄河流域众多生态服务功能中最具价值的功能之一，水源供给量是衡量水源供给功能的主要指标。水源供给量主要指的是在给定时段内，单位流域面积上所产生的河川径流量。水源供给量会对黄河流域内的生物量、碳循环及泥沙输出等生态功能产生影响，对维持生态系统平衡及促进区域经济和生态系统的可持续发展至关重要。通过可视化分析和定量化评估水源供给量，把握黄河流域水源供给的时空变化特征，可为加强生态保护治理提供科学参考和依据。

本研究采用来自中国科学院资源环境科学数据中心（http://www.resdc.cn）的土地数据，这些数据基于 Landsat 卫星影像进行目视解译，分辨率达到 30 米。研究涵盖了 2000 年、2005 年、2010 年、2015 年、2020 年和 2021 年共六期数据。经检验，采集数据的精度超过 85%，质量良好，可供研究使用。本研究还参照《土地利用现状分类》（GB/T 21010—2017）的土地划分标准，并结合黄河流域地区的实际情况，将土地划分为耕地、林地、草地、水域、建设用地和未利用地六类。此外，本研究还利用了多项其他数据资源。其中，关于降水量数据，采用中国科学院资源环境科学数据中心所提供的权威资料；而土壤相关数据，包括其最大根系深度以及沙粒、粉粒、黏粒、有机碳含量等详细信息，则来源于寒区旱区科学数据中心构建的 1:100 万土壤数据库；至于太阳大气顶层的辐射数据，则参考全球潜在蒸散和全球干旱指数数据集。针对生态系统服务和权衡的综合评估（Integrated Valuation of Ecosystem Services and Trade-offs, InVEST）模型产水模块中的季节因子（Z 系数），取接近实际情况的 3.6。这些数据的整合和应用，为本研究提供了全面而准确的基础数据支持。

InVEST 模型的产水模块，其核心在于水量平衡原理的运用。该模块基于 Budyko 水热耦合平衡假设，结合年平均降水量数据，对研究区内每个县域 x 的年降水量进行科学计算。通过这种方式，模型能够精确地评估各县域的水资源状况，为生态保护和水资源管理提供有力的决策支持。计算公式如下：

$$Y_x = 1 - \frac{\text{AET}_x}{P_x} \times P_x \qquad (4-1)$$

$$\frac{\mathrm{AET}_x}{P_x} = (1 + w_x R_x) / [1 + w_x R_x + (1/R_x)] \quad (4\text{--}2)$$

$$R_x = k_x \cdot ET_{0x} / P_x \quad (4\text{--}3)$$

$$w_x = Z \cdot AWC_x / P_x \quad (4\text{--}4)$$

$$AWC_x = \min(MSD_x, RD_x) \cdot PAWC_x \quad (4\text{--}5)$$

$$PAWC_x = 54.509 - 0.132SAN - 0.03(SAN)^2 - 0.55SIL -$$
$$0.006(SIL)^2 - 0.738CLA + 0.007(CLA)^2 - 2.688C + 0.501(C)^2 \quad (4\text{--}6)$$

式中，Y_x 为县域 x 的年均产水量（毫米）；AET_x 为年实际蒸发量（毫米）；P_x 为年降水量（毫米）；R_x 为县域 x 的干燥度指数，无量纲；ET_{0x} 为县域 x 内的潜在蒸散量（毫米），采用 Modified–Hm2.argreaves 公式计算，$ET_0 = 0.0013 \times 0.408RA(T_{avg} + 17) \times (TD - 0.012\,3P)^{0.76}$，其中，$RA$ 为太阳大气顶层辐射（焦/平方米），T_{avg} 为黄河流域最高温和最低温的均值（摄氏度），TD 为黄河流域平均最高温和平均最低温之间的差值（摄氏度）；P 为年降水量（毫米）；w_x 为用来描述气候–土壤属性的经验参数；AWC_x 为植被可利用含水量（%）；Z 为季节降水分布和降水深度的经验参数（本研究取 $Z=3.6$）；MSD_x 为最大土壤深度（毫米）；RD_x 为根系深度（毫米）；$PAWC_x$ 为植物可利用含水率；SAN 为土壤沙粒的含量（%）；SIL 为土壤粉粒的含量（%）；CLA 为土壤黏粒的含量（%）；C 为土壤有机碳的含量（%）。其中，InVEST 模型需要输入的各土地利用/覆被类型对应的植被蒸散系数（K_c）、最大根系深度如表 4–1 所示，其基于已有参考文献、联合国粮农组织作物参考值和 InVEST 模型推荐的参数获得。

表 4–1　InVEST 模型的各土地利用覆被类型生物物理参数

土地利用类型	地类代码	植被蒸散系数	最大根系深度/毫米
水田	11	0.90	2 100
旱地	12	0.70	2 000
有林地	21	1.00	5 200
灌木林地	22	0.95	5 200
疏林地	23	0.93	5 200

续表

土地利用类型	地类代码	植被蒸散系数	最大根系深度/毫米
高覆盖草地	31	0.85	2 600
中覆盖草地	32	0.75	2 300
低覆盖草地	33	0.65	2 000
河渠	41	1.00	100
水库坑塘	43	1.00	100
冰川及永久性积雪	44	0.50	100
河滩地	45	1.00	1 000
城镇用地	51	0.30	100
农村居民地	52	0.20	100
其他建设用地	53	0.30	100
沙地	61	0.20	300
戈壁	62	0.20	300
盐碱地	63	0.20	300
沼泽地	64	1.00	300

通过计算2000年、2010年、2020年以及2021年黄河流域县域尺度的水源供给量发现，黄河流域的水源供给量整体偏低。在空间分布上，黄河流域的水源供给量呈现出极大的不均性。水源供给量较大区域主要为青海、四川、河南等黄河流域的西南部地区，水源供给量较为匮乏的区域主要是以内蒙古为主的黄河流域西北部地区。从时间趋势看，黄河流域的西北部未有明显变化，长期呈现水源供给匮乏的状态；西部地区呈现倒"U"形，2000—2010年水源供给量有明显增加，但2010—2021年水源供给量不断下降，2021年西部地区几乎没有较高水源供给量的区域。黄河流域的水源供给量从西南到东北呈现逐渐下降的态势。而南部地区的水源供给量发展趋势相反，2000—2020年供给量不断下降，但2021年水源供给量骤升。绝大部分地区水源供给呈现不断下降的趋势，说明黄河流域水源供给水平的整体状态较不稳定。

第4章 黄河流域绿色低碳高质量发展的基本现状

（2）土壤保持

黄河作为世界上含沙量最大的河流，其产沙量占据了全球河流总产沙量的6%，水土流失成为黄河面临的主要生态问题。为了有效应对这一挑战，政府有关部门已经启动了大规模的退耕还林还草工程，采取了一系列水土保持措施，致力于改造退化农田和荒地，并努力恢复森林和草地生态系统。土壤保持功能作为生态系统调节的关键一环，不仅能够防止土地退化，还能降低洪涝灾害风险。在界定土壤保持服务时，本研究将其视为生态系统在防止土壤流失、拦截泥沙以及河流湖泊湿地库坝中淤泥储积方面的综合能力。

本研究所使用的土地利用覆被数据、数字高程模型以及归一化植被指数（Normalized Difference Vegetation Index，NDVI）数据，均来源于中国科学院资源环境科学数据中心，数据空间分辨率达到1千米×1千米。为准确评估土壤侵蚀状况，利用InVEST模型中的泥沙输移比（SDR）模块进行计算。该模块能够计算出研究区域的实际土壤侵蚀量和潜在侵蚀量。在侵蚀量数据基础上，进一步通过潜在土壤侵蚀量减去实际土壤侵蚀量，得到最终土壤保持量：

$$T_x = L_x - U_x + D_x \tag{4-7}$$

$$L_x = R_x K_x S'_x \tag{4-8}$$

$$U_x = R_x K_x S'_x P_x C_x \tag{4-9}$$

$$D_x = E_x \sum_{y=1}^{x-1} U_y \prod_{z=y+1}^{x-1} (1-E_z) \tag{4-10}$$

式中，T_x、L_x、U_x、D_x、U_y分别为栅格x的土壤保持量、潜在土壤侵蚀量、考虑管理和工程后的实际侵蚀量、泥沙持留量、考虑管理和工程后上坡栅格y的实际侵蚀量，单位均为吨；E_x和E_z分别为栅格x和上坡栅格z的泥沙有效持留效率；R_x、K_x、S'_x、C_x、P_x分别为栅格x的降水侵蚀性因子、土壤可侵蚀性因子、坡度坡长因子、植被覆盖管理因子、水土保持措施因子。

通过计算2000年、2010年、2020年以及2021年黄河流域土壤保持量发现，黄河流域的土壤保持量整体呈现偏低状态。从时间上看，2000—2021年黄河流域的土壤保持量整体变化不大，没有明显变化趋势。从空间分布看，黄河流域的土壤保持量按地域分布的特征十分显著。土壤保持量相对较高的地区呈现条带状，主要位于黄河流域的西南部及南部，而土壤保持量相对较低的地区主要分布在黄河流域的中部及北部地区，整体的土壤保持量呈现由南至北逐渐降低的趋势。

（3）水源涵养

黄河的众多支流与丰富的地下水资源共同为黄河提供了大量水源。值得一提的是，黄河甘南段的草地与森林，它们在黄河上游扮演着至关重要的角色，既是重要的"蓄水池"，也是关键的"水源补给站"，水源涵养功能尤为突出，通过生态系统独特的结构与水之间的相互作用，实现截留、渗透、蓄积水分等功能。同时，还通过蒸发作用对水流和水循环进行精细调控，确保黄河水源的持续供给与生态平衡。近年来，全球气候变暖的态势不断加剧，致使黄河流域的生态功能出现了显著退化。具体表现为水源涵养和补给能力大幅度降低，黄河径流量呈现逐年减少的趋势。此外，断流现象频发、河床不断上升以及泥沙含量居高不下等生态问题日益凸显，这些都给黄河上游生态屏障的构建带来了严峻挑战和潜在威胁。因此，科学评估黄河流域县域水源涵养量水平及时空特征，对于有效维护黄河流域地区生态安全具有重要意义。

本研究采用的潜在蒸散量数据来源于《全国生态环境十年（2000—2010年）变化遥感调查与评估》；土壤深度、根系深度及流速系数来源于《陕西土壤》《陕西省第二次土壤普查数据集（1979—1990 年）》等相关调查资料。根据叶面积指数计算蒸散系数，利用土壤质地计算植物可利用水含量。InVEST水源涵养模型以水循环原理为基础，综合考虑降水、植物蒸腾、地表蒸发以及根系和土壤深度等关键参数，以精确计算产水量。模型进一步引入地形指数、土壤饱和导水率以及流速系数等因子，对初步得出的产水量进行修正，从而得到水源涵养量计算结果，以增强黄河流域水源涵养量评估的准确性和可靠性。

$$\text{Retention} = \min\left(1, \frac{249}{\text{Velocity}}\right) \times \min\left(1, \frac{0.9 \times TI}{3}\right) \times \min\left(1, \frac{K_{sat}}{300}\right) \times \text{Yield} \quad (4-11)$$

式中，Retention 为水源涵养量（毫米）；K_{sat} 为土壤饱和导水率（厘米/天），利用 NeuroTheta 软件计算得出；Velocity 为流速系数；TI 为地形指数，无量纲，根据式（4-12）计算；Yield 为产水量（毫米），通过产水量数据集中式（4-1）计算。

$$TI = \lg\left(\frac{Drainage\_Area}{Soil\_Depth \times Percent\_Slope}\right) \quad (4-12)$$

式中，Drainage_Area 为集水区栅格数量，无量纲；Soil_Depth 为土壤深度（毫米）；Percent_Slope 为百分比坡度。

$$\ln(K_{sat}) = 20.62 - 0.96 \times \ln(Clay) - 0.66 \times \ln(Sand) - 0.46 \times \ln(OC) - 8.43 \times BD \quad (4-13)$$

$$OC = OM / 1.724 \quad (4-14)$$

式中，K_{sat} 为土壤饱和导水率（厘米/天）；Clay 为土壤黏粒含量（%）；Sand 为土壤沙粒含量（%）；OC 为土壤有机碳含量（%）；BD 为土壤容重（克/立方厘米）；1.724 为 Van Bemmelen 因数，假定土壤有机质含碳 58% 计算得到。

通过计算 2000 年、2010 年、2020 年以及 2021 年黄河流域水源涵养量发现，黄河流域的水源涵养量水平不高，整体存在较大的提升空间。从区域分布来看，流域内水源涵养量呈现较为明显的空间差异。水源涵养量由地形的空间异质性决定，受到降水、植被、土壤性质的影响。水源涵养功能较高的区域分布在黄河流域的南部，由南向北水源涵养量逐渐降低。从时间上来看，黄河流域的北部未有明显变化，水源涵养量处于较低水平。西南部地区呈现倒 "U" 形，2000—2020 年水源涵养量有持续增加的趋势，但 2021 年整个西南部地区几乎没有水源涵养量高的地区，相比之前呈现水源涵养功能明显降低的态势。南部地区水源涵养量的变化有所波动，2000—2021 年呈现先提升后降低的发展趋势。

（4）水质净化

湿地生态系统作为一种独特的生态系统，被誉为"地球之肾"，在维持生态平衡方面发挥着至关重要的作用。湿地生态系统中丰富的水生植物、微生物等可以很好地吸收和降解水中的污染物质，从而实现水质净化。然而，近年来黄河流域的湿地面临着严重的污染问题，这导致水生植物的生长受到限制，水生微生物的数量急剧减少。这些问题不仅使得湿地的水质净化能力大幅下降，还使得污染物浓度严重超标，以致湿地的生态系统服务功能大大减弱。因此，准确评估黄河流域生态系统水质净化能力，可为生态系统保护和管理提供重要的数据资料。

本研究从地理空间数据云平台（http：//www.gscloud.cn）获取 GDEMV2 数字高程数据，分辨率为 30 米。借助 ArcGIS 空间分析工具，进一步提取了坡长和坡度等关键地形参数。同时，从相关文献中搜集生物物理数据，如氮磷负荷系数和去除效率等，这些数据可用于评估水质净化能力。在评估水质净化能力时，本研究采用 InVEST 模型的水质净化模块（Nutrient Retention）。该模块基于植被和土壤对径流中氮磷污染物的转化或存储机制，通过测定水体中的总氮和总磷含量来反映水质状况。在忽略其他污染源的前提下，总氮和总磷含量越高，意味着流域的污染程度越严重，其水质净化能力也就越弱。具体计算公式如下：

$$ALV_x = HSS_x \times pol_x \tag{4-15}$$

式中，ALV_x 为县域 x 的负荷能力值；HSS_x 为县域 x 的输出系数；pol_x 为县域 x 的水文敏感性。其中，

$$HSS_x = \lambda_x / \overline{\lambda_\omega} \tag{4-16}$$

式中，λ_x 为县域 x 的径流系数；$\overline{\lambda_\omega}$ 为流域内的评价径流系数。

式（4-15）中涉及的生物物理数据，如氮、磷元素负荷和去除效率，详见表 4-2。

表 4-2 不同土地利用类型的氮磷元素输出相关参数

土地利用类型	总氮元素负荷/（吨/千米）	总磷元素负荷/（吨/千米）	去除效率（%）
耕地	3.270	0.364	25
林地	0.348	0.035	70
草地	1.100	0.068	48
水域	1.500	0.036	5
建设用地	1.100	0.025	5
未利用地	0.856	0.002	5

通过计算黄河流域 2000 年、2010 年、2020 年以及 2021 年县域尺度水质净化量数据发现，在空间分布上，黄河流域的水质净化能力整体上呈现出极大的不均性。黄河流域南部地区的水质净化能力优于北部，以河南为主的东南部地区水质净化能力相对较好，以内蒙古为主的西北部地区水质净化能力相对薄弱。整体上，黄河流域的水质净化能力由东南到西北呈现逐渐减弱的趋势。从时间变化来看，黄河流域内的水质净化能力整体呈现增强趋势。但 2021 年部分地区出现水质净化能力减弱的情况，说明黄河流域的水质净化能力改善仍不太稳定，需要采取更多措施进一步稳固现有状态并争取更好表现。

（5）碳储量

在全球碳循环与气候变化的影响因素中，区域生态系统服务功能的重要衡量指标占据一席之地。作为我国至关重要的生态屏障，黄河流域林草面积辽阔，占据流域总面积的半数以上，是我国陆地生态系统中的关键碳库。然而，随着黄河流域人口数量增长以及城镇化进程加快，国土开发与利用活动变得越发频繁，导致土地利用格局发生显著变化，影响流域生态系统服务功能，碳汇和碳储量发生时空演变。因此，对黄河流域不同时期的碳储量进行系统性测算，对于有效控制并优化土地利用结构，推动流域碳储量良性发展具有重要意义。

本研究采用来自中国科学院资源环境科学数据中心的土地数据，这些数据通过 Landsat 卫星影像目视解译技术制成，空间分辨率为 30 米。选取 2000—2021 年共 6 个时点的数据进行研究。在土地利用分类方面，严格遵循《土地利用现状分类》（GB/T 21010—2017）标准，并结合黄河流域的实际情况，将土地划分为耕地、林地、草地、水域、建设用地和未利用地六类。同时，从中国科学院资源环境科学数据中心获取降水量和气温数据，而不同地类的碳密度数据则来源于国家生态科学数据中心（http://www.cnern.org.cn/）。

运用 InVEST 模型的碳储量模块，将生态系统的碳储量细分为地上生物碳、地下生物碳、土壤碳和死亡有机碳四个基本碳库。根据土地利用分类结果，分别计算各类土地的地上、地下、土壤和死亡有机碳库的平均碳密度，然后将各类土地的面积与其对应的碳密度相乘并求和，得到研究区的总碳储量（C_{total}，吨/平方公顷）。

$$C_{\text{total}} = C_{\text{above}} + C_{\text{below}} + C_{\text{soil}} + C_{\text{dead}} \qquad (4-17)$$

基于数据，流域内每种土地利用类型的碳储量 $C_{\text{total}i}$ 计算公式为：

$$C_{\text{total}i} = (C_{\text{above}i} + C_{\text{below}i} + C_{\text{soil}i} + C_{\text{dead}i}) A_i \qquad (4-18)$$

式中，$C_{\text{above}i}$、$C_{\text{below}i}$、$C_{\text{soil}i}$、$C_{\text{dead}i}$ 分别为第 i 种土地利用的地上生物碳、地下生物碳、土壤碳和死亡有机碳的平均碳密度；A_i 为该类型土地利用的面积（公顷）。碳密度是 InVEST 模型准确估计碳储量的重要输入参数。基于国家生态科学数据中心发布的不同地类碳密度数据，并结合黄河流域的气候、土壤性质和土地利用等因素对其进行修正。不同土地利用类型的碳密度值详见表 4-3。

表 4-3　年降水和年均温修订的黄河流域不同地类的碳密度值

单位：吨/平方公顷

土地利用类型	地上碳密度	地下碳密度	土壤碳密度	死亡有机碳密度
耕地	4.94	23.45	31.49	2.84
林地	12.32	33.67	46.14	4.09
草地	10.26	25.13	29.03	2.19
水域	0.09	0	0	0
建设用地	0.73	7.99	0	0
未利用地	0.38	0	6.28	0

黄河流域的碳储量整体表现为"东高西低、南高北低"的空间分布特征。碳储量高值区主要分布在山西省大部分地区、陕西省中部等地。这些区域多为山区和林区，人类活动干扰强度低，植被覆盖度较好，固碳能力强。相对而言，内蒙古自治区西北部、陕西省北部、青海省东北部等地区碳储量较低。这些区域植被较少，自身碳密度低，因此碳储量也为低值状态。从时间变化来看，2000—2010 年黄河流域碳储量变化幅度较小，2010 年后逐渐增加。这可能是由于阶段发展目标不同所导致的。21 世纪初，我国经济基础较为薄弱，政府高度重视经济增长；而 2010 年后我国经济发展模式逐渐从重规模、重速度转变为重效益、重质量，强调要兼顾经济发展和生态保护，并适时提出了"碳达峰""碳中和"目标，积极采取固碳措施，大幅度增强了黄河流域沿线整体固碳能力。

(6) 粮食产量

作为一种复合型生态系统，耕地为人类提供了诸多具有生态、社会文化和经济价值的产品与服务，同时与经济、生态和社会系统相互作用，共同维系着人类社会的可持续发展。作为人类赖以生存的基本资源，耕地的主要功能在于物质生产，特别是对于我国这样的农业大国和人口大国，加强耕地保护，严格保障粮食安全至关重要。此外，耕地中的绿地还承载着生态调节和环境保护等多重功能，对于维护区域生态系统的平衡具有不可替代的作用。然而，随着经济高速发展和城镇化进程加快，建设用地不断扩张，导致耕地面积急剧减少，给耕地保护带来了巨大挑战。系统核算黄河流域各县域粮食产量及其时空演变，可为我国区域耕地保护和利用提供决策依据，保障粮食安全和区域生态平衡。

本研究采用的粮食产量数据来源于《中国城市统计年鉴》、各省（区）统计年鉴，主要粮食作物包括小麦、玉米、大豆。NDVI 数据来源于 SPOT NDVI 数据库，该数据库采用最大值合成法测算 NDVI 值（http://www.vito-eodata.be）。粮食产量的空间分布主要基于粮食总产量和单位耕地作物产量。虽然这种方法能大致反映作物产量的空间分布，但没有考虑到农田质量、水资源、土壤对粮食生产的影响。因此，本书根据各县域耕地的植被状况指数（Vegetation Condition Index，VCI）在黄河流域内的占比，将粮食作物分配到各个县域，VCI 根据 NDVI 数据计算得来。

$$GP_i = GP_t \frac{VCI_i}{\sum_{i=1}^{n} VCI_i} \quad (4-19)$$

$$VCI_i = \left(\frac{NDVI_i - NDVI_{min}}{NDVI_{max} - NDVI_{min}} \right) \times 100\% \quad (4-20)$$

式中，GP_i 为第 i 县域耕地的粮食产量（吨）；GP_t 为黄河流域的粮食产量（吨）；n 为黄河流域内县域总个数；$NDVI_i$ 为第 i 个县域耕地年 NDVI 值；$NDVI_{max}$ 和 $NDVI_{min}$ 分别为黄河流域耕地年 NDVI 的最大值和最小值。

通过计算发现，在空间分布方面，黄河流域粮食产量较高的地区主要集中在山东省、陕西省南部、山西省南部、内蒙古自治区中部以及宁夏回族自治区，这些区域处于华北平原、关中平原、河套平原等地区，由黄河干支流沉积作用形成，土壤肥沃，气候条件好，灌溉便利，因此粮食产量较高。粮食产量较低的地区主要分布在青海省东部、陕西省中部和山西省中部，这些区域地势较高，有青藏高原、六盘山、吕梁山等高原和山脉环绕分布，耕地面积较少，农业发展受限。从时间变化来看，黄河流域粮食产量总体呈现逐年上升的趋势。随着我国农业科技水平的不断提高，粮食单位面积产量增加，各环节损耗减少，实现了农业产业化发展，黄河流域的粮食总产量提升取得了显著成效。

2. 黄河流域生态系统服务价值

（1）生境质量

生境指的是由生物环境与非生物环境共同构成的生物生活繁衍的场所。生物多样性与生态系统服务的生产有着密切的联系。生境的破碎、退化与丧失是导致生物多样性减少的直接原因。作为衡量生物多样性和生态环境的关键指标，生境质量反映了环境对于生物持续生存能力的适宜程度，对于维护生态安全和促进可持续发展具有不可估量的价值。在流域范围内，不同区域的同种生境类型对物种提供的服务能力存在差异。因此，在评估各区域生态系统服务价值时，必须充分考虑同种地类的生态优劣。为了准确评估黄河流域的生境质量状况，本研究基于土地利用和土地利用、覆被变化（Land Use and Cover Change，LUCC）对生物多样性的潜在威胁程度进行计算。

为了保障数据的连贯性与精确度，本研究借助 GIS 软件中的 Resample 功能，将 InVEST 模型所需的所有空间数据栅格单元统一重采样至 90 米×90 米的分辨率。同时，在同期的土地利用数据中进行了重分类操作，获取包括城镇、交通、村落等在内的危险源二值图数据，为后续生境质量评估提供信息支撑。核算生境质量优劣主要基于 InVEST 模型中的生境质量模块，计算各县域内生境质量指数，生境质量指数范围从 0 到 1，数值越高，生境质量越好，计算公式如下：

$$Q_{xj} = H_j \left[1 - \left(\frac{D_{xj}^z}{D_{xj}^z + k^z} \right) \right] \qquad (4\text{--}21)$$

式中，Q_{xj} 为土地利用类型 j 中 x 栅格的生境质量指数；H_j 为土地利用类型 j 的生境适宜度；D_{xj}^z 为土地利用类型 j 中栅格 x 的生境退化度；z 为模型默认参数；k^z 为半饱和常数，一般取 0.5。

$$D_{xj} = \sum_{r=1}^{R}\sum_{y=1}^{\gamma_r}\left(\omega_r / \sum_{r=1}^{R}\omega_r\right) r_y i_{rxy} \beta_x S_{jr} \qquad (4-22)$$

式中，D_{xj} 为生境退化度，R 为生境的威胁因子的个数；γ_r 为威胁层在地类图层上的栅格数量；ω_r 为威胁因子 r 的权重；r_y 为栅格 y 的威胁强度；i_{rxy} 为 r_y 对生境栅格 x 的威胁水平；β_x 为栅格 x 的可达性；S_{jr} 为土地利用类型 j 对危险源 r 的敏感度。

$$i_{rxy} = 1 - \left(\frac{d_{xy}}{d_{r\max}}\right)，\text{如果为线性衰退} \qquad (4-23)$$

$$i_{rxy} = \exp\left[-\left(\frac{2.99}{d_{r\max}}\right)d_{xy}\right]，\text{如果为指数衰退} \qquad (4-24)$$

式中，d_{xy} 为栅格 x 与 y 间的线性距离（千米）；$d_{r\max}$ 为威胁因子 r 的最大作用距离（千米）。本研究根据模型的具体需求，并综合考虑了以往相关研究成果以及研究区的实际状况。由于自然环境对外来胁迫的敏感性较高，而人工环境则相对更能抵御胁迫的影响。因此，将林地、草地和水域这三类土地定义为提供生境质量的主要类型，而将耕地、村落、城镇以及交通用地界定为潜在的威胁源。各个威胁因子的最大作用距离、权重以及衰退类型见表 4-4，各个地类生境适宜度及其对威胁因子敏的感度见表 4-5。

表 4-4　黄河流域威胁因子参数

威胁因子	最大作用距离/千米	权重	衰退类型
耕地	4	0.6	线性
村落	8	0.8	指数
城镇	6	1.0	指数
交通用地	3	0.6	线性

表 4-5 黄河流域各生境类型及其对威胁因子的敏感度

土地利用类型		生境适宜度	敏感度			
一级地类	二级地类		耕地	村落	城镇	交通
耕地	水田	0.50	0.30	0.80	0.50	0.40
	旱地	0.30	0.30	0.70	0.50	0.60
林地	有林地	1.00	0.70	0.80	0.80	0.65
	灌木林	1.00	0.60	0.65	0.70	0.60
	疏林地	0.80	0.60	0.60	0.60	0.50
	其他林地	1.00	0.80	0.85	0.85	0.70
草地	高覆盖度	1.00	0.80	0.85	0.85	0.70
	中覆盖度	1.00	0.80	0.85	0.85	0.70
	低覆盖度	0.80	0.50	0.55	0.60	0.35
水域	河流	0.70	0.55	0.60	0.65	0.40
	水库坑塘	0.70	0.50	0.50	0.80	0.60
建设用地	城镇用地	0	0	0	0	0
	农村用地	0	0	0	0	0
	其他建设用地	0	0	0	0	0
未利用地	沙地/裸岩	0	0	0	0	0

通过计算发现，黄河流域整体生境质量较高，生境质量低值分布于人类活动频繁的城区及其周边区域，主要为蒙西经济区、关中平原城市群、山东沿黄城市群周围，其他地区亦有少量分布。生境质量高值分布于青海省、甘肃省、陕西省南部、陕西省中部、山西省、内蒙古自治区中部，大面积的植被覆盖使得这些区域的生境适宜程度较高，且人烟稀少，建设用地等对该地生境威胁较弱。从时间变化趋势来看，黄河流域生境质量2000—2010年变化不大，2010年后逐渐提高，这一变化与国家重视生态文明建设密切相关。随着生态环境保护和修复意识和力度不断增强，我国植被覆盖率有所提升，土

第4章 黄河流域绿色低碳高质量发展的基本现状

地资源利用结构调整优化，水资源保护力度加大，黄河流域沿线地区的生境质量逐渐得到改善。

（2）生态系统服务价值

作为自然地理与社会发展的交融之地，黄河流域的资源、生态、经济和文化功能具有不可替代的重要性。流域生态系统服务涵盖了人类从流域系统中获得的各种益处，服务包括供给、调节、文化与支持等多个方面，在时间与空间上均呈现出显著的异质性。这些服务的有效管理对于实现黄河流域可持续发展至关重要。

黄河流域生态系统服务价值核算数据来源广泛，其中，土地数据来源于中国科学院资源环境科学数据中心，均通过 Landsat 卫星影像的目视解译技术制作而成，具备 30 米的高分辨率。在土地利用分类方面，遵循《土地利用现状分类》（GB/T 21010—2017）标准，并结合黄河流域地区的实际情况，将土地类型细分为耕地、林地、草地、水域、建设用地和未利用地六大类。为了更全面地评估生态系统服务价值，还通过多种途径收集了各类价格数据。这些数据主要来源于政府生态系统服务价值核算报告、城市统计年鉴、水资源公报以及物价局。在计算水源供给价格时，综合考虑了农业、生活、工业和生态等不同用途的用水价格，并结合各项用水的占比，计算得出流域内的平均价格。对于水质净化价值的计算，采用了替代成本法，其中氮净化的单价设定为 7.91 元/千克，磷净化的单价设定为 13.18 元/千克。碳储量价格采用中国碳交易均价，数据来源于中国碳排放交易网。土壤保持量价格计算采用影子工程法，水库清淤工程费用根据 2002 年黄河水利出版社出版的《水利建筑工程预算定额》，按 1 立方米淤泥质量为 1.5 吨进行换算，得到 2000 年的价格，再通过价格指数折算得到各年份价格数据。利用影子工程法，以水库单位库容的工程造价成本对水源涵养进行价值量评估。参考 1993—1999 年《中国水利年鉴》相关数据及价格指数，得到各年份单位库容建造成本。粮食价格数据从国家粮食和物资储备局的公开数据获得。

鉴于 InVEST 模型在价值评估中所需的参数因子较多且难以获取，选择采用市场价值法和影子工程法估算生态系统服务价值。由于流域生物多样性保护服务的受益区域范围广泛，难以明确界定具体受益区域，因此将 InVEST

模型计算的生境质量作为过程服务来考虑。在评估不同区域生态系统服务价值时，必须考虑同种地类生境的优劣差异。为此，采用各区域生境质量与平均值之比作为调整因子，以计算最终服务价值。

$$V = \sum [ES_{ij} \times P_j] \times 10^{-8} \quad (4-25)$$

$$V' = V \frac{HQ_i}{HQ} \quad (4-26)$$

式中，V 为生态系统服务价值（亿元）；V' 为修正生态系统服务价值（亿元）；ES_{ij} 为县域 i 对应的第 j 种服务量；P_j 为第 j 种服务单价（亿元）；HQ_i 为对应县域生境质量；HQ 为区域平均生境质量。

通过计算发现，黄河流域生态系统服务价值的空间分布特点显著，上游南部山区出现了明显的价值减少趋势，中游黄土高原区则呈现出显著的价值增长，而下游地区的生态系统服务价值略有降低。具体而言，上游区域坐落于青藏高原与西北部干旱风沙区的交会地带，其内部的物质变化和能量转换过程相对迟缓，因此该区域对于外界干扰的抵御能力及自我平衡的恢复能力均较为薄弱，一旦受损很难恢复。在全球气候变化的影响下，玉树—果洛—阿坝一带的山区以及青海湖区域的生态系统服务价值呈现出明显下降趋势。而中游黄土高原区的生态服务价值增长显著，这主要得益于近年来生态保护与修复工作的积极有效推进。然而，值得注意的是，中游的太行山区以及下游的引黄灌区等区域，由于资源开发、工程建设等人类活动的频繁介入，其原有的自然环境受到破坏。这种破坏不仅会导致生态功能退化，还会进一步降低生态系统的服务价值，对区域可持续发展构成威胁。在时间变化方面，黄河流域生态系统服务价值呈现先小幅波动后提升的变化趋势。2000—2010年，黄河流域生态系统服务价值总体变化幅度不大，2010年以后生态系统服务价值上升。可能的原因在于，大量未利用地随着城镇化发展转为建设用地，生态退耕工程的实施使得林地、水域面积有所增加，为黄河流域生态系统服务价值提升创造了条件。

4.2 黄河流域生态环境治理

1. 环境污染

在环境污染方面，黄河流域沿线省区存在明显的区域分布差异，表4-6展示了黄河流域沿线地区在烟粉尘排放、工业废水排放及二氧化硫排放方面的描述性统计数据。烟粉尘排放主要来源于工业生产和乡镇企业，特别是黄河三角洲地区的大气污染物主要来源于石油工业、本地企业及乡镇企业；废水排放主要来自工业、农业和生活污水；二氧化硫排放主要来自工业生产过程中的燃料燃烧和废气排放。2010—2021年，黄河流域沿线地区在环境污染方面三项指标的偏度均大于1，呈现右偏分布特征；峰度均大于3，表明沿黄九省（区）的环境污染水平的地区差异较大，对于环境污染水平较高的地区仍然需要加大治理力度，在减少烟粉尘、工业废水和二氧化硫等污染物排放方面做出更多努力。

表4-6 沿黄九省（区）环境污染水平描述性统计表

	均值	最大值	最小值	标准差	偏度	峰度
烟粉尘排放量/万吨	43.921 4	150.680 0	7.630 0	31.102 8	1.229 4	4.079 0
工业废水排放量/亿吨	14.407 9	55.990 8	0.903 1	14.888 3	1.231 1	3.304 0
单位GDP二氧化硫排放量/（吨/亿元）	45.845 9	195.216 5	1.018 9	45.822 8	1.200 1	3.799 3

（1）烟粉尘排放

整体来看，黄河流域沿线九省（区）的烟粉尘排放总量呈现先上升后下降的趋势。其中，在2015年前山西省烟粉尘排放量处于较高水平。2015年山西省政府有关部门出台了《山西省大气污染防治2015年行动计划》，明确指出要着力推动能源结构和产业结构调整，加快转变经济发展方式，并提出了包括产业结构优化调整、清洁生产、机动车污染防治和工业大气污染治理等在内的10项重点任务及相关保障措施。❶在严格执行这些措施的同时，2015年山西省正式启动了重点污染源烟粉尘自动在线监控系统的建设规划。这一计划的实施旨在利用先进技术手段，对重点污染源进行实时监控，以确保烟粉尘排放得到有效控制，从而进一步推动大气污染防治工作的深入开展，致力于构建清洁、健康的生态环境，为人民群众提供更加优质的生活环境。

青海省的烟粉尘排放总量在黄河流域沿线所有地区中处于较低水平，这主要得益于其严格的工业污染排放总量控制措施和全面推进的大气污染防治工作。特别是以西宁市和海东市的大气污染控制为重点，青海省对甘河工业园区、大通北川工业区以及"东大门"民和等关键区域进行了深入的大气污染防治工作，加大烟尘、粉尘等污染物的治理力度。此外，青海省还积极推动电解铝、水泥、钢铁、火电等重点行业污染源自动监控系统建设，实现对重点污染源环境保护的动态管理，有效提升了大气污染防治的效率和水平。这些举措的实施不仅有助于改善青海省环境质量，也为其他地区污染防治工作提供了有益借鉴和参考。

（2）工业废水排放

在黄河流域沿线省份中，山东省工业废水排放总量较高。作为传统的人口大省和工业大省，山东省拥有庞大的工业体系。农副食品加工、纺织、造纸、化工、橡胶等高耗水、高污染行业的占比相对较高。这种产业结构特点使得山东省在发展经济的同时，也面临严峻的环境挑战。大量工业企业生产带来的污水排放问题日益突出，给山东省的水环境造成了巨大的压力。为缓解这一问题，山东省采取措施调整产业结构，推动产业绿色转型，加强污水治理，以实现经济和环境协调发展。近年来，经过长期水污染治理实践，山东省在消除劣V类水体和V类水体过程中取得了显著成效。在"治"的方面，山东省针对重点流域开展深入的治理工作，包括划定农村水源地保护区、开展城市黑臭水体整治环保专项行动等。这些措施有效改善了重点流域的水质状况，提升了人民群众的生活质量。

---

❶ 山西省人民政府:《山西省人民政府办公厅 关于印发山西省大气污染防治2015年行动计划的通知》，https://www.shanxi.gov.cn/zfxxgk/zfcbw/zfgb2/2015nzfgb_76856/d10q_76895/szfbgtwj_76896/202205/t20220513_5977717.shtml。

第4章 黄河流域绿色低碳高质量发展的基本现状

在水污染防治方面，山西省严格贯彻落实国家《水污染防治行动计划》，不断完善水环境监测网络，建立了水污染防治工作的协作机制，并制订了分流域、分区域的逐年考核计划。在丹沁两河流域，为确保水环境的持续改善，山西省加大了对排污企业的环境监管力度，并积极推进一系列污水深度处理工程和重点乡镇污水治理工程的开展。通过实施严格的水污染治理措施，山西省水环境质量得到显著改善，多个重点流域的水质有效提升，优良水体比例有所增加。

在黄河流域沿线地区，青海省的工业废水排放量处于较低水平。一方面，青海省在工业废水排放的监管与治理方面采取了严格措施。为有效监测、预报和防治湟水流域的污染问题，青海省建立了完善的污染监测体系，确保及时掌握污染情况。同时，扎实推进水污染物排污许可证制度，对污染物的排放总量实施严格控制。对于重点行业加大监管力度，严格核定企业污染物排放总量，坚决禁止无证或超量排放行为。对于超标或超总量排放污染物的企业，实施限期治理措施，并要求逾期未完成治理任务的企业停产整治，以确保工业废水排放得到有效控制，保护水环境的安全与健康。另一方面，青海省推动工业废水的资源化利用和减排工作，通过技术创新和工艺改进，提高废水处理效率和质量，进一步降低废水排放量。在政策支持与社会共同努力下，青海省的工业废水排放量得到有效控制，有利于生态环境改善，也为黄河流域绿色低碳高质量发展贡献力量。

（3）二氧化硫排放

在单位 GDP 二氧化硫排放量方面，黄河流域沿线九省（区）整体上呈现逐年下降的趋势。其中，宁夏回族自治区的单位 GDP 二氧化硫排放量水平较高。为加强生态环境保护，严格控制二氧化硫排放量，宁夏回族自治区政府已经采取了一系列政策措施。这些策略涵盖了从调整产业结构、优化能源配比，到加强环保设施建设与管理，再到加大环境监管力度等多个层面。同时，政府还积极鼓励企业增强环保责任感，提升绿色技术创新能力，为实现可持续发展提供坚实支撑。加强工业企业大气污染综合治理，对燃煤机组安装脱硫设施，对不能稳定达标的脱硫设施进行升级改造。钢铁企业的烧结机和球团生产设备配套脱硫设施，以确保二氧化硫排放得到有效控制。2021年2月，宁夏回族自治区生态环境保护工作会议指出，在"十三五"期间，宁夏回族自治区的主要污染物排放总量明显降低。特别是，二氧化硫排放总量与2015年相比下降16.25%，在控制二氧化硫排放方面宁夏回族自治区取得了显著成效。

2. 生态质量

在生态质量方面，围绕黄河流域沿线地区的建成区绿化覆盖率及空气质量综合指数（AQI）两个维度进行描述性统计，具体结果如表 4-7 所示。其中，建成区绿化覆盖率和空气质量综合指数的均值分别为 38.227 8%和22.187 0。由偏度和峰度结果可知，建成区绿化覆盖率在黄河流域沿线地区存在时空不均衡。得益于国家对于黄河流域生态保护和高质量发展重大战略的深入实施，以及地方政府在城市规划和建设中对于绿化工作的重视，黄河流域建成区绿色覆盖率呈现出稳步上升的趋势。在空气质量方面，随着黄河流域各地政府对环保工作的重视和投入的增加，黄河流域的空气质量综合指数呈现出整体持续改善的趋势，空气质量优良天数增加，重污染天数减少。黄河流域地域广阔，不同地区的空气质量状况存在显著差异。其中，由于工业发达、交通繁忙，关中地区空气质量相对较差；陕北地区由于地形和气候的影响，空气质量相对较好；陕南地区则因植被覆盖率高、生态环境优良，空气质量整体较好。尽管近年来黄河流域的生态质量有所改善，但仍然面临诸多挑战和问题，需要政府、企业和社会各界共同努力，持续推进生态文明建设，加强环保治理，推动落实绿色低碳高质量发展。

表 4-7　沿黄九省（区）生态质量水平描述性统计表

生态质量指标	均值	最大值	最小值	标准差	偏度	峰度
建成区绿化覆盖率（%）	38.227 8	43.900 0	27.100 0	3.876 7	−0.989 7	3.148 2
空气质量综合指数（AQI）	22.187 0	48.333 3	2.618 6	10.177 3	0.639 7	2.984 0

（1）建成区绿化覆盖率

在黄河流域沿线九省（区）中，山东省建成区绿化覆盖率水平较高。随着城市化进程的加快，山东省在城市建设与生态环境保护之间寻求平衡，并发布了一系列政策文件，明确了城市绿化的目标和任务。《山东省城市园林绿化事业"十四五"发展规划》中明确提出，"到2025年，全省城市（县城）建成区绿地率达到37.5%，建成区绿化覆盖率达到42%，人均公园绿地面积达到17.5平方米"。截至2023年年底，全省城市（县城）建成区绿地率已达到35%以上，部分城市甚至超过40%。与此同时，内蒙古自治区的绿化覆盖率也呈现出快速增长的态势。特别是呼和浩特市，这座蒙语意为"青城"的城市长期致力于生态保护与治理工程，"建成区绿化覆盖率达到40.1%，人均公园绿地面积达到18.72平方米"，并荣获"2021中国最具生态竞争力城市"称号[1]。

（2）空气质量综合指数

在空气质量综合指数方面，宁夏回族自治区在黄河流域沿线地区中具有优异表现。2021年，宁夏回族自治区地级城市环境空气质量的优良天数累计达到306天，占比达83.8%。PM2.5作为衡量空气污染指数的一个重要标准，其浓度的降低对于改善空气质量具有重要意义。为了降低PM2.5等污染物的浓度，宁夏采取了一系列措施。一方面，加强工业污染治理，对高污染、高能耗的企业进行整改和淘汰，推动产业结构的转型升级。同时，加强燃煤污染控制，推广清洁能源和节能技术，减少燃煤污染物排放。另一方面，还加强机动车尾气治理和扬尘污染治理等工作。根据宁夏回族自治区生态环境厅发布的数据，2023年宁夏PM2.5浓度下降幅度居全国前列，重污染天数方面顺利完成国家下达的0.5%年度指标（上限）。除了加强源头治理和深度治理外，宁夏还注重综合治理工作，通过实施区域协同治理、加强生态环境建设等措施，进一步改善环境质量。例如，在银川都市圈范围内实施联防联控机制，有效降低了颗粒物浓度，减少了重污染天气。

为改善空气综合质量，内蒙古自治区也积极采取行动并出台相关方案，2018年制定并实施了《内蒙古自治区打赢蓝天保卫战三年行动计划实施方案》，以及针对柴油货车、挥发性有机物、散煤的综合整治专项行动方案，全面加强大气污染治理工作，特别是对重点地区和重点行业企业治理进行统筹

---

[1] 梁婧姝：《实干奋进逐梦新征程》，《呼和浩特日报（汉）》，2021年9月28日。

推进。2024年5月,《内蒙古自治区空气质量持续改善行动实施方案》明确了空气质量治理的总体要求、主要目标和具体措施,为内蒙古空气质量治理提供了政策保障。

为了更有效地应对大气污染问题,山东省主动与京津冀及周边地区展开合作,共同推进大气污染联防联控联治工作。在这一过程中,山东省特别关注散煤污染治理,认识到散煤燃烧是空气污染的重要源头之一。为此,山东省逐步推进电代煤、气代煤的清洁能源替代行动,通过鼓励居民和企业使用电力和天然气等清洁能源,减少对散煤的依赖,从而显著降低大气污染物的排放量。《2020年山东省生态环境状况公报》数据显示,2020年山东省空气质量优良天数比例为69.1%,同比上升10.4%。PM2.5年均浓度和优良天数比例较2015年分别改善37.0%和14.2%,生态质量得到了明显提高。

3. 污染治理

在污染治理方面,本研究围绕一般工业固体废物综合利用率、污水处理厂集中处理率和生活垃圾无害化处理率三个方面,对黄河流域沿线地区的污染治理基本现状展开讨论,表4-8为描述性统计结果。其中,一般工业固体废物综合利用率、污水处理厂集中处理率和生活垃圾无害化处理率的均值分别为57.665 8%、86.833 3%和91.552 1%。对于一般工业固体废物综合利用率而言,仍有较大的提升空间。黄河流域沿线地区工业发达,固体废物的产生量较大。近年来,随着环保意识的提高和环保政策的实施,沿线地区通过引进先进的固体废物处理技术和设备,实现工业固体废物的资源化利用,使一般工业固体废物综合利用率明显提升。对于污水处理厂集中处理率和生活垃圾无害化处理率,两者的偏度系数都显示出了高度偏斜的特征。这意味着在这两个方面,沿黄九省(区)之间的处理能力和效率存在显著差异。这可能是各省份的经济发展、人口规模、城市化水平以及环保政策的执行力度等多种因素共同作用的结果。为进一步提高污染治理水平,流域内各地区需要加强合作,强化环境治理能力的提升,以实现更加绿色、可持续的发展。

第4章 黄河流域绿色低碳高质量发展的基本现状

表 4-8 沿黄九省（区）污染治理水平描述性统计表

污染治理水平指标	均值	最大值	最小值	标准差	偏度	峰度
一般工业固体废物综合利用率（%）	57.665 8	95.733 0	30.447 0	16.392 1	0.587 5	2.457 0
污水处理厂集中处理率（%）	86.833 3	99.210 0	43.500 0	11.955 7	−1.412 3	4.284 9
生活垃圾无害化处理率（%）	91.552 1	100.000 0	38.000 0	13.287 2	−2.397 9	8.840 6

（1）固体废物处理

在黄河流域沿线地区中，山东省的一般工业固体废物综合利用率水平较高。山东省是建材大省，也是固体废物产生大省。为进一步推动实现人与自然和谐共生的中国式现代化建设，推动经济社会高质量发展，2022年7月，山东省通过《山东省"无废城市"建设工作方案》。2023年11月28日，山东省政府新闻办公室举行新闻发布会指出，2022年全省共实施清洁生产方案11 132个，减少产生固体废物12.26万吨。在积极推动工业固体废物综合利用产业绿色发展，全面提高工业固体废物综合利用能力方面，山东省取得了显著成效。

2015年，山西省在各级政府和有关部门的指导下，深入践行固体废物的减量化、资源化、无害化理念。通过加大监督与惩处力度，规范企业固体废物产生及处置行为，逐步提升了企业在固体废物污染防治方面的能力和水平。同时，固体废物环境监管体系日趋完善，尤其是危险废物的监督与安全处置工作得到了有效实施。

陕西省则始终坚持减量化、资源化、无害化原则，并以此为指导，通过严格法治、分类整治、标本兼治等多重手段，深入探索并解决固体废物污染治理难题。在这一过程中，陕西省多项固体废物治理技术已处于国内领先水平，显示出其在固体废物治理领域的创新能力和专业实力。为了更全面、系统地推进固体废物污染防治工作，陕西省不断完善专项规划，并以顶层设计为引领，确保固体废物污染防治工作的科学性和有效性。自"十三五"规划实施以来，陕西省通过制定并实施了包括经济社会发展在内的多项重要规划，对固体废物污染防治工作进行了总体布局、专项推进和分类实施。这些规划的出台和实施，为陕西省固体废物污染防治工作的深入开展提供了有力的政策保障和指导。此外，在"十四五"规划的编制过程中，陕西省将固体废物防治作为推进污染防治攻坚战的关键一环，并同步考虑大气、水、土壤等多方面的污染防治工作，力求实现全面、协调的环境治理。

（2）污水治理

黄河流域沿线各省区的污水处理厂集中处理率在整体上呈现相似的上升趋势。其中，山东省的污水处理厂集中处理率水平位于前列。尽管山东省在水污染治理方面已经取得显著成效，但随着经济社会的持续发展，原有的污染物治理工作仍需深入挖掘潜力，同时新型污染物的治理需求也逐渐显现，这使得污水治理工作仍然面临着艰巨的任务和长远的挑战。截至 2020 年年底，山东省已经建成 328 座城市污水处理厂，全部达到一级 A 排放标准，每日的污水处理能力超过 1 700 万吨，这为有效应对污水问题提供了坚实的硬件基础[1]。此外，山东省还积极开展污染治理关键共性技术的攻关工作，特别是在造纸、化工等重点污染行业，推动其向更加环保、高效的生产方式转型升级。同时，山东省还致力于构建企业和区域再生水循环利用体系，通过提高废水的回收利用率，努力减少废水排放，并将污水处理后的再生水纳入区域水资源的统一配置中，从而实现水资源的更高效利用。这些措施的实施，将有助于山东省在应对污水治理挑战中取得更大的进展。

青海省在水污染防治工作方面展现出显著的增长势头，尤其注重对重点地区和流域的污染治理。青海省认真组织并执行《青海省湟水流域水污染防治条例》，积极推进西宁市及其他城镇的污水管网建设、污水处理厂的建设以及中水回用系统完善，以此提升城镇污水的收集能力和处理效率。2017 年，甘肃省在污水处理方面开展了行动。通过实施污水处理厂运营达标设施建设突破行动，甘肃省的污水处理设施保障能力和服务水平均得到了显著提升。2024 年 5 月，甘肃省生态环境厅召开新闻发布会指出，2023 年甘肃省 74 个国控断面水质优良（达到或优于Ⅲ类）断面 71 个，占比 95.9%，其中，水质

---

[1]《山东设区城市建成区 166 条黑臭水体全部完成整治通过验收》，齐鲁晚报，https://sd.sina.cn/news/2021-01-15/detail-ikftpnnx7513635.d.html?pos=351&wm=30490006406951635。

达到或优于Ⅱ类的断面68个，占比91.9%，无劣Ⅴ类水体断面，提前2年实现消劣。沿黄流域30个省级及以上工业园区完成集中式污水处理设施建设，在黄河流域生态保护和污染防治方面取得了积极进展。

(3) 生活垃圾处理

整体来看，黄河流域沿线九省（区）的生活垃圾无害化处理率呈现先上升后平稳保持的变化趋势。山东省在推进城乡生活垃圾分类治理工作方面成效显著。通过持续加强城乡生活垃圾收运处置体系的建设与管理，山东省取得了阶段性治理进展。目前，山东省的城乡生活垃圾无害化处理率稳定在99%以上。为全面提升垃圾分类工作水平，山东省深入贯彻实施2021年9月通过的《山东省生活垃圾管理条例》，重视提升群众的分类意识，培养良好的分类习惯，努力构建完善的垃圾处理体系，包括分类投放、分类收集、分类运输和分类处理等环节。目前，济南、青岛、泰安等被确定为国家垃圾分类重点的城市已基本建立起生活垃圾分类系统，生活垃圾回用率也达到35%以上，为资源循环利用和环境保护做出了积极贡献。

甘肃省生活垃圾无害化处理率在2010—2017年显著提升。为了进一步深化环境综合整治，改善城乡面貌，促进县域经济发展，并推动甘肃省经济社会的绿色协调可持续发展，甘肃省政府在2017年制定了生活垃圾管理规章，并决定2017—2020年在全省范围内开展全域无垃圾三年专项治理行动。甘肃省还统筹建设了无害化垃圾处理设施，确保农村生活垃圾的收运与处置工作覆盖到每一个行政村。在此基础上，各县市区、乡镇和村庄根据本地实际情况，建立了相应的城乡垃圾收集、转运和处理设施网络，逐步构建起一套切实可行、高效稳定的长效管理机制，为农村环境治理奠定了坚实基础。

4.3 黄河流域经济社会发展

1. 经济发展

黄河流域的经济发展情况可从人均国内生产总值、城镇居民人均可支配收入和城镇化率这三个角度体现。由表4-9可知，2010—2021年黄河流域沿线省区的人均国内生产总值水平差异较大，最高人均国内生产总值水平可达8.542 2万元。从城镇居民人均可支配收入来看，整体存在一定差距，最低为1.382万元。在偏斜程度方面，相较人均国内生产总值，城镇居民人均可支配收入偏度更小，仅为0.182 5，相比较而言整体上更为均衡。在城镇化方面，黄河流域沿线省区的城镇化率最高为68.200 0%。空间分布上，黄河流域沿线地区人均国内生产总值、城镇居民人均可支配收入以及城镇化率等存在一定程度上的差异性。

表4-9 沿黄九省（区）经济发展水平描述性统计表

经济发展水平指标	均值	最大值	最小值	标准差	偏度	峰度
人均国内生产总值/万元	4.375 5	8.542 2	1.542 1	1.499 2	0.485 6	2.629 8
城镇居民人均可支配收入/万元	2.790 9	4.706 6	1.382 0	0.798 8	0.182 5	2.148 5
城镇化率（%）	53.067 3	68.200 0	36.132 8	7.203 2	-0.194 3	2.438 7

（1）人均国内生产总值

国内生产总值可以直观地反映一个国家或地区经济的总体规模和增长情况，用于评估经济水平或者国家经济实力，人均国内生产总值则反映了相应国家或地区居民的富裕程度及生活水平。在人均国内生产总值方面，2010—2021年，除山西省存在小幅波动，其余8省的人均国内生产总值水平均呈现平稳上升态势。2010年前后，中国发展进入重要战略机遇期，逐渐改变过去高消耗、高排放、低效率、透支人口红利、不重视社会保障的粗放型生产方式，经济发展模式由高速增长型转向环境友好型，社会公平与共同富裕得到重视，消费能力进一步增长，人均国内生产总值随之呈现上升态势。在空间分布上，地区差异仍然存在，各省（区）之间横向对比之下，山东省人均国内生产总值处于较高水平，表现相对突出。内蒙古自治区在工业化和城市化进程中谋求发展，2013年以来，在推动传统产业转型升级的同时，大力推动新兴产业发展，经济水平得到稳步提升。而甘肃省的人均国内生产总值水平虽呈现出稳定增长的态势，但与其他省份相比，仍有较大的提升空间。

(2) 收入水平

城镇居民可支配收入是指城镇居民在缴纳所得税、财产税等税费及其他经常性转移支出后所剩余的实际收入。在众多统计指标中，居民人均可支配收入可切实反映居民生活水平状况。从城镇居民人均可支配收入来看，2010—2021年，沿黄九省（区）的城镇居民人均可支配收入均呈稳步上升态势，2021年的人均可支配收入为2010年的2～3倍。相较之下，山东省的人均可支配收入水平表现十分突出。山东省地处沿海地区，交通便利，对外贸易往来频繁，经济发展水平较高。在完善收入分配机制方面，山东省着力加强企业工资宏观调控，稳慎调整最低工资标准，建立高层次人才收入分配激励机制，在科学指导下发布企业工资指导线和技能岗位工资价位，规范收入分配秩序，为提升居民可支配收入提供了条件支持。与人均国内生产总值特征相似，甘肃省城镇居民人均可支配收入虽整体呈上升态势，但在黄河流域沿线地区内处于较低水平。为促进居民可支配收入提高，甘肃省在巩固拓展脱贫攻坚成果、加快推进农业大省向农业强省迈进、优化营商环境，促进民营经济发展等方面进行了积极探索。一方面，甘肃省牢牢守住不发生规模性返贫的底线任务，通过一手抓成果巩固拓展，一手抓乡村全面振兴，确保脱贫群众能够持续增收。通过创新完善"甘肃一键报贫"机制，运用数字化手段加强防止返贫动态监测，对易返贫致贫群众做到"早发现、早干预、早帮扶"。另一方面，甘肃省为推进农业发展，加大力度培育新型农业经营主体，发展现代农业，提高农业生产的效益和质量，开展农村劳动力的稳岗就业帮扶，支持就地就近就业，保障农民工工资支付等，有力拉动农村居民人均工资性收入增长。

(3) 城镇化水平

随着我国工业化的不断发展，城镇中的非农产业越来越多，提供了潜在的就业机会以及发展机会。因此，农村居民逐渐离开农村地区，前往城镇地区居住和工作，城镇数量和规模持续扩大。与此同时，城镇的生产生活方式和文化也不断传播和融合到农村地区。城镇化率一般是指某个地区城镇常住人口占该地区总人口的比重，可用于反映地区城镇化水平高低，也可表示城镇化进程。整体来看，黄河流域沿线省区的城镇化率呈上升态势。山东省与内蒙古自治区的城镇化率在黄河流域沿线地区中处于较高水平。自西部大开发战略实施以来，内蒙古的基础设施建设得到了显著改善，有力推动了其工业化进程。大型工业项目作为工业化发展的重要支撑，催生了一系列新型工业城镇的崛起。例如，伊敏河高载能工业园区的发展得益于能源重工业项目的引进，而霍林郭勒市和薛家湾镇等地则因露天煤矿项目而实现了快速发展。这些新兴工业城镇的建设不仅加速了城市规模的扩张，也为内蒙古城镇化率的持续提升提供了强大动力，使其保持在较高水平。近年来，宁夏回族自治区的城镇化进程迅速加快。这主要得益于当地政府着力推行沿黄城市带发展、中南部大县城建设等策略，积极有序推进城镇化进程，促进了大中小城市和小城镇的协同发展，城镇建设向着高质量发展转变，城乡面貌显著改善。

2. 社会民生

在社会民生方面，本研究围绕恩格尔系数、数字化发展、失业率以及基尼系数等方面，对黄河流域沿线地区发展的基本情况展开讨论，表4-10展示了描述性统计结果。其中，黄河流域沿线地区的恩格尔系数均值为30.115 3%，互联网普及率均值为48.670 4%，最高水平达74.900 0%。随着信息技术的快速发展与逐步渗透，黄河流域沿线地区的互联网普及率显著提升。在城镇登记失业率方面，最大值为4.350 0%，最小值为1.800 0%，除甘肃省之外，整体上的城镇登记失业率保持在相对稳定水平。

表4-10 沿黄九省（区）社会民生水平描述性统计

社会民生水平指标	均值	最大值	最小值	标准差	偏度	峰度
恩格尔系数（%）	30.115 3	40.700 0	22.730 0	4.007 2	0.613 1	2.872 9
互联网普及率（%）	48.670 4	74.900 0	24.400 0	12.408 1	0.020 1	2.164 8
城镇登记失业率（%）	3.381 4	4.350 0	1.800 0	0.514 0	-0.630 1	3.539 0

（1）恩格尔系数

恩格尔系数是食品支出总额占个人消费支出总额的比重，是衡量居民生活水平的重要指标。一个国家或地区越贫穷，居民的平均收入越低，在此情景下首先需要解决的是温饱问题，食品支出占比较高，恩格尔系数将处于较

第4章 黄河流域绿色低碳高质量发展的基本现状

高水平。如果一个国家或地区越来越富裕，居民收入不仅可以满足生活必需品类的需求，还可以满足其他需求，则用于食品支出的比例就会呈现下降趋势。随着经济的快速发展，黄河流域沿线地区的恩格尔系数整体呈现下降趋势，反映了居民生活水平不断提升。从地区差异来看，黄河流域沿线地区中四川省的恩格尔系数相对较高，食品支出在居民个人消费支出中占较大比例。

（2）互联网普及率

数字化发展正逐渐成为重塑全球经济结构、重配全球资源要素以及调整全球竞争格局的核心动力。国务院印发的《"十四五"数字经济发展规划》明确指出，数字经济在推动中国生产方式、生活方式以及治理方式的深刻变革中，发挥着举足轻重的作用。互联网的发展不仅从宏观层面对我国的生产、消费等多个领域产生了深远影响，优化了经济结构，而且从微观层面深刻改变了家庭及个体的经济行为，产生了深远的影响。2010—2021年，黄河流域沿线地区的互联网普及率均呈上升趋势，为拉动经济发展创造了硬件环境条件。随着科学技术的不断发展，网络购物、外卖平台、网络直播等新鲜事物不断兴起，人们对互联网的依赖越来越强。而互联网的普及主要依赖于经济的高速增长、人口红利以及政策支持。宏观经济高速增长为研发和基础交通建设提供了有力支持，促进了物流业的发展，为电商等应用发展提供了基础环境。人口数量的不断增加、青壮年在年龄结构中的比例提高以及人口素质的持续提高为数字化发展提供了人力储备。在宏观政策调控下，政府通过制定和实施一系列有关数字经济的政策措施，为互联网产业提供了良好的发展环境，也为黄河流域绿色低碳高质量发展的实现提供了支持。

（3）城镇登记失业率

城镇登记失业率是指报告期末在劳动保障部门登记的城镇失业人数占城镇期末从业人员总数与期末实有登记失业人数之和的比重。当一个经济体中没有周期性失业存在时，失业可以归类为摩擦性失业、结构性失业、季节性失业和自愿失业。只有当这些失业形式存在且得到合理管理时，才能认为经济实现了充分就业，而充分就业意味着充分利用一个国家的劳动力资源和所有经济资源，实现了资源的最优配置。整体来看，2010年以来，黄河流域沿线地区大多数省（区）的城镇登记失业率呈现下降趋势，但与其他省区相比，宁夏回族自治区的失业率水平相对较高。随着经济发展水平不断提高，经济增量变大，就业规模不断扩大。在推动产业结构转型过程中，服务业增加值占 GDP 比重持续增加，对就业吸纳能力不断增强，在缓解失业率问题方面具有积极影响。此外，在宏观政策调控方面，国家出台了一系列就业支持政策，促使中国新产业、新业态、新商业模式不断兴起壮大，为黄河流域沿线地区社会民生高质量发展提供了保障。

第 5 章　黄河流域绿色低碳高质量发展的典型案例

2021 年 10 月，中共中央、国务院印发《黄河流域生态保护和高质量发展规划纲要》，主要目的在于保护好黄河流域生态环境，促进沿线地区经济高质量发展。为此，沿黄九省（区）积极落实该纲要的各项任务部署，积极开展环境治理、产业转型等措施，各省（区）绿色低碳转型取得显著成效。本章将分别详细介绍黄河流域各省（区）绿色低碳高质量发展的成效。

5.1　生态保护与修复行动纵深推进

1. 青海着力建设国家公园示范省

青海省着力抓好生态系统固碳增汇，推进国家公园示范省建设。首先，青海省积极推进以国家公园为主体的自然保护地体系建设。青海省政府与国家林业和草原局联合印发《青海建立以国家公园为主体的自然保护地体系示范省建设三年行动计划（2020—2022 年）》，部署 8 个方面 42 项行动计划，制定自然保护地整合优化办法和方案、自然保护地分类标准，陆续投用 40 个标准化管护站、大数据中心、展陈中心等设施，保护地体系管理日趋强化。

持续加强山水林田湖草沙冰系统治理。中共青海省委印发《关于加快把青藏高原打造成为全国乃至国际生态文明高地的行动方案》，着力加强生态保护修复，协同推进生态环境治理，加快产业转型升级步伐，高水平建设国家公园群，推动生态文明制度创新，全面凝聚教育宣传合力。生态文明高地已经在逐渐形成。例如，茶卡镇大力促进生态旅游、生态畜牧业、生态文明与乡村振兴相结合，实现了单一盐湖工业向绿色生态旅游业的转型。贵德县致力于黄河流域的水污染防治工作，积极维护黄河流域的生态环境，治理成效显著，使黄河流域展现出秀美的自然风貌。果洛藏族自治州全面实施"转人、减畜、增收"的方针，使牧民从草原使用者变为草原管理者，吃上了"生态饭"；同时，开展退耕还草等生态治理方法，让生态环境持续改善，促进人与自然和谐共生。西宁北川河湿地公园一改传统单一治理方案，实施综合治理策略，从治理某个方面向统筹全局转变；抓住水环境治理痛点，集中力量协同推进；制定河湖长制度，建立健全治理机制；通过湿地公园建设，重现了"流畅、水清、岸绿、景美"的自然风貌。刚察县利用河湖长制这一先进理念，治理水生态环境，县域主要河流监测断面水质全部达到或优于Ⅱ类。

着力突破生态系统保碳增汇关键技术。青海省以全面提升生态系统碳汇能力为目标，开展生态系统气候变化情景下的碳汇功能研究。加快研发乡土草种扩繁、生态恢复新型植物材料、新种质资源创制与生产、退化草地治理修复、多年冻土区冻融预防与治理、草地资源空间优化配置及持续利用等系列保碳增汇创新关键技术体系，加速实现自然保护地内不同退化草地土壤的持续增汇功能。

2. 陕西打好污染防治攻坚战

陕西广袤的平原为工业发展提供了得天独厚的条件，加之其煤、气资源丰富，铁路交通网络发达，拥有显著的区位交通优势，因此，陕西省在我国制造业中占据了举足轻重的地位，被誉为制造业大省。十年前，冬日的雾霾几乎是北方城市的常态，陕西省曾多次有数个城市登上全国空气污染排行榜；如今，蓝天白云已经成为陕西省的新面貌，标志着减污降碳的各项举措取得了较为显著的成果（张明斗和李学思，2023）。

为了改善空气质量，陕西省着力于产业结构优化升级，以推动形成更加环保和高效的产业布局，助力可持续发展。通过支持清洁能源产业的发展，如风能、太阳能和水能等可再生能源，减少对传统高污染能源的依赖，从而降低燃煤排放对空气质量的影响。支持企业采用节能环保技术，如大气污染治理设备和清洁生产技术，以减少工业生产过程中的污染物排放。通过传统产业的转型升级，引导企业采用更加清洁、高效的生产工艺和设备，减少污染物排放。着重推动能源的绿色低碳转型，并加强对能源效率的管理，以实现更加环保和高效的能源利用。通过建立能源消耗监测和管理系统，推动企业和居民采取节能措施，提高能源利用效率。建立和完善碳排放管理体系，设立碳排放交易市场或实施碳排放税等政策措施，鼓励企业减少碳排放并提升碳排放权的价格，以激励企业采取减排措施。坚持"提质增效"与"依法治污"并举。严格实施排污许可制度，对企业的排污行为进行严格监管和控制，加大对违法排污行为的处罚力度。加强环境监管，严格执行环境保护法律法规，确保企业排放达标，建立健全污染物排放监测和报告制度。建立生态补偿机制，对生态环境保护成效显著的地区和企业给予奖励，对造成环境污染的地区和企业实施严格处罚。在各方努力之下，2023年，国考10个设区市空气质量综合指数同比改善1.4%；$PM_{2.5}$平均浓度为38微克/立方米，同比下降2.6%；平均优良天数291天，同比增加3.2天。关中地区空气质量综合指数同比改善3.5%，西安市、咸阳市、渭南市空气质量综合指数改善率在全国168个重点城市排名分别由倒数的17位、11位、29位，进步为全国第24位、第16位和第20位。与此同时，陕西省西安市特别关注了臭氧污染的问题，引进了新型治污设备，采用干式过滤加活性炭吸附或水淋塔加活性炭吸附工艺，解决生产过程中主要产生的VOCs和颗粒物等污染物，处理效率均达90%以上。

在治理水体污染方面，陕西省生态环境系统坚决打好黄河生态保护治理攻坚战，黄河流域水质进一步改善[1]。2023年，111个国控断面中，Ⅰ～Ⅲ类水质断面占97.3%，优于全国平均水平7.9个百分点；连续两年无Ⅴ类断面，优于全国平均水平0.7个百分点。根据生态环境部公布的2023年度1—12月全国地表水环境质量状况排名情况，汉中市进入全国339个城市水质排名前三十，位列第24位。汉中市、榆林市、宝鸡市进入全国水质改善排名前三十，

---

[1] 苏怡：《全省生态环境质量持续好转 陕西黄河流域水环境质量达历史最好水平》，《陕西日报》，https://esb.sxdaily.com.cn/pc/content/202402/29/content_860234.html。

分别位列第 5 位、第 10 位和第 14 位。在政策实施方面，陕西省坚持以推动黄河流域高质量发展为主题，推进高水平保护。开展入河排污口排查整治和规范化管理，黄河流域整治排污口 1 168 个，管控污水直排和超标排放。在 26 条河流开展上下游流域水污染补偿，进一步厘清县级政府治污责任。建成北洛河流域水生态环境精细化管理系统，提升水生态环境管理现代化水平。陕西省坚持以蓝天、碧水、净土保卫战为主攻方向，着力打好一场标志性战役，聚焦重点区域、关键环节、主要污染物，明确了源头控制、过程阻断、末端治理的全链条工作任务，围绕关中、陕北、陕南生态环境本底差异制定环保政策，在污染治理方面成果斐然。

3. 山东构建黄河流域生态修复协同机制

山东省是黄河流域唯一河海交汇区，是黄河下游生态保护修复的重要区域。流域国土空间生态修复以河流水系为纽带，遵循流域生态系统演替规律和内在机理，坚持以自然恢复为主、以人工修复为辅而开展的山水林田湖草一体化修复活动，是促进流域各生态系统耦合、维护流域生态安全、提升流域生态系统质量和稳定性的重要途径。开展流域国土空间生态修复，需要统筹考虑流域自然生态系统各要素以及不同空间尺度的协同性，注重山上山下、岸上岸下、上游下游、河流海洋等自然空间的整体性和系统性，正确处理流域生态系统机理与行政管控逻辑之间的关系，体现整体保护、系统修复与综合治理。山东黄河流域生态问题主要表现在水土流失、土壤沙化、土地盐碱化、湿地退化以及外来物种入侵等方面。同时，生态问题的空间差异性显著，具体表现为山地丘陵区水土流失严重、黄河滩区历史遗留问题多、河口湿地萎缩退化等。当前，在致力于黄河流域绿色低碳高质量发展的前提下，山东省正在努力打造和推广生态修复协同机制。

（1）枣庄市中兴煤矿国家矿山公园生态修复及价值实现

中兴煤矿因煤炭资源枯竭，实行关井转产。为了传承百年煤矿历史、弥补生态损失，枣庄市通过环境更新、生态恢复和文化重现等手段，在充分保护矿业遗迹、维护生态环境的基础上，打造融自然景观与人文景观于一体、工业旅游与生态旅游相结合的中兴煤矿国家矿山公园。依托原有地形地貌，改造建设文化广场，利用采煤塌陷区建设"中兴湖"，将原占地 250 余亩（1

亩=666.67平方米）的矸石山改造成"矸石山景观"，已累计接待游客200余万人次。公园的建设改善了周边地区群众的生活环境，带动了餐饮、购物等服务业和房地产业的发展，丰富了城市旅游景区结构，对推动资源型城市转型、废弃矿山资源生态修复开发起到了较好的示范作用。

（2）东营市现代农业示范区"草-牧-园"滨海盐碱地治理

东营市现代农业示范区地处黄河三角洲的核心区域，土地总面积18.7万亩，重度盐碱地占比超过50%。东营市现代农业示范区通过引进社会资本，联合中国科学院地理科学与资源研究所等科研院所，聚焦滨海盐碱地农业技术研发与成果转化，建成6 000亩"草-牧-园"生态循环农业模式示范样板，亩均纯收益达到1 485元。探索出了在盐碱地上进行绿色开发、高效利用的新路子，大幅度提高了当地滨海盐碱地资源利用水平和生态农产品的附加值，具有重要的实践意义和推广价值。

（3）淄博市黛青山矿坑生态修复治理

黛青山原名"黑山"，位于淄博市淄川区罗村镇河东村东北方向。由于以前大规模开采山石，留下较多的废石料坑，黛青山逐渐成为一座满目疮痍、无人问津的荒山。淄博市河东生态农业专业合作社流转1 000多亩荒山，通过修复废弃矿坑，进行荒山改造，实施生态农业修复工程。联合科研团队，依托园区天然富硒土壤优势，发展高效富硒农业，种植富硒软籽石榴，并开发休闲观光农业，"变绿生金"，带动周边农户增收，促进生态产业化。

5.2 绿色低碳经济转型持续发力

1. 青海"四地建设"全面起势

青海省作为黄河源头和干流省份，境内黄河干流长度占黄河总长的31%，多年平均出境水量占全流域径流量的49.4%[1]。同时黄河青海流域集高原、西

---

[1] 栾雨嘉：《让黄河成为造福人民的幸福河》，《青海日报》，https://epaper.tibet3.com/qhrb/html/202210/03/content_112437.html。

部、民族和欠发达等多重属性于一身，是整个黄河流域生态环境相对脆弱、经济发展相对滞后的区域。因此，黄河青海流域是整个黄河流域生态保护与实现高质量发展的重中之重。青海省是国家首批生态文明先进示范区，应发挥模范带头作用，在不破坏生态环境的基础上推动新型工业化，将工业化和信息化相连。通过积极推进生态保护建设，青海省致力于在增加绿化面积的同时，丰富生物多样性，并促进生态价值的转化。为实现这一目标，青海省积极开展一体化管理，旨在最终实现一种以"跨越发展、绿色发展、和谐发展、统筹发展"为核心路径的科学发展模式。这一模式不仅强调经济发展的速度，更注重经济发展的质量和可持续性，旨在实现经济与生态环境的和谐共生。

2021年3月7日，习近平总书记参加十三届全国人大四次会议青海代表团审议时，要求青海省把坚持生态优先、推动高质量发展、创造高品质生活部署落到实处，推动世界级盐湖产业基地建设，构筑国家清洁能源产业基地、绿色有机农畜产品输出地与国际生态旅游目的地。青海省牢记总书记嘱托，瞄准"四地"建设，在清洁能源、特色产业、生态增汇、体制机制等方面挖潜创新，深化发展优势产业，让绿色低碳发展进入新阶段。

（1）抓清洁能源提质扩能，推动能源绿色低碳转型

青海省人民政府与国家能源局联合印发《青海打造国家清洁能源产业高地行动方案（2021—2030年）》，加快推动清洁能源开发、新型电力系统构建、清洁能源替代、储能多元化打造、产业升级推动与发展机制建设"六大行动"[1]。截至2021年年底，青海全省清洁能源装机容量3 893万千瓦，占总装机容量的90.8%；集中式光伏装机容量1 655万千瓦，装机容量规模居全国第一。2021年，全省清洁能源发电量845.69亿千瓦时，在总发电量中占比超过85%。此外，青海省着手完善新型电力系统资源配置，将更多更好的绿色电力输入资源短缺的地区。建成青豫直流工程，累计向河南输送绿色电量超185亿千瓦时。提升青豫一期通道配套电源运行功率，加快推进第二条特高压外送通道

---

[1]《青海省瞄准"四地"建设 大力推动绿色低碳发展》，中华人民共和国国家发展和改革委员会，https://www.ndrc.gov.cn/fggz/hjyzy/tdftzh/202203/t20220325_1320349.html。

工程，加强交流骨干网架和各电压等级协调发展的坚强智能电网建设。

（2）抓特色产业转型升级，促进经济发展绿色低碳转型

一方面，强化盐湖资源综合利用，打造世界级盐湖产业基地。作为全国最大的钾肥和纯碱生产基地，青海坚持钾、镁、锂、硼等资源多种类、规模化协同开发，推进盐湖产业与新能源融合发展。青海省政府与工业和信息化部联合印发《青海建设世界级盐湖产业基地行动方案（2021—2035年）》，以高水平、高姿态推动盐湖产业结构高级化，促进盐湖综合利用。另一方面，推进低碳农牧业发展，打造绿色有机农畜产品输出地。青海省充分利用得天独厚的资源禀赋，以推进高原绿色农牧业提质增效为重点，实施质量兴农、绿色兴农与品牌强农战略，大力推进农牧业绿色化、标准化与品牌化。青海省人民政府与农业农村部联合印发《农业农村部青海省人民政府共同打造青海绿色有机农畜产品输出地行动方案》，构筑以农牧业为核心的基础稳固的绿色发展支撑体系，做优做强绿色有机农牧产业。

2. 四川建设美丽天府

四川省是黄河上游流经的重要省区，是"中华水塔"的重要组成部分。黄河在这一区域能够保持水源的自然补给、保障水资源的质量[1]。虽然四川境内流域面积占黄河全流域面积的比重很小，仅仅只有2.4%，但是这2.4%却孕育出黄河干流枯水期高达40%、丰水期高达26%的水量。"十三五"以来，四川深入学习贯彻习近平生态文明思想，坚持把节能降耗作为促进经济高质量发展的重要抓手，在保持经济较快增长同时，扎实推进节能降碳各项工作，持续推动经济社会低碳转型，释放绿色低碳发展活力。服务新发展格局，赋能绿色低碳循环发展。为进一步巩固并推动绿色发展，四川省成立绿色发展促进会，制定印发"十四五"全省绿色发展总体方案、推进绿色发展年度工作要点，重点推进产品供给、生产方式、城乡建设、生活方式、治理方式五大方面绿色转型，实施绿色发展空间构建、绿色低碳产业发展、资源节约高效利用、绿色生活示范创建四大行动，加快构建制度规范、目标责任、环境

---

[1] 蒲香琳、王成栋：《四川省明确当前修复保护黄河生态环境重点任务》，《四川日报》，2019年11月11日。

治理、经济政策、科技支撑五大体系。

在大力发展循环经济方面，全面实施循环发展引领行动，出台《四川省"十四五"循环经济发展规划》《四川省推进园区循环化改造三年行动计划（2018—2020年）》《四川省再生资源回收循环利用行动方案》《四川省秸秆综合利用实施方案（2021—2025年）》《四川省城市建筑垃圾处置及资源化利用行动方案》。强化循环经济示范引领，"十三五"以来，推动建设了43个循环化改造示范试点园区、9个城市废弃物资源循环利用基地、31个秸秆全域综合利用试点县，成功创建2个国家级"城市矿产"示范基地。全省再生资源回收利用体系基本建立，冶炼渣、炉渣、粉煤灰、煤矸石等工业固体废弃物综合利用率和秸秆综合利用率均达到90%以上。

在加快建设清洁能源示范省方面，大力推进"三江"水电基地建设，乌东德等一批重大水电工程建成投运，2021年全省清洁能源装机容量和发电量占比分别达85.3%、86.6%，其中水电装机容量和发电量均居全国第一。加大电能替代实施力度，"十三五"时期累计实现替代电量445亿千瓦时，相当于减少煤炭消费约1 900万吨❶。国家天然气（页岩气）千亿立方米级产能基地加快建设，2020年天然气（页岩气）产量432亿立方米，稳居全国第一。全省清洁能源消费占比54.5%，高于全国平均水平30.2个百分点；非化石能源消费占比38%，高于全国平均水平22.1个百分点。

3. 内蒙古跑出绿色转型"加速度"

内蒙古自治区是我国跨占经、纬度最多的省区，地跨东北、华北、西北三个区域，地域辽阔；煤炭、稀土、铌等矿产资源十分丰富，森林面积居全国首位，草原面积广阔。凭借着得天独厚的资源禀赋优势，内蒙古自治区2002—2010年连续8年经济增长速度位居全国第一，创造了"内蒙古奇迹"。但是，过度依赖自然资源的经济发展造成了严重的生态环境问题，例如矿产资源的开采失衡造成塌方、空气污染、地下水污染等问题，不合理耕作造成草场面积退化等问题。

---

❶《四川：推进绿色发展 建设美丽天府》，中华人民共和国国家发展和改革委员会，https://www.ndrc.gov.cn/xwdt/ztzl/2021qgjnxcz/dfjnsj/202108/t20210825_1294601.html。

第5章 黄河流域绿色低碳高质量发展的典型案例

2019年3月5日，习近平总书记在参加十三届全国人大二次会议内蒙古代表团审议时强调，探索以生态优先、绿色发展为导向的高质量发展新路子。同年7月，习近平总书记在考察内蒙古时再次强调，筑牢祖国北方重要的生态安全屏障，要毫不动摇走绿色发展、生态优先之路（马小雯和郭精军，2023）。统筹好经济发展与生态环境建设保护的关系，发展区域经济时考虑经济发展与生态环境均衡，努力做到经济发展与环境保护协同发展，即实现经济的生态化是经济发展所遵循的重要原则。为此，近年来，内蒙古不断深化供给侧结构性改革，调结构、转动能、提质量，推动全区工业经济实现由高速发展向高质量发展的历史性转变。始终坚持"生态优先、绿色发展"导向不动摇，以"绿"为底，加快推动转变工业发展方式取得新进展。

2021年3月5日，习近平总书记在参加十三届全国人大四次会议内蒙古代表团审议时强调，要强化源头治理，推动资源高效利用，加大重点行业、重要领域绿色化改造力度，发展清洁生产，加快实现绿色低碳发展。因此，自治区以推动制造业高端化、智能化、绿色化发展作为主攻方向，持续稳运行、促发展、调结构、提质效，把绿色低碳要求贯穿制造业发展全过程，制定实施工业领域碳达峰方案和钢铁、有色、建材、化工分行业碳达峰方案，以及工业能效水效提升行动计划，不断加快绿色转型步伐，全力推进工业绿色低碳发展，持续提升产业"含绿量"。自治区大力调整优化产业结构，以链式思维抓产业、育产业、换动能，推动产业链向下游延伸、价值链向中高端攀升，新能源装备制造、新型化工、新材料、绿色农畜产品加工、生物制药等优势特色低碳产业不断发展壮大[1]。2023年1—10月，全区工业经济增速整体保持稳定，规模以上工业增加值同比增长7.4%，累计增速高于全国3.3个百分点，居全国第4位，全年工业增加值将突破万亿元大关，战略性新兴产业增长13.8%，高技术制造业增长12.0%，对制造业拉动成效显著，工业大盘坚实稳固[2]。

---

[1]《2023年1—11月份全区经济保持稳中向好》，内蒙古自治区人民政府，https://www.nmg.gov.cn/tjsj/sjfb/tjsj/ztjjyxqk/202312/t20231222_2430430.html。

[2]《1—10月份全区工业经济运行情况》，内蒙古自治区工业和信息化厅，http://gxj.chifeng.gov.cn/gxzx/gxdt/202311/t20231127_2195754.html。

4. 山西推进煤炭产业转型

山西省位于黄河中游东岸、华北平原西面的黄土高原上，是中华民族的发祥地之一。以煤炭资源闻名的山西省，在全国的能源供应市场中占据一席之地。山西省的煤炭资源主要集中在六大煤田，即西山煤田、霍西煤田、大同煤田、河东煤田、宁武煤田和沁水煤田，含煤面积近6万平方千米，占全省总面积的40%左右，是重要的煤炭供应基地。但是，着重于壮大煤炭产业会引发严重的环境污染问题。山西省煤炭资源历经了大规模的、长期的开采和利用活动，已经对生态系统造成了严重的污染和损害，许多煤炭资源丰富的地方呈现地面塌陷、水资源环境变差、空气中污染物含量多等局面。此外，统筹山西省整体经济发展情况，其产业结构较为单一，煤炭产业之外的其他产业没有得到足够重视和合理化发展，经济转型的困难比较大。2019年5月，习近平总书记主持召开中央全面深化改革委员会第八次会议，审议通过了《关于在山西开展能源革命综合改革试点的意见》，支持山西通过综合改革试点，争当全球能源革命排头兵。2020年5月，习近平总书记再次到山西省考察调研，提出了"希望山西在转型发展上率先蹚出一条新路来"的指示要求，在高质量转型发展上迈出更大步伐。因此，近年来，山西省深化能源供给侧结构性改革，推动能源生产绿色低碳转型，建设清洁低碳、安全高效的现代能源体系，深入实施"碳达峰、碳中和"山西行动，奋力推进绿色低碳转型发展。

首要目标是提高能源利用效率。能源消费是推进"双碳"的主战场，山西省加快转变能源利用方式，大力提升能源利用效率，能源消费方式持续改善，绿色化、低碳化正成为山西能源消费的新名片。2023年1月1日起施行的《山西省煤炭清洁高效利用促进条例》（以下简称《条例》），是全国第一部专门针对煤炭清洁高效利用促进工作的省级地方性法规。《条例》不仅为山西省解决煤炭资源开发利用中存在的突出问题、提升煤炭全流程清洁高效利用水平指明了路径方向，也为全国煤炭行业走清洁高效发展道路打下了基础。《条例》的颁布标志着山西省煤炭清洁高效利用促进工作进入规范化、法治化的新阶段。太古供热项目，是现阶段世界上已投运规模最大的长输供热工程[1]。

---

[1] 李晓并：《央视报道太原工业余热变清洁热源》，《太原日报》，2023年11月13日。

该项目回收古交兴能电厂乏汽余热，将原本浪费的工业余热变为供应太原市居民冬季取暖的清洁能源，总供暖面积达到 7 600 万平方米。经过测算，每年可节约标煤 93.1 万吨，节电 5 700 多万千瓦时。在晋中市，随着清洁取暖散煤清零"煤改电"工程的稳步推进，越来越多的农村家庭告别了一到冬季就囤蜂窝煤、烧锅炉的日子，迎来清洁环保的过冬方式。山西省大力实施冬季取暖清洁工程，号召使用中央空调、空气能等新能源取暖设备代替传统的煤炉，并通过设备补贴和电价优惠提升居民使用清洁能源的积极性。如今，"煤改电"、"煤改气"、集中供暖等清洁取暖作为安全、舒适的取暖方式已被群众广泛认可，走进了山西省广大乡村的千家万户❶。太原市在狠抓煤炭消费减量和面源污染管控基础上提出，在保障能源安全前提下，严格落实规模以上企业煤炭消费控制指标，实施煤炭消费量月调度，对预计超过煤炭消费量的企业采取限产、停产措施，2023 年全社会煤炭消费总量不高于 3 844 万吨，比"十三五"末下降 4%。

能耗双控是深化能源革命综合改革试点、助力实现"碳达峰、碳中和"目标的核心内容、必由之路，是全方位推动高质量发展的重要支撑。山西省委、省政府高度重视能耗双控工作，要求严格落实能耗双控任务，加快存量项目技术改造升级，实现绿色低碳发展。山西省以六大高耗能行业为重点，实行能效"领跑者"制度，引导高耗能企业实施节能改造；坚持遏制"两高"项目盲目发展，对建成、在建、拟建"两高"项目，从严从细分类处置。由于山西传统支柱产业煤焦电冶均为高碳产业，为推动能源结构实现清洁低碳绿色转型，2022 年山西省发布了《山西省氢能产业发展中长期规划（2022—2035 年）》，紧扣实现碳达峰、碳中和目标，走具有省情特色的氢能产业路径，打造全国氢能产业发展高地。在绿色低碳的发展趋势下，值得关注的是，煤、氢两大产业有着天然的联动性。山西省氢能资源丰富、来源广泛、成本较低。近年来，山西省立志向氢能调整，并取得了显著成果。山西省大同市、长治市、晋中市、太原市等氢能产业集群已逐渐形成，氢气制储运、燃料电池、

---

❶ 程国媛：《推进清洁取暖 百姓绿色过冬》，《山西日报》，2023 年 11 月 23 日。

动力系统平台、燃料电池汽车及示范运营等产业配套要素基本完善[1]。相关数据显示，山西全省共有 1.4 亿吨焦化产能，可用于制氢的副产焦炉煤气约 280 亿标方（1 标方=0.03 立方米），全部用于制氢可年产氢气 150 万吨。"煤制氢+氢能"有条件成为煤炭清洁高效利用的新方向。反过来，煤炭为氢气持续生产提供基本保障。由此可见，氢能源或在未来取代污染值高的煤炭产业，成为山西省的一张能源王牌。

5. 山东建设绿色低碳高质量发展先行区

山东省位于黄河下游，东临渤海、黄海，是中国东部沿海的重要省份。得益于独特的地理位置，山东省成为沿黄河经济带与环渤海经济区连接的纽带、华北地区与华东地区联系的支点，经济总量常年位于全国前列。2022 年 11 月，财政部发布了《关于贯彻落实〈国务院关于支持山东深化新旧动能转换推动绿色低碳高质量发展的意见〉的实施意见》。该文件指出，中央财政将健全投入机制，增强财政保障能力，统筹中央有关转移支付资金，加大对山东绿色低碳高质量发展的支持力度。近年来，山东坚持秉承创新驱动发展战略。其中，青岛西海岸新区为保障重点新兴领域（如工业互联网、电子商务、线上服务等）蓬勃发展，提供创新和场景应用实验室，并鼓励相关企业积极申报，进一步发展壮大电商直播平台，实现产业、直播、电商一体化发展。同时，新区在传统直播主题的基础上加入旅游、节庆等新元素，促进数字化相关产业发展，将 5G 的概念融入教育行业，建设虚拟现实仿真室，稳步构建独特的创新的经济产业体系。

在推进产业绿色化发展进程中，山东省着力搭建绿色产业链条，通过构建绿色制造体系、实施绿色技术改造与产业升级、搭建绿色创新平台等措施，推动绿色低碳全产业链创新发展。有了绿色产业链条，除了新兴产业不断发展外，传统产业也在散发着新的光彩[2]。山东省临沂市兰陵县生产出的 AAC 新型墙体材料将产品与废水废渣废气循环利用，真正实现零排放。这条绿色

---

[1]《山西氢能产业规划全新出炉 美锦能源助力山西转型发展》，中国日报，https://tech.chinadaily.com.cn/a/202209/20/WS632970c7a310817f312eef05.html。

[2]《临沂兰陵县装备智造新城链式经济走出"绿色、循环、低碳"新高度》，琅琊新闻网，https://baijiahao.baidu.com/s?id=1716639839282841566。

产业链不仅有生态效益，还有经济效益，可以为上游企业带来 3.4 亿元的收入。2022 年，青岛一家清洁能源设备研发企业发挥清洁能源技术研发优势、供热特许经营项目建设运营经验，将光伏发电与清洁供热有机结合，形成了自给自足的光电水热零碳示范园区，并实施"零碳"供热。"零碳"供热指整个供热项目摒弃了传统的化石燃料，仅用相当于化石燃料 1/4 用量的新能源就能达到用全部化石燃料的供热效果。

从 2022 年前三季度山东省经济增长统计数据来看，在传统产业依旧保持领先的同时，山东"四新"（新技术、新模式、新业态、新产业）经济与高新技术产业的增长速度同样高于全国水平，这展现出山东发展新旧动能转换的高效可行。山东通过实际行动表明，减排并非削减生产力或零排放，而是选择走生态优先、绿色低碳的发展道路，使经济发展与绿色转型协同推进，实现高质量绿色经济发展目标（Kang et al., 2021）。2023 年 9 月，山东省政府办公厅发布了《关于支持建设绿色低碳高质量发展先行区三年行动计划（2023—2025 年）的财政政策措施》，着力推进政策创新改革，更好发挥政策优势，集中各方力量先行区创造强势开局。

5.3 数字化助力绿色低碳绩效提升

1. 河南数字赋能黄河保护治理现代化

2022 年 6 月，为贯彻落实《国务院办公厅关于建立健全政务数据共享协调机制加快推进数据有序共享的意见》（国办发〔2021〕6 号）精神和国务院办公厅关于开展以数据有序共享服务黄河流域（河南段）生态保护和高质量发展试点工作的有关要求，河南省人民政府颁布《河南省以数据有序共享服务黄河流域（河南段）生态保护和高质量发展试点实施方案》，助力推动黄河流域生态保护治理现代化建设。

黄河水利委员会河南黄河河务局（以下简称"河南河务局"）按照"需求牵引、应用至上、数字赋能、提升能力"的要求和黄河水利委员会统一部署，以"五级四线"全覆盖为突破口，建立了"防汛抢险、水资源管理、工程建设管理、水行政管理、监督管理"五项工作为一体的平台。例如，截至2023年9月黄河河南段设置摄像头、语音设备、坝岸监测、智能水尺、无人机等设备达到了1 226处，尤其是全天候河道巡查预警无人机已经可以正常巡查；坝岸监测感知设备达91台，且均正常运行中；各级会议终端均可接入云视讯会商系统。这些成绩共同组成了先进的河南黄河信息系统。

在2023年黄河调水调沙期间，河南河务局日均2 150人次使用河务通App，在线处理查险报险、安全监管等业务14 975件[1]。每日通过"四预"一体化平台系统及时掌握控导工程运行及出险等综合信息，在线分析水雨情演进情况，完成防汛会商16次。河道巡查预警无人机实现巡查常态化，共计执行飞行任务174次；全局一线班组无人机起飞架次800余次，飞行里程达8 000千米。

在2023年黄河防洪调度演练中，"省、市、县、班、点"五级、"监测、感知、巡查、指挥"四线，联防联动，充分利用防汛"四预"一体化平台，对洪水预报、预警、预演、预案进行全过程、全要素、全链条模拟推演和过程管理。结合黄河工情险情全天候监测感知预警系统、河道巡查预警无人机开展巡查工作，确保险情早发现、早处置。从"智能石头"到"四预"一体化平台，数字孪生黄河建设成果的推广应用，在"省、市、县、班、点"五级实现主动监测、智能感知、精准预警、远程指挥，标志着河南黄河"全域智能感知、高速互联互通、统一共享平台、智慧业务应用"的数字孪生体系初步形成，黄河保护治理走向"数智化"。

2. "东数西算"助推宁夏黄河流域生态保护

宁夏在"东数西算"工程中扮演着重要的枢纽角色。2021年12月，宁夏及其中卫市背靠优越的地理位置、稳定的气候条件、丰富的资源以及良好的产业等多方面的独特优势，分别被确定为8个国家算力枢纽节点之一、10个国家数据中心集群之一。这些特殊优势，预示着宁夏回族自治区将在支撑国家大数据战略和促进西部地区数字经济发展方面发挥关键作用。这一决策

---

[1] 刘晓阳：《数字赋能黄河保护治理现代化（创新河南 创出新彩）》，《河南日报》，https://www.hnsjb.cn/content/dianzibao/henanribao/20230907/1132062.html。

不仅凸显了宁夏在全国数据中心和算力资源配置中独特的战略地位,而且推动了该地区数字经济的发展(周文慧和钞小静,2023)。

在"东数西算"重大机遇下,宁夏秉承着全面提高数字经济的规模、水平和质量的宗旨,进一步推动宁夏黄河流域的生态保护和高质量发展先行区的建设。宁夏回族自治区政府在2022年9月15日召开的首届"西部数谷"算力产业大会上,与腾讯公司达成了一项战略合作协议。双方表示愿意在数字经济、数字政府建设、可持续社会价值创新、新能源发展以及碳中和等多个领域开展长期而深入的合作。因此,近年来宁夏回族自治区政府与腾讯正努力构建一个全方位、宽领域、深层次的合作体系。在发展数字经济的过程中,吸引企业到西部地区投资和发展的关键是实现算力资源的灵活及高效使用。腾讯将支持宁夏建立云基础设施,并在数字政务、智慧医疗、智慧教育等领域开发即时可用的"行业云"产品,推动数据中心从单纯的存储功能向更高价值的模式转型和升级。

腾讯基于对数据中心转型升级的助力,运用企业在云计算、人工智能、大数据等前沿技术领域的优势,与政府合作创建中小企业数字化转型的试点项目。在此过程中,腾讯能够形成一套可复制、可推广的数字化改造范例,激励更多中小企业加速其数字化进程,并促进专业化、精细化、特色化、创新型企业的成长。双方还计划共同推进宁夏的数字政府建设,在"建设数字宁夏"规划的指导下,腾讯将支持自治区政府建设一个跨层级、跨部门、跨区县的数字政府系统,从而持续提高政府决策的科学性、社会治理的精准度和公共服务的效率。双方的合作不仅限于此,未来还将扩展到多个关键领域,包括但不仅限于均衡分配教育资源、优化医疗服务、振兴乡村、实现碳中和目标、加强社会应急响应机制以及发展公益慈善事业。通过这些合作,能够产生积极的社会影响,形成长期可持续性的创新合作模式。在新能源领域,腾讯在绿色电力园区建设和跨省绿色电力交易方面的探究工作也获得了自治区政府的支持,共同推进绿色创新能力发展。

目前,数据中心正在向西部扩展,这为西部地区的数字经济带来发展新机遇。腾讯在推动各行业进行数字化转型的过程中,孵化并发展了众多创新技术和解决方案。展望未来,腾讯将继续与宁夏回族自治区政府保持紧密的合作关系，持续推进"西部数谷"项目。这一合作旨在加快数字技术在宁夏的广泛应用，促进数字产业化和产业数字化的双重转型，进而推动地区经济实现高质量的增长。这种深化合作将激发宁夏地区的创新活力，优化产业结构，提升产业链水平，并刺激就业和带动社会发展。这不仅有助于提高宁夏在国内乃至国际上的竞争力，还将为其他地区重点工程的制定提供可借鉴的案例。

3. 甘肃庆阳融入数字经济发展大局

"算力"作为数字经济的核心生产力，正在成为全球战略竞争的新焦点。为促进我国数据中心的协同化及规模化发展，优化资源配置并提高资源使用效率成为重中之重。2021年5月，国家发展改革委、中央网信办、工业和信息化部、国家能源局印发《全国一体化大数据中心协同创新体系算力枢纽实施方案》，方案明确提出在京津冀、长三角、粤港澳大湾区、成渝，以及贵州、内蒙古、甘肃、宁夏等地布局建设全国一体化算力网络国家枢纽节点。与此同时，还计划在这8个地区内建立10个国家数据中心集群。这一决策象征着全国一体化大数据中心体系的布局规划已全面完成，"东数西算"这一国家工程正式拉开帷幕。这一项目的实施旨在优化国家数据资源的地理分布，提升数据处理和存储能力，促进数据资源的东西部流动，并推动数据经济的创新和繁荣。这不仅能在加强国内大循环、促进国内国际双循环方面发挥积极作用，而且在支撑数字经济的发展、提升社会生产力水平方面具有里程碑意义。

凭借得天独厚的地理位置、稳定可靠的地质结构、宜人的气候条件、丰富的能源资源以及完善的网络基础设施等众多优势，庆阳市成功跻身国家数据中心集群的行列，成为全国10个重要的数据中心集群之一。尽管与其他西部城市相比，庆阳在数据中心建设上起步较晚，但其后发优势正逐步显现。庆阳市在顶层设计上采取"一揽子规划"策略，积极构建国家枢纽节点，以高水平的起点和精准定位来配置算力资源。这一规划导向不仅服务于国家战略需求，更是庆阳市在数字经济发展道路上迈出的坚实步伐。同时，该市还专注于精准招商和产业链投资，有效促进了产业的转型与升级。庆阳市依托其独特的资源优势，并结合积极的政策支持，努力加速融入数字经济发展大潮，并致力于推动其持续繁荣与发展。庆阳市在全国一体化算力网络国家枢纽节点和"东数西算"工程的规划目标及建设任务的背景下，积极全面地推进了相关工作。为了扩大算力规模，庆阳市规划并着手建设了一个占地约17 766亩的"东数西算"产业园区，其中包含了国家数据中心集群（甘肃·庆阳）和"东数西算"产业园区，致力于为国家算力枢纽节点和"东数西算"工程项目提供强有力的支撑平台。

当前，庆阳"东数西算"产业园区基础设施一期建设项目已进入规划编制阶段。相关部门正基于"1+1+N"规划体系，着手制定包括园区总体规划、产业规划、电网布局、启动区的详细控制性规划在内的多项规划，同时也涵盖了路网、管廊（沟）、供排水和智慧能源等方面的规划。这些规划从顶层设计出发，确保各方面的协调一致，为园区的一体化建设提供了坚实基础。为了提升网络连接性，庆阳市积极发展，全力打造成为国家级互联网骨干直联点和国家新型互联网交换中心的重要所在地。这一战略目标的关键在于打造一个以庆阳数据中心集群为核心，快速高效的数据传输网络结构。为实现这一目标，庆阳市规划了直接连接国内主要城市的光纤直连链路，推动建设一个覆盖区域的"10毫秒"信息高速公路圈（韩帅帅等，2023）。这样的网络架构不仅将确保庆阳数据中心集群与全国算力网络的无缝对接，而且能够为"东数西算"项目提供强大的计算资源和高品质的服务支撑。庆阳市通过这些综合性的网络建设举措，在推动数字经济发展、提升区域经济活力方面发挥了至关重要的作用，并加速了本地区及周边地区的数字化转型进程。

在"十四五"期间，庆阳市制定了数字经济引领创新发展的规划，目标是预计到2025年年末，庆阳数据中心集群新增30万个2.5kW的标准机架❶。到"十四五"规划期末，目标为将庆阳数据中心集群的清洁能源平均使用率提升85%，而运行电能利用效率（PUE）降至1.2以下，在全市范围内基本形成新型数据中心发展格局。今后，庆阳市将进一步加强其数据存储、处理和分析能力，吸引相关高科技企业和人才集聚，推动本地及周边地区经济转型升级，并促进区域内外的数据资源交流与协同创新，全面推动数字经济发

---

❶《关于〈庆阳市"十四五"数字经济引领创新发展规划〉的政策解读》，甘肃政务服务网，https://zwfw.gansu.gov.cn/qingyang/tsfw/qyrzyqzq/qyrylc/dsxsyq/yqjs/zcfb/ZCJD/art/2023/art_c3ffe8c9f74540a692673a8b73e95ae7.html。

展迈上新台阶。以提高数据资源的配置能力为目标，建设一系列基础性平台，包括算力资源调度管理平台、数据流通支持平台和数据交易市场。这些平台将共同构成一个区域性的算力调度服务中心，推动形成一个一体化数据算力流通与数据应用机制，使得算力资源可以跨越不同地区进行有效调配，并最大化地发挥庆阳数据中心集群的算力潜能。此外，鼓励传统行业与数字化企业之间的融合，通过整合产业链的各个环节，扩大和强化智能技术的应用，全面推进地区范围内的数字化转型。同时，为了确保网络数据的安全，计划建立一个多层次、协同运作、安全可靠的数据保护系统，涵盖数据防控、运营管理和信任机制，这将为国家级大数据中心体系的持续优化和持续发展提供强有力的支持。

第 6 章 黄河流域绿色低碳高质量发展的测度体系

6.1 绿色低碳高质量发展的测度方法

本研究采用指标评价法对黄河流域绿色低碳高质量发展水平进行测度。其中，各个指标的权重采用熵权法来确定。与其他赋权方法相比，熵权法更具客观性，并且不会导致数据信息的流失。指标权重是指黄河流域绿色低碳高质量发展水平各个评价指标相对于目标重要性的一种度量，不同的权重值往往会使评价结果不一样。因此，如何使得绿色低碳高质量发展综合评价体系各指标的权重分配具有合理性和科学性，就显得非常重要。现阶段，国内外研究者采用了多种方法来确定指标体系的权重值，经过归纳总结，大体可以分为两大类，即主观赋权（重值）法和客观赋权（重值）法：主观赋权法主要通过研究者对各评价指标的主观重视程度给出权重值，如层次分析法、德尔菲法等；客观赋权法通过对原始数据中的信息进行分析处理从而对考查的评价指标进行赋权，如熵权法、主成分分析法等（刘继声和董会忠，2023）。

熵权法是通过计算属性的信息熵来确定其权重，从而在决策中考虑各属性的相对贡献。对于一个属性而言，其信息熵越小，表示其数据分布越集中，对决策的贡献越大；反之，信息熵越大，表示数据分布越分散，对决策的贡献越小。因此，属性的权重可以通过其信息熵的大小来确定，信息熵越小的属性权重越大，反之则越小。由于熵权法对原始数据所携带的信息进行了充分的挖掘，因而能够使得评价结果更为客观。熵权法作为常用的一类客观赋权法，运用熵权系数方法评价黄河流域各区域绿色低碳高质量发展，可以将抽象化的信息可视化为具体的数据进行分析，不仅便于理解，而且可行度更高。

熵权法是一种对于多个指标进行赋权的方法，该方法根据所研究问题的基本信息，通过对各指标之间存在的关联关系和每个指标反映的具体指标信息进行计算，从而对所考虑的每个指标进行赋权。一般认为，相比主观赋权法，熵权法是基于数据本身的分布特征进行权重计算，不受个人主观倾向的影响，更具客观性；熵权法的结果直观，能够清晰地表达各属性的相对重要性，决策者容易理解和解释权重分配的依据，结果可解释性强；考虑到因子分析法存在由于提取主要指标导致部分信息丢失的问题，熵权法可以更好地对所考察的评价指标进行赋权。

1. 熵权法评价模型的建立

熵是系统状态不确定性的一种度量，基于所研究的问题来建立的评价体系，其中的指标数据可以通过计算熵来表征各指标中包含的信息量，并据此得到每个指标的权重。如果对黄河流域某地区 m 年的发展状况进行评价，评价体系由 n 个指标构成，那么该综合评价包含 m 个样本和 n 个指标。

可以建立如下数学模型：

设域为

$$S = \{s_1, s_2, \cdots, s_i, \cdots, s_m\}, (i=1,2,3,\cdots,m)$$

每个样本（即评价对象）就可以通过 n 个指标的数据来反映：

$$u_i = \{X_{i1}, X_{i2}, \cdots, X_{ij}, \cdots, X_{in}\}, (j=1,2,3,\cdots,n)$$

式中：X_{ij} 表示第 i 个样本第 j 项评价指标的数值。

进而得出评价体系的原始数据矩阵 X：

$$X = \begin{bmatrix} x_{11} & x_{12} & \cdots & x_{1n} \\ x_{21} & x_{22} & \cdots & x_{2n} \\ \vdots & \vdots & & \vdots \\ x_{m1} & x_{m2} & \cdots & x_{mn} \end{bmatrix}, (i=1,2,3,\cdots,m; j=1,2,\cdots,n)$$

通过对原始数据进行标准化处理来解决由于每个指标的量纲、数量级及各指标的正负不同而产生的差异。假定评价指标 j 的理想值为 x_j^*，每个评价指标的大小由于评价指标性质的不同而不同。对于正向指标，x_j^* 越大越好；对于负向指标，x_j^* 越小越好。因此，我们可以根据评价指标的性质，从初始数据矩阵 X 中找到评价指标的极值作为理想值。定义 d_{ij} 为 x_{ij} 对于理想值 x_j^* 的接近程度，且 $d_{ij} \in [i=1,2,3,\cdots,m; j=1,2,3,\cdots,n]$。当考查的某项指标 x_j 的具体指标值 x_{ij} 差距越大时，说明这个指标在整个综合评价体系中起到的作用越大；反之越小。运用这种方法，对各项指标进行分析便可以识别促进和制约区域绿色低碳高质量发展的关键因素。通过分析这些因素，可以更为准确地评估各地区的绿色低碳高质量发展水平。

第 i 个样本第 j 项指标为正向指标时，其在标准化处理后的数值（值越大越好）：

$$z_{ij} = \frac{x_{ij} - \min(x_j)}{\max(x_j) - \min(x_j)} \quad (6-1)$$

第 i 个样本第 j 项指标为负向指标时，其在标准化处理否的数值（值越小越好）：

$$z_{ij} = \frac{\max(x_j) - x_{ij}}{\max(x_j) - \min(x_j)} \quad (6-2)$$

各指标在各方案下的比值，即衡量第 i 个样本在第 j 项指标中的比重 y_{ij}：

$$y_{ij} = \frac{x'_{ij}}{\sum_{i=1}^{m} x'_{ij}} (0 \leqslant y_{ij} \leqslant 1) \quad (6-3)$$

便可得到数据的评价矩阵：

$$Y = \begin{bmatrix} y_{11} & y_{12} & \cdots & y_{1n} \\ y_{21} & y_{22} & \cdots & y_{2n} \\ \vdots & \vdots & & \vdots \\ y_{m1} & y_{m2} & \cdots & y_{mn} \end{bmatrix}, (i=1,2,3,\cdots,m; j=1,2,\cdots,n)$$

2. 指标信息熵值的计算

考虑到熵的具体性质，通过计算各指标的熵值来判断其离散程度。信息熵是信息量的期望，可以理解为不确定性的大小。信息量越大，不确定性就越小，熵也越小；信息量越小，不确定性就越大，熵也越大。

对评价矩阵 Y，根据信息熵的定义，第 j 项指标的信息熵为：

$$E_j = -\ln(n)^{-1}\sum_{i=1}^{n} p_{ij}\ln p_{ij} \tag{6-4}$$

其中，$E_j \geqslant 0$。若 $p_{ij}=0$，定义 $E_j=0$。

信息熵公式表示：① 信息源输出后每一个消息（或符号）所提供的平均信息量；② 信息源输出前信息源的平均不确定性；③ 变量 X 的不确定性。

3. 指标信息效用值及权重的计算

指标信息效用值取决于该指标的信息熵与 1 之间的差值，计算第 j 项指标的差异系数 g_j。差异系数越大，说明这个指标对于所研究的问题起到的作用越大，则考虑的这个指标就越优良。

$$g_j = 1 - E_j \tag{6-5}$$

每个指标的权重通过熵权法来确定，其基本思想就是通过对各个指标涵盖的信息效用价值进行计算，计算得出的效用价值数值越高，则说明该指标对于整个评价体系的影响作用越大，该指标的权重也就越大。

第 j 项指标的权重计算公式为

$$a_j = \frac{g_j}{\sum_{j=1}^{n} g_j} \tag{6-6}$$

可加性是熵的基本性质之一，当评价系统存在多层结构时，可以根据下层结构中包含的指标效用价值，按一定比例推算出下层结构对应的上层结构的熵权数值。基于得到的各指标权重，从而计算出样本的综合评价值。

第 i 个研究对象下第 j 项指标的评价值为

$$f_{ij} = a_j x'_{ij} \tag{6-7}$$

则第 i 个研究对象的总体评价值为

$$F_{ij} = \sum_{j=1}^{m} f_{ij} \tag{6-8}$$

由上述计算过程得到 2010—2021 年黄河流域绿色低碳高质量发展水平

的综合评价得分和涉及的五个子系统的指数得分情况。

6.2 绿色低碳高质量发展的测度逻辑

1. DPSIR 模型演变

DPSIR 模型是经济合作与发展组织（OECD）在 1993 年正式提出的用于评价指标体系概念的模型，该模型承接了 PSR、DSR 模型的思想并进行了创新。统计学家 Rapport 和 Freid 于 1970 年首次提出了 PSR 模型框架用于构建评价指标体系，PSR 框架模型由压力、状态、响应三部分构成。该模型的主要思路是：人类的经济社会活动对自然环境和整个生态系统造成了"压力"，在这种压力下，自然资源禀赋和生态系统的"状态"发生了改变，因此人们开始采取一系列措施以减少对环境的破坏，如制定经济、环境等相关的法律法规、政策措施，也就是对自然生态系统出现的各种变化做出一系列"响应"措施。PSR 框架模型反映了人类和资源、环境之间相互作用的链式因果关系。

DSR 模型是由经济合作与发展组织（OECD）及联合国环境规划署（UNEP）根据 PSR 模型修正后提出的，目的是提供一系列的一致性指标和评估可持续能源未来的进展情况。DSR 模型由驱动力、状态、响应三部分构成，其中，驱动力包括对系统可持续性产生影响的人类活动，状态包括环境、自然资源的状况，响应包括法律、法规等。DSR 模型是基于 PSR 模型用驱动力部分替代压力部分而构建的。DSR 模型的基本内涵是：人类经济社会活动的"驱动力"，对其所处的生态环境产生了压力，改变了自然资源的数量和质量及生态环境的"状态"，为促进生态系统和整个社会的可持续健康发展，人类社会通过调整资源、环境、经济等政策措施对出现的"状态"变化采取一定的"响应"措施。其中，生态环境发生变化的主要影响因素是"驱动力"，生态环境在压力下呈现出来的现状是"状态"，人类社会维持生态系统可持续发展状态而采取的对策措施是"响应"。

随后，一些学者在此基础上不断探索构建评价指标体系的模型框架，在

PSR模型和DSP模型框架的基础上，DPSIR模型由经济合作与发展组织修正提出。该模型包含驱动力、压力、状态、影响、响应五个部分。DPSIR模型不仅可以涵盖社会、经济、政策和环境等多个方面，而且可以对整个系统内部复杂的因果关系进行解析说明，因此普遍应用在可持续健康发展、科技创新能力、城镇化综合发展水平评价带等诸多社会经济问题领域。DPSIR模型可以将社会、经济等复杂的问题进行拆分，然后再进行整合，形成更为清晰全面的研究框架，不仅能够解释研究现象之间存在的"出现什么问题、为什么出现问题、如何解决问题"的逻辑关系，而且在解决由于涉及多个指标而导致的复杂关系方面独具优势。

2. DPSIR模型框架

DPSIR模型的基本含义是：人类经济社会活动的"驱动力"给生态环境和自然资源施加了"压力"，"压力"迫使系统某些"状态"发生改变，尤其造成环境状态的变化，"状态"的改变对整个系统的内部和外部产生"影响"，这些"影响"促使人类社会通过调整水土资源、环境、经济等政策或措施对这些变化做出直接或间接"响应"，以便减轻生态环境和自然资源的压力，维持生态系统的健康。通过适应或治理措施，这些"响应"直接反馈到"驱动力""压力""状态""影响"。总体来说，五大子系统之间既包含"驱动力—压力—状态—影响—响应"的因果关系，各系统间又夹杂着多向的影响。例如，对于"响应"而言，"响应"可以改变"驱动力"和"状态"、缓解"压力"、消除"影响"，同时，"影响"又对"响应"存在一定的反馈作用（见图6-1）。

DPSIR模型框架较PSR、DSR模型更加细化和完善，在构造方面同时具备DSR模型和PSR模型两者的优势，对绿色低碳高质量发展水平的研究更具指导意义，故本书采用DPSIR模型对区域绿色低碳高质量发展水平进行更加深入的分析。DPSIR模型在生态安全评价方面存在很强的适用性，该模型可以将生态系统和自然环境中出现的各种变化的影响因素逐一进行综合详细的考虑，进而得出研究地区的生态环境发展现状；但在一些方面也存在不足，如该模型在社会经济发展方面的研究不够严谨全面。因此在考虑具体指标时应该包括正向指标和负向指标，其中，正向指标即指标值越大表示区域绿色低碳高质量发展水平越好，对城市发展水平提高起促进作用；负向指标即指标值越大表示区域绿色低碳高质量发展水平越差，对城市发展水平提高起阻碍作用。

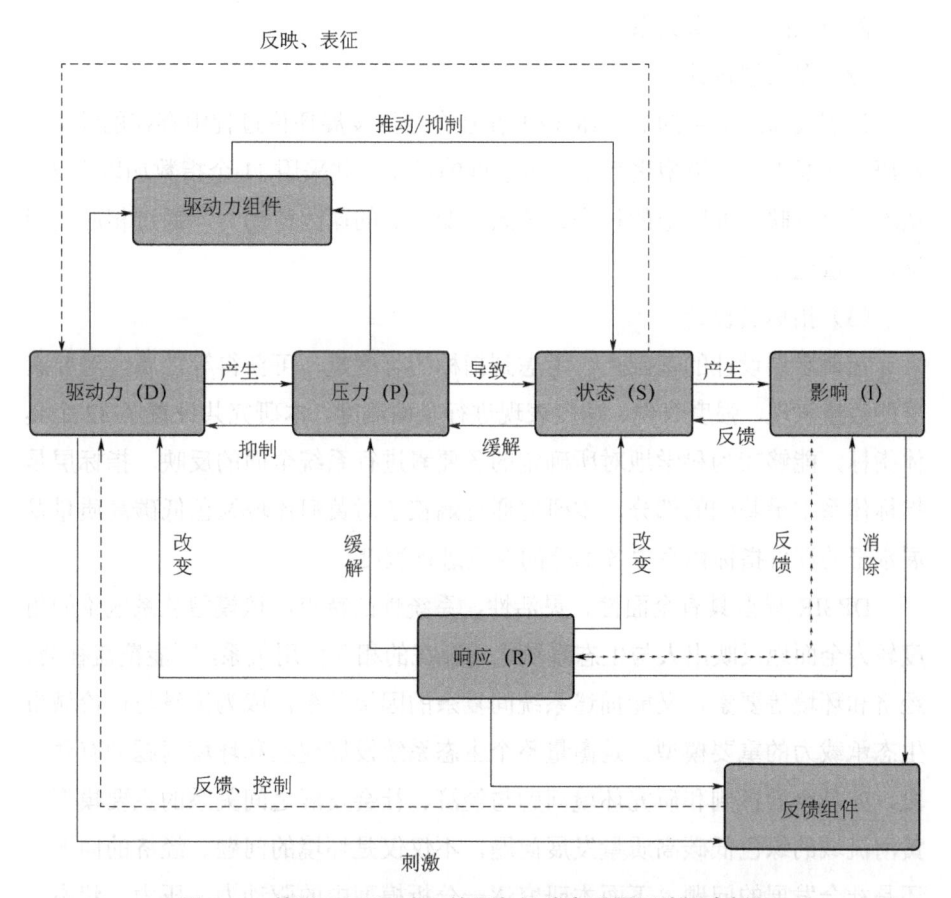

图 6-1　基于 DPSIR 建立的绿色低碳高质量评价概念框架

3. 基于 DPSIR 模型的绿色低碳高质量发展结构模型

黄河流域绿色低碳高质量发展结构模型就是同时考虑自然生态环境的保护问题和社会经济活动的发展问题，综合考虑到现阶段黄河流域的自然地理特征和社会经济活动等多个方面的问题，在建立模型时引入能够反映各部分因果关系的 DPSIR 模型，同时对于该模型进行了一定程度的优化，构造出一个基于 DPSIR 模型的包含准则层、要素层、指标层 3 个层次的黄河流域绿色低碳高质量发展评价指标体系。

（1）准则层设计

准则层包含驱动力、压力、状态、影响、响应 5 个部分，各部分彼此间存在简明的因果逻辑关系。

（2）要素层设计

为解决前述提到的 DPSIR 模型在社会经济发展评价过程中存在的缺陷，本研究在要素层对模型进行了一定程度的优化，共采用 11 个指数加以表达，从本质上反映各准则层的行为、关系、变化等的原因核动力，通过相应的指标进行量化分析。

（3）指标层设计

在要素层设计的基础上，考虑到指标的可度量、可获得等性质，对要素层的数量表现、强度表现、速度表现进行全面测度。本研究共设置了 32 个具体指标，能够较为科学地对所确定的各要素进行系统全面的反映。指标层是指标体系中最基础的部分，本研究通过熵权法对黄河流域绿色低碳高质量发展水平的评价指标体系中各部分的权重进行测度。

DPSIR 模型具有全面性、灵活性、系统性的特点，该模型从系统论的角度较为全面地反映出人与生态系统之间存在的相互作用关系，既能覆盖社会、经济和环境等要素，又能描述系统间复杂的因果关系，成为衡量与评价城市生态承载力的重要模型，是衡量整个生态系统发展现状和环境问题的有效手段，亦是全面评判和研究环境问题与经济、社会发展之间关系的主要模型。黄河流域的绿色低碳高质量发展问题，不仅仅是环境的问题、经济的问题，还是社会发展的问题。下面本研究逐一分析模型中的驱动力、压力、状态、影响、响应五大子系统指标。

驱动力（D）作为流域生态系统的"起点"，是导致整个生态系统的自然资源与环境问题出现的主要因素，也是推动绿色低碳高质量发展概念提出的驱动因素。黄河流域的绿色低碳高质量发展主要表现为经济和环境发展平稳、人为干扰较弱、生物多样性程度较高以及流域内对于外来因素的承受能力较强。总体来说，黄河流域的绿色低碳高质量发展主要取决于活跃的社会发展环境、蓬勃的经济发展动力、丰富的地理资源禀赋 3 个方面。因此，本研究

第6章 黄河流域绿色低碳高质量发展的测度体系

的驱动力由3个要素层的"指数"和9个指标层的"指标"综合测度。

压力（P）是因为一系列社会活动对生态系统产生的不良影响，而导致自然环境健康状态的变化。黄河流域地区由于独特的地理位置和气候条件，生态环境状况不容乐观，产生如流域内部分地区的生态脆弱区较为常见、生态基础薄弱、环境承载力不理想等问题；此外，黄河流域地区的人口压力对其发展也存在不利影响。总之，各类问题对黄河流域的绿色低碳高质量发展造成的影响存在显著抑制作用，其中资源的问题最为明显。因此，在压力维度上，本书确定了资源消耗和环境污染2个二级指标，反映了人类活动对于环境的负荷，本研究也主要从资源消耗和环境污染2个方面进行评价。综上，本研究的压力由2个要素层的"指数"和6个指标层的"指标"综合测度。

状态（S）是环境由于动力（D）、压力（P）两个方面的影响而产生的变化，是上述两大因素共同作用与影响的结果，可以进一步衡量各地区绿色低碳高质量发展情况。黄河流域的绿色低碳高质量发展不仅涉及涵养水源、水土保持、净化大气、改善气候等生态效益方面的问题，也包括满足人民日益增加的对于美好生活需要的社会效益问题。因此，本书在状态维度上，确定了2个二级指标，状态涉及自然环境生态系统以及社会发展过程中所显现的各类状态特征及其变化态势，本研究主要从环境质量和生活质量2个方面进行评价。综上，本研究的状态由2个要素层的"指数"和6个指标层的"指标"综合测度。

影响（I）是整个系统当前的各类状态对自然资源、经济发展、社会进步及人类健康的反馈结果及影响程度。随着社会经济的发展和人类对自然生态环境认识的深化，加之黄河流域生态环境保护问题的日益突出，科学界和决策界对黄河流域的生态保护问题逐渐给予高度重视，近年来黄河流域各地也在不断加强环境污染治理、推进绿色低碳高质量发展工作。因此，在影响维度上，本书确定了2个二级指标，考虑到自然环境系统内部出现的健康状态变化和整个系统的环境承载力变化对社会经济发展和自然环境变化的影响，影响可以分为社会影响和环境影响2个方面。综上，本研究的影响由2个要素层的"指数"和6个指标层的"指标"综合测度。

响应（R）是指个人、社会或政府等为促进黄河流域绿色低碳高质量发展而采取的积极有效的应对措施。在响应维度上，本书确定了 2 个二级指标，响应层是指为改善自然环境破坏和污染、提高环境质量、弥补由于发展经济造成的环境损失或为了适应当前环境变化而采取的具体行动、举措。本研究在响应方面主要从创新驱动和政府支持 2 个方面进行考虑。

综上，本研究的响应由 2 个要素层的"指数"和 5 个指标层的"指标"（见表 6-1）综合测度。

表 6-1　绿色低碳高质量发展 DPSIR 结构内涵

变量名	具体名称	指标含义
D	驱动力指标	在区域内对社会经济活动产生潜在影响，是生态环境变化的内在原因及未来的发展趋势
P	压力指标	区域内正常的生产生活需要向周边获取资源或对周边环境的直接影响
S	状态指标	在区域内收到驱动力和压力的影响，生态环境所呈现出来的各种状况
I	影响指标	在区域内的生态系统的各种状态对经济、社会、资源和环境的反映及影响程度
R	响应指标	为实现经济社会的绿色低碳高质量发展，促进生态环境的良性发展，采取各种积极有效的应对之策

6.3　绿色低碳高质量发展的指标体系

1. 指标体系设计

在借鉴国内外绿色高质量发展、绿色低碳发展相关指标体系的基础上，遵循指标体系的构建原则，本书构建了由驱动力、压力、状态、影响、响应 5 个一级指标、11 个二级指标、32 个三级指标构成的绿色低碳高质量发展评价指标体系。具体层次设计及指标名称如表 6-2 所示。

表6-2 绿色低碳高质量发展评价指标体系

一级指标	二级指标	三级指标
驱动力	社会发展	人口密度/(人/平方千米)
		民用汽车拥有量/万辆
		恩格尔系数（%）
	经济发展	人均国内生产总值/元
		城镇居民人均可支配收入/元
		城镇化率（%）
	资源禀赋	液化石油气供气总量/吨
		全年供水总量/亿立方米
		农作物播种面积/千公顷
压力	环境污染	工业烟粉尘排放量/吨
		工业废水排放量/万吨
		单位GDP二氧化硫排放量/(吨/亿元)
	资源消耗	单位GDP能耗/(吨标准煤/亿元)
		单位GDP电耗/(百万千瓦时/亿元)
		单位GDP水资源消耗量/(百万吨/亿元)
状态	环境质量	建成区绿化覆盖率（%）
		空气质量综合指数（AQI）
	生活质量	年末实有公共营运汽（电）车/辆
		邮政业务总量/亿元
		互联网普及率（%）
		基尼系数
影响	社会影响	城镇登记失业率（%）
		城镇职工基本养老保险参保人数/万人
		城镇基本医疗保险参保人数/万人
	环境影响	一般工业固体废物综合利用率（%）
		污水处理厂集中处理率（%）
		生活垃圾无害化处理率（%）

续表

一级指标	二级指标	三级指标
响应	创新驱动	信息传输、计算机服务和软件业从业人员/万人
		专利授权量/件
	政府支持	科学技术支出占财政支出比重（%）
		第三产业增加值占 GDP 比重（%）
		固定资产投资/亿元

2. 具体指标分析

（1）驱动力因素分析

影响区域绿色低碳高质量发展最为直接的因素就是区域经济层面与社会层面的时空演化和趋势特征。社会发展是指构成社会的各种要素前进的、上升的发展过程，如人口密度、民用汽车拥有量、恩格尔系数等，是整个社会各方面发展较为概括性的体现。经济发展是推动城市转型发展的强劲支撑，经济的增长会影响市场资源配置和经济发展规模，从而推动区域绿色转型朝更好的方向发展，如人均国内生产总值、城镇居民人均可支配收入、城镇化率等指标。资源禀赋在一定程度上反映市场发展潜力，对地区发展具有关键作用，包括液化石油气供气总量、全年供水总量、农作物播种面积等方面。

人口密度反映了一个地区人口分布的疏密程度。人口密度只与总人口和总面积有关，而与人口自然增长率没有关系。人口密度的增多会对生态环境造成压力，人口密度越大，各地区在资源供应方面的压力就会越大，同时，自然环境对人口的承载能力、对自然资源破坏的容忍能力及生态自身修复能力面临更大压力。该指标数据来源于中国统计年鉴，指标单位为人/平方千米。

民用汽车拥有量在提高人民生活质量和社会发展水平、加强地区交流合作等方面存在推动作用，但对于区域生态环境质量而言也可能带来威胁和挑战，例如造成了普遍的交通堵塞问题。道路拥堵问题是当前城市发展面临的难题之一，道路交通事故时有发生，汽车尾气的排放无疑对环境造成威胁，此外还存在石油市场供应难以满足需求和空气污染不断加剧等问题。这类由汽车所导致的交通问题及社会问题已然对黄河流域绿色低碳高质量的发展产生负面作用。该指标数据来源于统计年鉴，指标单位为万辆。

恩格尔系数是指一个家庭或国家在消费支出中用于食品的比例，是衡量居民生活水平和生活质量以及生活富裕程度的标准之一。一般来说，恩格尔系数用来描述区域消费结构层次，根据对某区域恩格尔系数的考查，可以了解该地区居民的生活质量。该指标数值越小，表明消费水平越高，居民生活越富足，反之则越贫困。计算该指标涉及的消费总支出、食品支出数据均来源于统计年鉴，两个指标的单位为元，计算得到的恩格尔系数的指标单位为百分比。

人均国内生产总值一般用来衡量一个地区或国家社会经济发展的速度、水平与规模，该指标通常用于测度经济发展状况，是最常用的宏观经济指标之一。该指标能够较为客观地反映地区经济发展的能力和水平、地区人民的人均收入和生活质量。当人均国内生产总值越高，说明物质水平越富裕，生活水平越高，城市呈现又好又快的发展态势。此时，区域会更加注重自身环保力度，例如提高区域环保投资水平，以确保自身生态安全的健康稳定。该指标数据来源于统计年鉴，指标单位为元。

城镇居民人均可支配收入是城镇居民可以用来自由支配的收入，其提高是改善城镇居民生活水平的根本表现，该指标标志着居民的购买力，是反映居民收入水平和生活水平状况的核心指标，可支配收入越低，生活水平状况越低，社会发展水平越差。该指标数据来源于统计年鉴，指标单位为元。

城镇化率是指一个国家（地区）常住于城镇的人口占该国家（地区）总人口的比例，是衡量该地区的城镇化程度及进程的常用指标。同时，城镇化率与地区的经济发展水平密切相关，也是表征一个地区经济发展水平的常用指标之一。该指标数据来源于统计年鉴，指标单位为百分比。

液化石油气供气总量在一定程度上反映燃气的普及率和城市改造水平。液化石油气供气总量的增加通常意味着对清洁能源的需求增加，而这种清洁能源通常在家庭和工业生产中被广泛使用。因此，供气总量的增加可能表明燃气的普及率较高，许多家庭和企业都在使用燃气作为主要的能源。城市改造通常伴随着能源基础设施的升级和改善。如果一个地区或城市进行了大规模的城市改造，包括管道燃气供应网络的建设或更新，那么液化石油气供气总量可能会相应增加。因此，液化石油汽供气总量的变化也可以反映城市改造水平的提升。该指标数据来源于统计年鉴，指标单位为吨。

供水总量指各种水源工程为用户提供的包括输水损失在内的毛供水量。全年供水总量是衡量国家可利用水资源程度的指标之一，当前制约我国经济可持续健康发展的主要原因之一就是水资源的短缺问题。因此，水资源的供给越来越成为一个地区、国家发展的战略性计划，也越来越影响到人们的经济社会生活，成为影响人们生活质量的重要因素。该指标数据来源于统计年鉴，指标单位为亿立方米。

农作物播种面积是指播种季节结束时农民或农业生产者用于种植特定农作物的土地总面积。农作物播种面积是农业生产的重要指标之一，对于农业部门的规划、监测和评估农业生产的规模和效益至关重要。它可以用来分析不同农作物的种植情况、农业产量的预测以及农产品供应的调节。农作物播种面积大，则说明土地资源较充裕，为未来发展留有余地。该指标的大小决定了地区对其他城市的依存度，从而关系到城市的绿色低碳高质量发展水平和能力。该指标数据来源于统计年鉴，指标单位为千公顷。

（2）压力因素分析

压力因素反映了人类活动对于环境施加的压力，是人类生产、生活与需求获取对周边资源、环境的影响，是引起资源环境变化的直接原因。严重的环境污染和资源短缺会使社会发展受阻，进而造成相关产业生产成本上升、市场竞争力下降，阻碍经济发展的水平、影响经济发展的质量。压力主要涉及环境污染和资源消耗两个方面。其中，环境污染根据其状态可分为三类：固体、液体和气体污染排放物，即工业烟粉尘排放量、工业废水排放量和单位 GDP 二氧化硫排放量。资源消耗中的单位 GDP 能耗、单位 GDP 电耗、单位 GDP 水资源消耗量能够说明一个地区的资源或能源消耗程度，数值越大则该地区的能源消耗程度越大，说明该地区在发展过程中通过资源消耗增加自身生产总值的可能性越大。

工业烟粉尘是指在工业生产过程中产生的固体颗粒物，通常是由于燃烧、机械加工、振动或其他生产活动而产生的微小颗粒物，它是形成雾霾天气的重要成因。近年来，人们对工业烟粉尘排放问题的关注逐渐增加。这主要是因为工业烟粉尘是主要的空气污染源之一，含有有害物质，对环境和人体健康造成严重影响。工业烟粉尘的排放不仅污染空气，还可能导致呼吸系统疾病、心血管疾病等健康问题，对公众健康构成威胁。同时，随着社会对环保认识的不断提高，人们开始更加关注环境污染问题，并呼吁政府和企业加大环境治理力度。政府也相继出台了一系列法律法规，加强了对工业排放的监管和控制，以减少烟粉尘排放对环境的影响。此外，社会媒体也加强了公众对环境问题的关注，推动了环保话题的持续发酵和舆论监督。工业烟粉尘排放量数据来源于各省份统计年鉴，指标单位为吨。

工业废水排放量通常受到工业经济规模的影响。通常来说，在其他方面相对保持稳定时，由于工业生产规模持续扩大，所造成的工业废水的排放问题日益严峻。现阶段，我国环境治理的能力大大提升，各地区废水排放也得到控制。政府重视环境保护，通过制定一系列法律法规和政策文件，加强了对工业废水排放的监管和治理。同时，政府加大了环境保护投入，推动了工业废水治理技术和设备的更新换代。工业废水治理设施建设水平不断提升，包括废水处理厂、污水处理设备等。此外，政府还鼓励企业加大对污水处理设施的投资力度，通过财政支持、税收优惠等政策措施，促进了企业的积极参与和投入。企业自身也逐渐意识到环境保护的重要性，加强了对工业废水的治理和管理。例如，一些企业主动投资建设污水处理设施，采用先进的污水处理技术，降低了废水排放的浓度和污染物含量。该指标数据来源于各省份统计年鉴，指标单位为万吨。

单位 GDP 二氧化硫排放量是指每创造 1 万元国内生产总值（GDP）所排放的二氧化硫数量，和单位 GDP 能耗、化学需氧量一样，同为国家约束性减排指标。在大气污染物中，二氧化硫对环境影响巨大，大量的二氧化硫不仅会污染环境，还会间接造成经济损失。首先，它是酸雨的主要来源之一，大量二氧化硫进入大气会与水蒸气反应形成硫酸，降雨中的酸性物质对土壤、水域、植被和建筑物造成损害，破坏生态系统平衡。其次，二氧化硫还参与气候变化过程，其排放可能对地球气候产生影响，引起温室效应和气候变暖。此外，二氧化硫污染会损害农作物和森林，降低农作物产量和品质，导致农业损失。另外，酸雨会对建筑、桥梁和文物等建筑物造成腐蚀，增加了修复和维护成本。GDP 和二氧化硫排放量两个指标数据均来源于统计年鉴，其中 GDP 单位为亿元，二氧化硫排放量单位为吨，单位 GDP 二氧化硫排放量即为生产中产出一单位的 GDP 所排放的二氧化硫数量，指标单位为吨/亿元。

单位 GDP 能耗是一次能源消费总量与 GDP 的比率，是反映能源消费水平和节能降耗状况的主要指标，是一个能源利用效率指标。该指标说明一个国家在社会经济发展过程中对各类能源的利用水平和效率。一般来说，该指标的值越低，则说明该地区能源资源的利用效率越好，即该地区在投入较低的情况下就可以得到较高的产出。该指标数据来源于统计年鉴，指标单位为吨标准煤/亿元。

单位 GDP 电耗表示单位 GDP 产值需要消耗的电能，这一指标可以反映一个国家或地区生产经济活动所使用的电能效率，也可以用来评估国家或地区的电力利用效率和环境可持续性。该数值应该越小越好。单位 GDP 电耗的增减与产业结构的变化有着密切关系，是反映电力消耗水平和节电降耗状况的主要指标。该指标数据来源于统计年鉴，指标单位为百万千瓦时/亿元。

单位 GDP 水资源消耗量是指单位 GDP 所消耗的水资源量，是反映水资源消费水平和节水降耗状况的主要指标，是一个水资源利用效率指标。该指标说明一个地区经济活动中对水资源的利用程度，反映经济结构和水资源利用效率的变化。GDP 和水资源消耗量两个指标数据均来源于统计年鉴，其中 GDP 单位为亿元，水资源消耗量单位为百万吨，万元 GDP 的水资源消耗量即为生产中产出一单位的 GDP 所消耗的水资源量，指标单位为百万吨/亿元。

（3）状态因素分析

状态要素不仅反映流域内各地区的生态环境、经济发展水平的变化，而且还可以对现阶段该地区的发展水平进行说明。本书将状态因素细分设置为环境质量和生活质量。环境质量反映当前的生态环境是否能够促进人民生活水平的提高及社会经济的持续健康发展，可以用建成区绿化覆盖率、空气质量综合指数进行衡量和分析。生活质量反映了人们对于美好幸福生活的追求，也是党的奋斗目标。增进民生福祉是区域经济繁荣发展的"溢出效应"，也是实现中华民族伟大复兴的必然要求。在国家相关民生制度的政策指导下，在民生事业的全力推动下，我国的公众幸福感稳步提高，具体可以反映在年末

第6章 黄河流域绿色低碳高质量发展的测度体系

实有公共营运汽（电）车、邮政业务总量、互联网普及率、基尼系数等指标数据的变化上。

建成区绿化覆盖率是城市建成区绿化覆盖面积与城市建成区面积的比值，能够反映某地区的环境质量及当地居民的居住水平。构成城市环境的重要因素之一就是城市的绿化覆盖率，城市绿化不仅能丰富居民文化生活，也会改善城市空气质量，体现了城市居住环境质量的改善状况。该指标数据来源于统计年鉴，指标单位为百分比。

空气质量综合指数（又称环境空气质量综合指数）能够描述区域空气质量综合水平。该指标综合考量了多种空气污染物的污染程度，该指标的数值越大，说明该区域的空气质量越差，环境空气污染程度越严重，对当地居民的身体健康危害程度也越大。空气质量综合指数的主要评价因子包括二氧化硫、二氧化氮、一氧化碳、臭氧、$PM_{2.5}$、PM_{10}六项污染物，将污染物用统一的评价标准呈现。该指标数据来源于各省（区）国民经济和社会发展统计公报。

年末实有公共营运汽（电）车的使用可以降低污染气体的排放，反映了城市政府对公共交通的重视程度和城市公共交通的发展水平。城市拥有的公共营运汽（电）车数量多，不仅可以改善城市交通堵塞，还可以改善城市的环境污染问题。首先，公共汽（电）车作为城市交通系统的重要组成部分，可以提供便捷、高效的出行选择，吸引更多市民选择公共交通工具，减少私家车出行需求，从而减缓了道路交通拥堵的程度。其次，与传统燃油汽车相比，公共汽（电）车采用清洁能源，如电力或天然气，排放的尾气量较少，大大降低了空气污染物的排放，有利于改善城市空气质量，保护居民健康。此外，增加公共汽（电）车的数量还可以提高城市的交通运输容量，满足不同人群的出行需求，促进城市交通系统的完善和优化。同时，公共汽（电）车通常拥有更高的载客量，能够更有效地利用交通资源，提高交通效率，减少能源消耗和交通拥堵所带来的经济损失。该指标表明城市公共交通发展水平高、基础设施完善、城市的可持续发展水平较高。该指标数据来源于统计年鉴，指标单位为辆。

邮政业务总量能够说明在一定时间内该地区邮政工作的开展状况，是衡量区域邮政业务总量构成（即邮政发展建设程度）的重要指标。该指标常被用于反映一个地区与其他地区的信息交流水平，该指标越高，说明城市的信息交流量越大，亦越有利于城市的可持续发展。该指标数据来源于统计年鉴，指标单位为亿元。

互联网普及率是指互联网用户数占常住人口总数的比例。该指标常用来衡量某区域经常使用互联网的人口比例，在国际上常被用来衡量一个国家或地区的信息化发达程度。互联网普及推动了传统产业向数字化转型，加速了经济结构的优化和升级。通过云计算、物联网、人工智能等技术的应用，企业实现了生产、管理、营销等各个环节的智能化和高效化，推动了产业的数字化、智能化发展。互联网的普及打破了地域和国界的限制，促进了全球范围内的信息交流和文化交融。人们通过互联网平台分享各种文化产品、思想观念，推动了不同文化之间的相互理解与交流，促进了文明的交流互鉴。互联网的普及使得大数据技术得以广泛应用于社会治理领域。政府部门可以通过数据采集、分析和挖掘，更精准地了解社会经济运行规律，制定科学有效的政策措施，提升治理效能和服务水平。互联网在推动地区产业结构优化升级、助力数字经济持续发展、满足人民日益提高的生活水平需要等方面都起到积极的促进作用。该指标数据来源于统计年鉴，指标单位为百分比。

基尼系数是衡量一个国家或地区居民收入分配差异程度的量化指标，在（0，1）取值，基尼系数最大为 1，最小为 0。基尼系数越接近 0，表明收入分配越是趋向平等。国际上并没有一个组织或教科书给出最适合的基尼系数标准。但有不少人认为基尼系数小于基尼基数 0.2 时，居民收入过于平均；基尼系数在 0.2 到 0.3 之间时，居民收入较为平均；基尼系数在 0.3 到 0.4 之间时，居民收入比较合理；在 0.4 到 0.5 之间时，居民收入差距过大；基尼系数大于 0.5 时，居民收入差距悬殊。该指标衡量标准以及指标数据均来源于统计年鉴。

（4）影响因素分析

黄河流域绿色低碳高质量发展的首要任务就是推动黄河流域内各地区社会的发展和进步，推动高附加值产业的进一步发展与实现美好生态环境的多重发展目标。因此本书将状态分为社会影响、环境影响两个方面。社会影响

第6章 黄河流域绿色低碳高质量发展的测度体系

主要考虑民生方面，习近平强调"抓民生也是抓发展"，持续增进人民福祉是实现绿色低碳高质量发展的题中应有之义。经济发展是前提，离开经济发展谈改善民生是无源之水、无本之木。习近平总书记在党的二十大报告中对"增进民生福祉，提高人民生活品质"做了全面部署，明确强调，就业是最基本的民生，社会保障体系是人民生活的安全网和社会运行的稳定器，人民健康是民族昌盛和国家强盛的重要标志。在环境影响方面，考虑到生态保护不仅是对于生物多样性的保护，同时也是对生物所在栖息地生态环境的保护，这有利于维持良好的生物链关系。生态环境质量作为环境系统客观存在的一种本质属性，按照环境要素划分，可以分为大气的、水体的、土壤的。环境保护一般是指采取各种措施来保护和维护自然环境的行为和活动。这些措施旨在减少污染、保护生物多样性、保护自然资源、减少废物和温室气体排放等，以确保环境的可持续性和人类及其他生物的生存环境。

城镇登记失业率是综合反映城市经济发展水平、人口素质以及城市政府和社区在促进就业方面的努力程度的一个重要指标，可以较全面地反映一个城市弱势群体的基本生活就业现状，并为社会公平和社会稳定的测度提供依据。一般来说，失业率上升，影响社会发展的不利因素增多，进而影响到社会的稳定和城市的高质量发展。该指标数据来源于统计年鉴，指标单位为百分比。

社会保险作为整个社会保障体系的核心，是社会保障体系的主要构成之一。社会保险的覆盖程度不仅能够表现一个地区社会保障的范围及程度，还能侧面表现该地区在经济和社会发展方面的水平和程度。本研究主要考虑养老保险和医疗保障两个方面。养老保险制度保障离退休人员基本生活，促进经济发展，为维护社会稳定发挥了积极作用。养老保险为工作人员提供了一种稳定的退休收入来源，帮助他们在退休后维持生活水平。这种经济支持可以减轻个人和家庭在老年时期面临的经济压力，确保能够满足人们的基本的生活需求。有了养老保险制度，人们在工作期间会更加倾向于储蓄和投资，以确保在退休后有足够的经济支持。这不仅有助于个人的财务规划，还可以为整个经济系统注入更多的资金，促进经济增长。养老保险制度的建立使得社会上的经济资源得以更加公平地分配。无论一个人的职业、收入水平或社会地位如何，他都有权利获得基本的养老保障。这有助于减少社会中的贫富差距，促进社会稳定与和谐。医疗保险能够给患病的劳动者提供经济支持，对于控制由于疾病导致的社会发展中的不和谐因素大有裨益，同时，医疗保险也是消除社会矛盾的重要调节机制。医疗保险为个人提供了财政上的保障。医疗费用往往是家庭财务中的一大开支，特别是在面对意外伤病或慢性疾病时。医疗保险可以帮助个人分担部分医疗费用，减轻了医疗支出对个人财务的冲击，使人们更容易承担得起医疗服务。医疗保险有助于提高全民健康水平。通过提供医疗保障，人们更倾向于及时就医，接受预防性医疗服务，以及进行常规体检和治疗。这有助于早发现、早治疗疾病，降低疾病的发病率和死亡率，提高整体的健康水平。医疗保险促进了公平与社会正义。通过医疗保险制度，每个人都有平等的机会获得医疗服务，无论其经济地位、社会背景或健康状况如何。这有助于缓解因健康问题导致的贫富差距，促进社会的和谐与稳定。城镇职工基本养老保险参保人数和城镇基本医疗保险参保人数数据来源于统计年鉴，指标单位为万人。

　　一般工业固体废物综合利用率反映了工业固体废物处理和利用的能力。随着经济和社会的不断发展，工业固体废物的排放量不断提高，这对于地区的经济持续健康发展产生不利影响，因此各地区开始将固体废物的排放问题纳入管理工作范畴。大力发展固体废物综合利用行业不仅可以提高资源的利用效率、取得良好的社会经济生态效益，还可以大幅减少土地占用，进而达到环境保护和推动社会绿色低碳高质量发展的目的。此外，提高固体废物利用效率有利于节能减排，发展绿色低碳循环经济。因此，在工业领域实行固体废物源头减量，大力提高固体废物的综合治理能力，能够为区域的绿色低碳高质量发展打下坚实的基础。计算该指标用到的指标数据均来源于统计年鉴，一般工业固体废物综合利用量、一般工业固体废物产生量、一般工业固体废物贮存量的单位均为万吨，计算得到的一般工业固体废物综合利用率单位为百分比。

　　污水处理厂集中处理率可用以衡量一个地区对于环境污染问题的重视程度和治理成效。一方面，持续加强污水集中处理能力的建设水平，不仅有利于一个国家或地区进一步打好污染防治攻坚战，还能够帮助其更好地从源头

第6章 黄河流域绿色低碳高质量发展的测度体系

治理环境问题，不断提高生态环境的质量水平。另一方面，水污染问题使得水资源短缺问题更加突出，而且，在民生方面，当饮用水的安全得不到保障，那么保障人民群众的健康问题就更无从谈起，甚至水污染导致的工农业生产和农作物安全问题，对于地区经济的发展也会造成一定程度的制约作用。该指标数据来源于统计年鉴，指标单位为百分比。

生活垃圾无害化处理率是衡量城市生活垃圾治理绩效的指标，指标值越大，表明城市生活垃圾治理绩效越高。生活垃圾无害化处理对保护和改善生态环境、防治固体废物污染环境、保障公众健康、维护生态安全、推进生态文明建设、促进经济社会可持续发展产生广泛且积极的影响，亦能为加快推进黄河流域生态保护和高质量发展先行区建设奠定坚实基础。该指标数据来源于统计年鉴，指标单位为百分比。

（5）响应因素分析

响应主要是指人类为促进区域社会经济可持续健康发展所采取的积极调整措施，不仅可以反映区域污染防治的环境治理水平，还可以反映高科技产业的发展。本体系主要从创新驱动和政府支持两个方面进行评价。创新驱动反映高科技产业的发展，创新是引领发展的第一动力，只有依靠科学技术进步和提高劳动者素质，才能有效地促进社会的发展；政府支持则反映当地对绿色低碳高质量发展状态的维护力度。

用信息传输、计算机服务和软件业从业人员来衡量一个地区的劳动力投入水平、劳动力市场的形成以及专业化程度的提高能够有效地减少生产成本。就业人数的增多可以在一定程度上缓解区域的就业压力，并且，各个产业在发展过程中利用产业自身的独特优势，吸引优质人才在园区内集聚，通过发展此类创新驱动型产业不仅能提高园区的经济效益、优化升级园区的产业结构，还能缓解区域就业形势、提高政府财政收入，进而带动地区经济高质量发展。该指标数据来源于各省份统计年鉴和统计公报，指标单位为万人。

专利授权量反映一个社会的技术创新能力和社会活力，技术创新是推动经济发展方式由粗放型转向集约型的重要支撑，也是通过技术效应等多渠道治理污染、改善空气质量的重要途径。专利授权量快速增长、专利质量不断提高可以更好地推动区域的绿色创新发展，这有助于增强我国的企业核心竞争力，从而为改革开放和经济发展提供有力支撑。该指标数据来源于统计年鉴，指标单位为件。

科学技术支出占财政支出比重是政府为支持科技创新活动、提升社会研发水平而进行的经费支出，财政科技支出是推动科技创新而促进经济发展的重要力量，也是实施创新驱动发展战略的基石。政府对科研活动的介入有利于改善区域的创新环境，通过促进技术创新、人力资本积累、促进知识外溢等方式作用于经济增长。此外，财政科技支出是经济政策的重要组成部分，财政科技支出的"逆操作"将引领全社会研发投入，财政科技支出的带动作用凸显，进而形成全社会创新投资。该指标数据涉及的科学技术支出指标数据来源于统计年鉴，指标单位为百分比。

第三产业增加值占GDP比重反映一个国家或地区所处的经济发展阶段，标志着一国经济发展水平的高低和发展阶段、方向，是衡量一个地区经济总体发展水平的重要指标。提高第三产业的占比不仅能够显著增加就业人数，还能改善从业者的工作环境并提高个人收入水平，亦能促进国家或地区的可持续发展。计算该指标用到的指标数据均来源于统计年鉴，第三产业增加值和GDP的单位均为亿元，计算得到的第三产业增加值占GDP比重的单位为百分比。

固定资产投资是指企业以货币形式投入，用于在一定时期内建造、购置或更新改造固定资产的经济活动，其包括建造和购置固定资产的工作量以及与此相关的费用变化情况。该指标是反映固定资产投资规模、结构和发展速度的综合性指标。外来投资的增加一方面能够保证区域经济的持续健康发展，另一方面能够提高区域生产能力，进一步开发扩大人们的生活空间。例如，地区的交通、通信等基础设施实现从瓶颈制约到优势支撑；教育、卫生、文化等设施条件大幅改善，公共服务能力显著提高；城乡发展程度不断提高。总之，固定资产投资的增加能够更好地满足居民对美好生活的追求，能够为区域建设提供稳固的支撑和保障。该指标数据来源于各省（区）统计年鉴，指标单位为亿元。

第 7 章　黄河流域绿色低碳高质量发展的统计测度

黄河流域作为我国主要生态屏障和经济带，连接着东、中、西三方位地区，为我国可持续发展提供了强有力的支撑。本研究从三个视角，即黄河流域的沿线各省（区）、地级市、城市群，采用由驱动力、压力、状态、影响、响应构成的指标体系，考察 2010—2021 年黄河流域绿色低碳高质量发展水平，以全面分析黄河流域绿色低碳高质量发展现状，为深度推进生态与经济社会协调发展提供参考。

7.1　黄河流域省（区）级绿色低碳高质量发展的测度结果

1. 黄河流域省（区）级绿色低碳高质量发展综合水平

由表 7-1 可得，2010—2021 年，黄河沿线（以下简称沿黄）九省（区）的绿色低碳高质量发展水平呈现逐年上升趋势，最大值从 2010 年的 0.569 7 增长至 2021 年的 0.804 5，最小值也在 2021 年达到 0.486 7，达到了较高水平。2014 年和 2019 年的偏度大于 1，为高度偏斜；2011 年的偏度处于 0～0.5，是较为均衡状态；而其余各年的偏度均处于 0.5～1，属于中度偏斜。

表 7-1 沿黄九省（区）绿色低碳高质量发展水平描述性统计

年份	均值	25%分位数	50%分位数	75%分位数	最大值	最小值	标准差	偏度	峰度
2010	0.393 4	0.301 5	0.392 2	0.409 9	0.569 7	0.292 5	0.094 1	0.772 1	0.079 5
2011	0.392 2	0.313 6	0.404 6	0.445 5	0.547 9	0.288 7	0.086 1	0.420 4	−0.363 1
2012	0.415 3	0.346 7	0.405 6	0.437 8	0.558 3	0.327 0	0.076 7	0.727 5	−0.068 1
2013	0.447 7	0.366 9	0.457 2	0.461 1	0.617 1	0.360 6	0.081 0	0.980 6	1.481 7
2014	0.465 4	0.409 8	0.454 9	0.485 3	0.614 1	0.387 2	0.076 7	1.017 4	0.297 0
2015	0.483 5	0.424 6	0.484 0	0.517 1	0.646 4	0.381 6	0.084 3	0.762 8	0.249 2
2016	0.508 1	0.443 4	0.513 5	0.546 9	0.673 2	0.412 0	0.081 7	0.941 3	0.805 9
2017	0.534 7	0.472 2	0.520 4	0.565 9	0.693 2	0.428 0	0.087 8	0.745 6	−0.167 2
2018	0.559 4	0.487 8	0.540 1	0.599 0	0.725 8	0.450 2	0.087 2	0.745 9	0.205 3
2019	0.570 2	0.505 6	0.561 5	0.609 8	0.760 3	0.462 0	0.095 2	1.001 3	0.672 1
2020	0.587 0	0.511 8	0.572 8	0.636 1	0.761 8	0.477 4	0.098 4	0.813 4	−0.447 1
2021	0.601 4	0.517 9	0.581 2	0.663 1	0.804 5	0.486 7	0.105 4	0.917 9	0.123 2

本研究测算了沿黄各省（区）发展的绿色高质量发展水平，如图7-1所示。由结果可发现，整体上各省（区）的绿色低碳高质量发展水平呈小幅度上升趋势。从各省（区）时间演变状况来看，沿黄各省（区）的绿色低碳高质量发展水平均以一定的增幅逐年增长，说明沿黄各省（区）对于绿色高质量发展的重视程度逐年增强，积极响应党和国家的号召，并且已经取得了一定的成效。

从省域来看，山东省的绿色低碳高质量发展平均水平在九省（区）内位列第一，成效显著。近年来，山东省在推动新旧动能转换工作中实现了突破，为推动黄河流域绿色低碳高质量发展提供了经验借鉴。由此，山东省应当充分认识"先行区"与"综合试验区"的现实意义，积极协调联动其他省域，共同推进绿色低碳高质量发展目标的实现。河南省人口众多，其经济结构以工农牧副渔等方式为主，并且以煤炭作为主导的资源。因此，在满足经济发展的前提下，河南省必须努力推动"减法"的节能减排，以及"加法"的绿色产业培育壮大，以此来达成"双碳"目标，但这一过程仍然充满了诸多困难。四川省有着丰厚的天然生态本底，以及大量的可再利用的清洁能源，为其可持续的发展提供了扎实的根基。为此，四川省积极推进了全省的可再利用工程，努力打造一个可持续的环境，使其成为黄河流域的一个可持续经济增长区。2021年，四川省的绿色低碳高质量发展水平已经跃居黄河流域第三名。

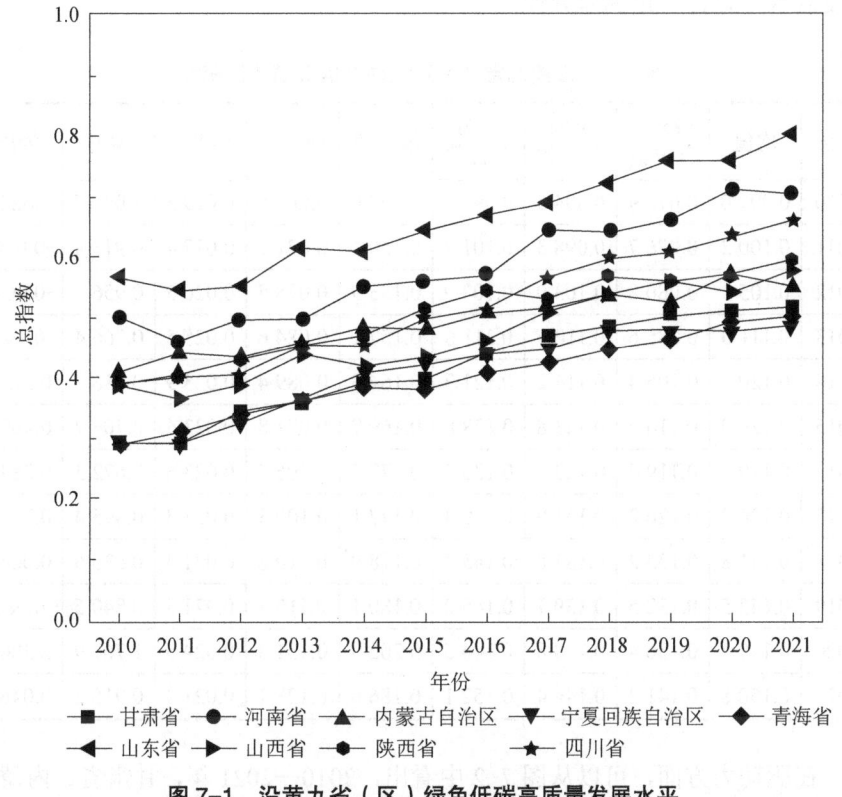

图 7-1　沿黄九省（区）绿色低碳高质量发展水平

2. 黄河流域省（区）级绿色低碳高质量发展各维度水平

为了更好地展现近年来黄河流域省（区）级的绿色低碳高质量水平，本研究列示了黄河流域各省（区）2010—2021年的各维度指数水平，下面将围绕黄河流域不同维度指数发展水平展开介绍。

（1）驱动力

由表7-2可得，2010—2021年，沿黄九省（区）的驱动力水平是逐年上升的，最大值从2010年的0.155 0增长至2021年的0.186 6，最小值也在2021

年达到 0.123 1。由该表中数据可知，2010 年和 2020 年的偏度大于 1，为高度偏斜；2017 年的偏度处于 0~0.5，是较为均衡状态；而其余各年的偏度均处于 0.5~1，属于中度偏斜。且除 2020 年的峰度大于 2 处，其余年份的峰度均小于 2。总体来说，黄河流域各省（区）驱动力整体分布较为分散，驱动力发展水平存在一定的差异性。

表 7-2　沿黄九省（区）驱动力指数描述性统计

年份	均值	25% 分位数	50% 分位数	75% 分位数	最大值	最小值	标准差	偏度	峰度
2010	0.097 0	0.072 9	0.094 5	0.098 5	0.155 0	0.066 8	0.029 5	1.087 6	0.622 0
2011	0.100 2	0.076 7	0.098 3	0.101 7	0.150 1	0.071 1	0.027 4	0.913 4	-0.026 3
2012	0.105 3	0.080 8	0.103 0	0.107 9	0.153 9	0.078 5	0.026 5	0.956 8	-0.004 5
2013	0.111 0	0.085 6	0.110 5	0.111 6	0.157 1	0.084 6	0.025 5	0.766 4	-0.140 5
2014	0.120 1	0.105 4	0.114 2	0.121 7	0.164 5	0.089 4	0.023 9	0.938 1	0.316 1
2015	0.126 0	0.116 7	0.123 8	0.128 8	0.169 7	0.091 8	0.023 6	0.706 7	0.467 0
2016	0.129 8	0.119 4	0.123 5	0.135 5	0.172 5	0.095 4	0.023 6	0.672 3	0.283 9
2017	0.136 2	0.126 2	0.131 9	0.140 4	0.177 1	0.100 3	0.023 3	0.495 4	0.283 1
2018	0.141 8	0.133 2	0.137 8	0.145 3	0.178 9	0.110 8	0.021 4	0.630 6	0.064 9
2019	0.143 5	0.132 5	0.139 7	0.145 0	0.180 1	0.115 1	0.021 8	0.840 5	-0.087 3
2020	0.149 4	0.136 0	0.140 8	0.144 5	0.202 9	0.131 3	0.024 5	1.767 9	2.280 3
2021	0.150 8	0.141 2	0.144 4	0.152 1	0.186 6	0.123 1	0.021 3	0.915 2	0.046 7

在驱动力方面，可以从图 7-2 中看出，2010—2021 年，甘肃省、内蒙古自治区、青海省、山东省、陕西省和四川省的驱动力指标数值历年来整体呈现平稳上升趋势，而河南省、宁夏回族自治区和山西省有着小幅度的波动。各省（区）之间相较之下，山东省的指标数值一直较大，表现较为突出，驱动力指数在 0.15 以上，说明驱动力对绿色高质量发展有着较大的促进作用。纵向对比，由 2021 年各省（区）的数据可知，内蒙古自治区、山东省和四川省的指标数据更为突出，表明近年来，在推动绿色高质量发展方面，各省做出了大量改进并取得了一定的成效。随着时间的推移，经济和社会因素的变化和影响是推动高质量绿色发展的关键因素。因此，2010—2021 年，各省（区）

第7章 黄河流域绿色低碳高质量发展的统计测度

由于经济水平和人们物质文化水平的不断增长，经济指标数值和社会指标数值在这段时间内波动幅度较小。在资源禀赋方面，各省（区）在统计年段中均稳定增长，说明在一定程度上黄河沿线各省（区）的市场发展潜力也在不断增长，这也为促进黄河流域绿色低碳高质量发展提供了有力的物质基础保障。为了促进沿黄九省（区）的绿色低碳高质量发展，必须充分利用当地的社会、经济、资源等优势，并且特别关注资源的可再生利用问题，以期达到民族地区的经济高质量增长。

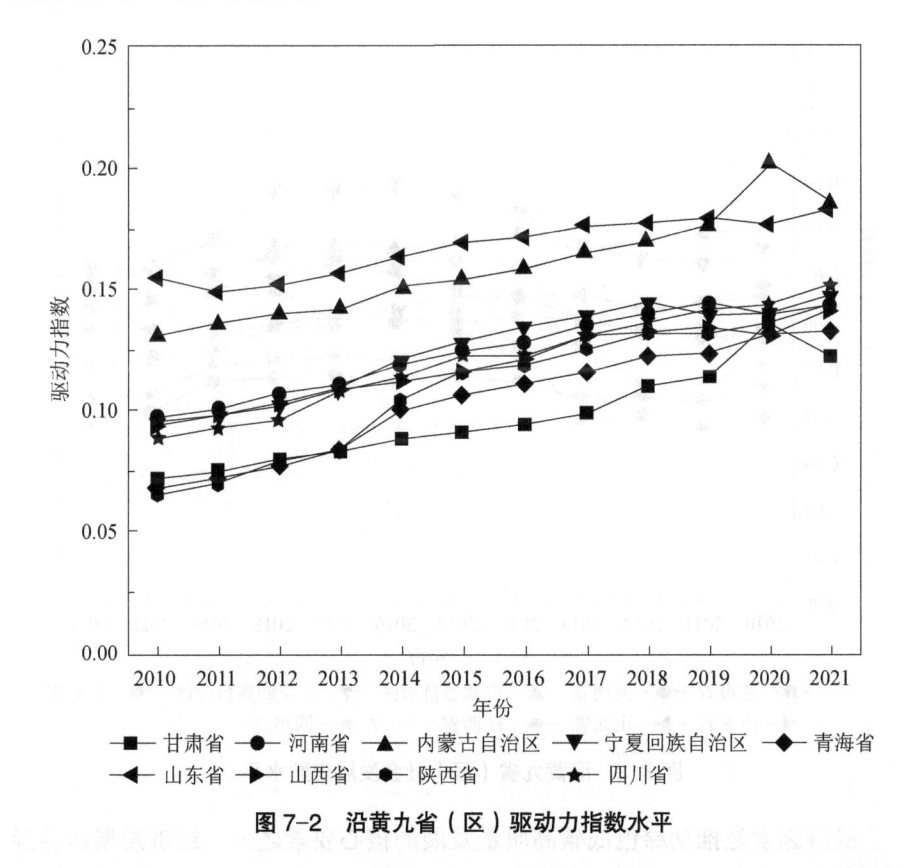

图7-2 沿黄九省（区）驱动力指数水平

2010—2021年，各省（区）由于社会经济水平和人们物质文化水平的不断增长，社会指标数值均以较小的幅度波动。由图7-3可知，在社会发展水平方面，内蒙古自治区存在着较高的社会发展水平，为促进绿色低碳高质量发展提供了良好的社会基础。在居民人均可支配收入方面，2010年以来，内蒙古自治区的居民人均可支配收入从 16 800 元增加到 34 108 元。此外，内蒙古的城市建设也取得了长足的发展，使内蒙古的社会发展水平更上一层楼，家庭平均生活水平有所提高，消费潜力提升，进一步促进了内蒙古自治区的高质量发展。经过长期努力，内蒙古自治区的社会保障体系已经得到大幅改善，社会发展指数水平较高，为推动绿色低碳高质量发展奠定了良好的社会基础。

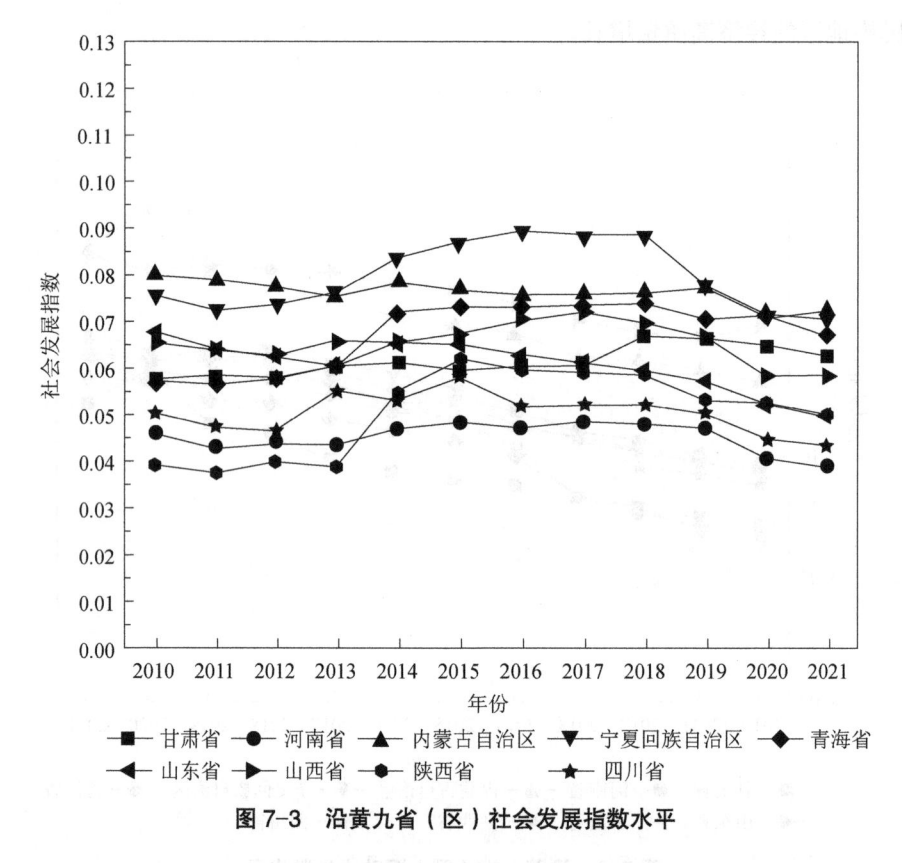

图 7-3　沿黄九省（区）社会发展指数水平

经济因素是推动绿色低碳高质量发展的核心要素之一。经济发展涵盖经济质量的改善与提高，有效促进了绿色发展，进一步对提高经济效益、优化经济结构、促进生态平衡起到了重要作用。图 7-4 展示了沿黄九省（区）经济发展水平。由图可知，随着时间推移，各省（区）的经济实力不断增强。在"一带一路"倡议的推动下，陕西省积极推进枢纽经济社会、流动经济社

第7章 黄河流域绿色低碳高质量发展的统计测度

会与门户经济社会的发展，进一步提高了城市的整体竞争能力，并正逐步成为高密度交通网的中心枢纽、各类要素聚集的核心区域、对外开放的新高地。在推动低碳经济的同时，陕西省还在进一步拓宽国际影响范围。四川省正在积极探索以环境保护为核心的、以节能减排为重点的新型工业化和现代化建设，以实现其高品位、高效率、节能环保的经济和社会发展。因此，立于空间层面，黄河流域区域间经济高质量发展水平差异明显，整体表现为"下强上弱"的格局。2010年以来，下游的经济高质量发展水平存在大幅上升，山西、河南处于中等水平，内蒙古、山东、陕西地区经济高质量发展水平较高。整体来说，黄河流域经济发展水平明显上升，但仍存在空间差异。河南省正积极探索新的产业模式，加快建设低碳、循环、智慧化的社会，鼓励企业采取节能、降耗、提高效率的措施，以此来提高河南省的综合竞争力，同时也为河南省的可持续发展提供了有效支撑。

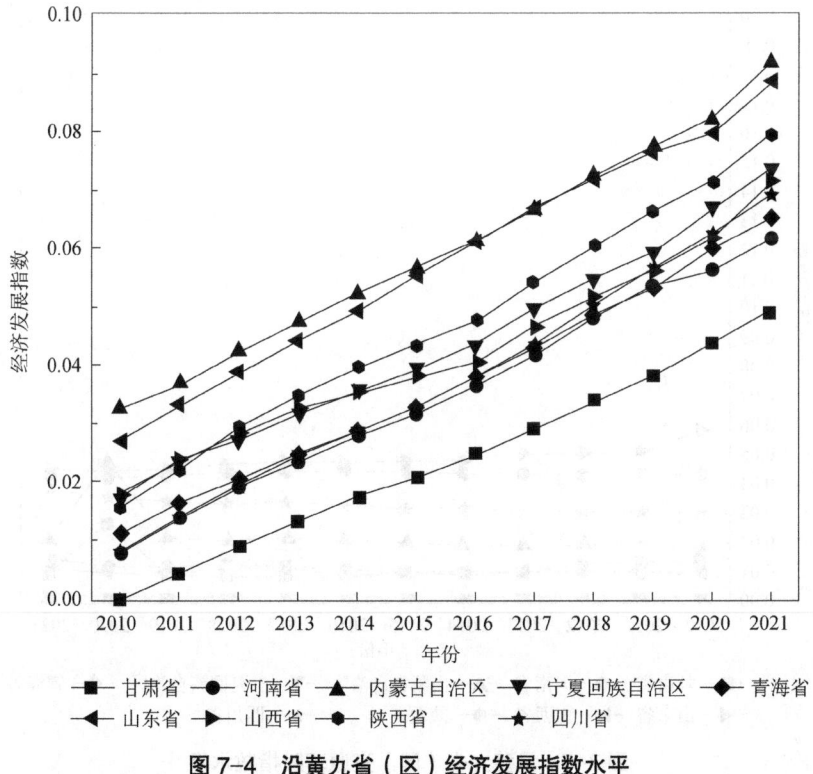

图 7-4 沿黄九省（区）经济发展指数水平

在资源禀赋方面，如图 7-5 所示，各省（区）在统计年段中整体上呈现平稳增长趋势。其中，山东省、河南省、四川省以及内蒙古自治区的资源禀赋指数相较之下数据更为可观，表明各省（区）的资源储备也为促进黄河流域绿色低碳高质量发展提供了有力的物质基础保障。内蒙古地域辽阔，拥有丰富的土地和矿产资源，充足的光能和气候资源，为区域绿色发展提供了丰厚的资源基础。山东地处我国东部沿海地带，拥有丰富的海洋和生物资源，环渤海工业区外资利用优势明显，并且山东省积极推进绿色技术升级，加快经济转型升级的步伐，极大地推动了区域生态环境高质量发展。四川省拥有"水丰气多、煤少油缺"的能源特点，其中以水电、天然气最为丰富，这两种资源的开采及使用，使得四川省成为我国排行前列的资源供应省份。此外，四川省风光资源富集，其可开采的总量也接近目前的水电装机容量，而且地理分布十分密切，具备水风光多能互补一体化发展的有利条件。

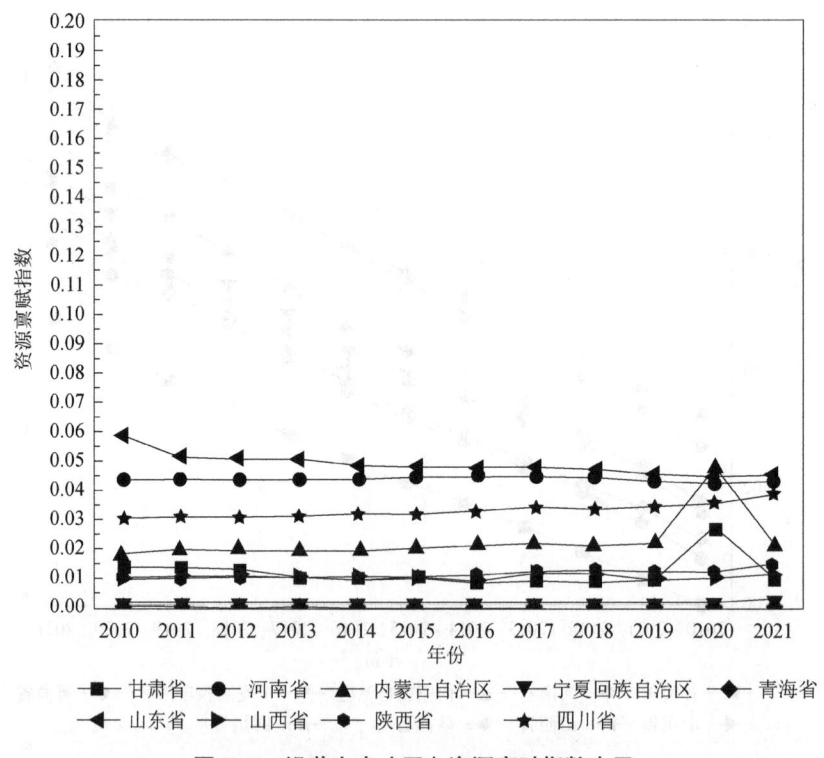

图 7-5 沿黄九省（区）资源禀赋指数水平

第7章 黄河流域绿色低碳高质量发展的统计测度

（2）压力

由表 7-3 可得，2010—2021 年，沿黄九省（区）的压力水平呈小幅度波动，最大值从 2010 年的 0.157 8 降至 2011 年的 0.149 8，后增长至 2021 年的 0.180 3，最小值也在 2021 年达到 0.125 8。由该表中数据可知，2011—2013 年的偏度均小于-1，为高度偏斜；2016 年和 2019 年的偏度处于-0.5~0，是较为均衡状态；而其余各年的偏度均处于-1~-0.5，属于中度偏斜。整体来说，黄河流域各省（区）压力水平整体分布较分散，压力发展水平也存在一定的差异性。

表 7-3 沿黄九省（区）压力指数水平描述性统计

年份	均值	25%分位数	50%分位数	75%分位数	最大值	最小值	标准差	偏度	峰度
2010	0.127 0	0.121 4	0.127 3	0.147 2	0.157 8	0.066 0	0.030 4	-1.039 5	0.721 4
2011	0.121 3	0.108 4	0.125 7	0.141 1	0.149 8	0.062 0	0.026 8	-1.411 9	2.498 9
2012	0.125 1	0.111 3	0.130 3	0.145 3	0.153 4	0.069 5	0.025 6	-1.319 3	2.088 8
2013	0.127 1	0.114 3	0.131 1	0.145 0	0.154 4	0.075 5	0.023 8	-1.300 9	2.000 9
2014	0.125 0	0.116 3	0.132 1	0.141 1	0.151 3	0.090 2	0.020 6	-0.619 5	-0.694 3
2015	0.128 2	0.120 4	0.135 3	0.141 2	0.153 6	0.097 5	0.018 7	-0.570 1	-0.635 5
2016	0.139 7	0.129 4	0.147 1	0.148 7	0.165 8	0.107 8	0.017 6	-0.418 2	-0.123 7
2017	0.143 6	0.140 4	0.146 1	0.150 4	0.167 9	0.108 4	0.016 6	-0.993 6	2.205 8
2018	0.154 2	0.146 6	0.157 4	0.163 4	0.178 5	0.118 2	0.018 8	-0.719 6	0.443 6
2019	0.153 1	0.140 8	0.155 1	0.166 9	0.177 4	0.117 7	0.019 8	-0.457 5	-0.312 5
2020	0.156 2	0.143 3	0.158 7	0.171 0	0.179 3	0.120 4	0.019 1	-0.588 9	0.039 3
2021	0.161 5	0.152 2	0.166 0	0.173 2	0.180 3	0.125 8	0.017 7	-1.039 1	0.788 4

从压力层面观察，如图 7-6 所示，陕西省、山东省和河南省的数值较大。其中，山东省在 2018 年进行了新旧动能转换，大力推进产能利用率以及环境治理水平的提高，对发展绿色低碳有着较高的要求。因此，山东省资源消耗水平和环境污染水平近年来均有所下降。此外，河南省近年来大力推进制造业绿色化以及生态循环农业的建设发展，提高了资源利用率，降低了污染水平，推进了绿色低碳发展。陕西省近年来也大力推动了重点减排工程，在水

污染治理方面取得了重要进展。近年来，随着国家生态保护政策的接连出台，各省（区）对于发展低碳绿色经济有了相当的处理和改进，但相比之下，依旧存在较大的发展空间。因此，在后续的政府工作中仍需要加大技术改进和资金投入力度。

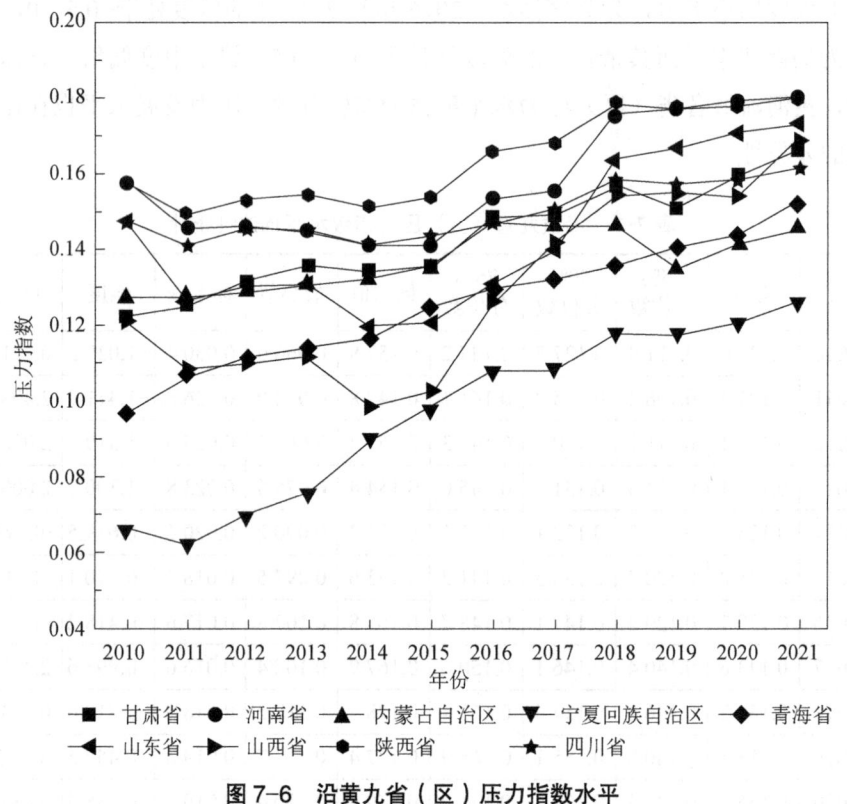

图 7-6　沿黄九省（区）压力指数水平

虽然四川省已取得了可喜的绿色低碳发展进步，但由于其是一个拥有丰富资源、庞大人口的大省，四川省未来的碳达峰、碳中和任务依然具有很大的挑战性，在解决环境污染问题方面仍需要采取更为积极的行动。宁夏回族自治区、内蒙古自治区资源利用率较低，面临压力较大。此外，2023 年，山西、内蒙古、陕西的原煤产量占比已超过 71.6%，河南、山东、宁夏的原煤产量位居国内前十位，而且总占比超过 6.7%。黄河流域的发展受益于其丰富的煤炭资源、矿藏等资源，其能源、重化工等行业的发展也相对成熟，但同时也面临着严峻的环境保护挑战，在推动实现绿色低碳高质量发展方面需要有针对性地采取相应措施。

在能源消耗方面，由图 7-7 可知，宁夏回族自治区和青海省的指数水平较低。黄河流域中上游的青海、甘肃、宁夏等省（区），是我国西部大开发战略中的关键区域。这些地区的经济发展在很大程度上依赖于当地的能源资源。然而，随着工业化进程的加速推进，这些内陆地区也面临着严峻的资源能源消耗问题。在实现经济绿色低碳高质量发展的过程中，如何有效地降低能源消耗、提高能源利用效率，已然成为这些地区亟待解决的难题。因此，这些省（区）需要加大科技投入，推动技术革新，提升能源利用效率和清洁能源的使用比重。同时，还应加强区域间的合作与交流，促进资源与技术共享，共同推动绿色发展，实现经济社会的可持续发展。山东省的能源状况保持着良好状态，在推进绿色、可持续、高质量发展方面取得了初步成效，这离不

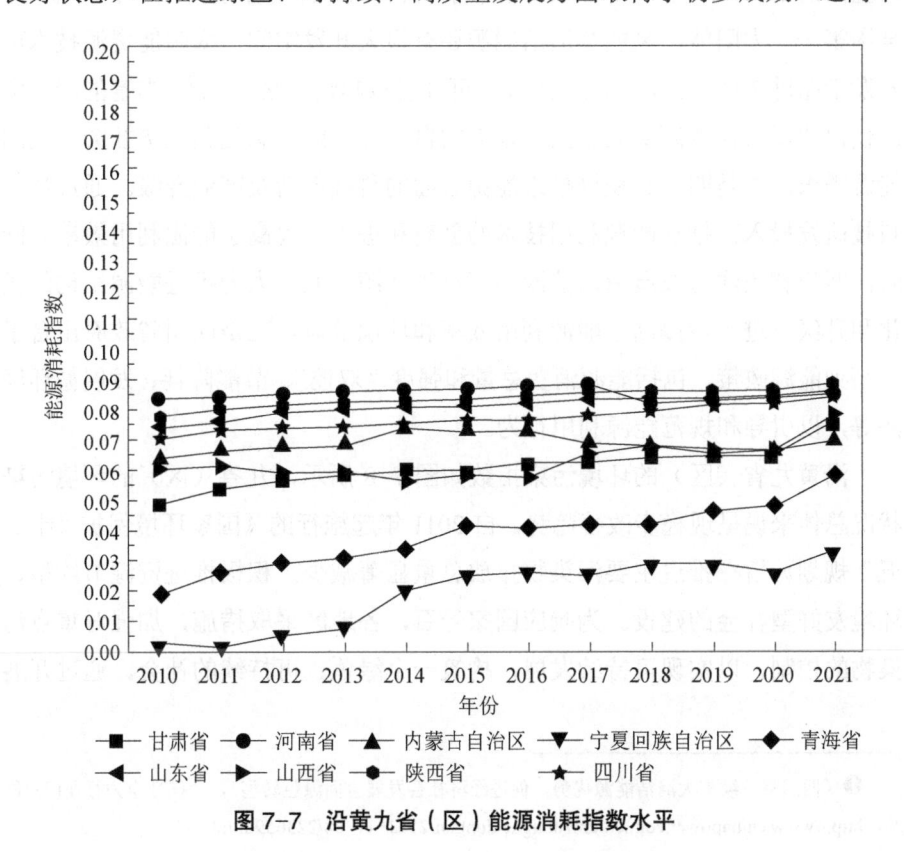

图 7-7　沿黄九省（区）能源消耗指数水平

黄河流域绿色低碳高质量发展统计测度及提升路径研究

开山东省对新能源产业的重视与投入，以及对能源结构优化的转型要求。"碳达峰"十大工程以及九大能源转型项目的实施，加快了能源绿色低碳转型，推动清洁能源的开发与利用，减少对传统能源的依赖。通过这些措施，使得山东省的可再生能源产业迅速增长，山东新型能源体系建设取得了长足的进步，极大提高了能源利用效率。

四川省大力开展重点领域的节能减碳活动，并制定了一整套有力的政策措施，旨在促进可持续发展。为此，四川省不仅加大了对清洁能源的投入，而且大力发展了可再生能源，如氢能、生物燃料等，并将其广泛运用于钢材、混凝土、石油化工等领域。四川省的能源利用率较高，究其原因，一是四川省拥有丰富的水能、风能、太阳能等可再生能源资源，是全国重要的优质清洁能源基地。相关统计数据显示，四川省水能资源技术可开发量1.48亿千瓦、占全国的22.4%，居全国第二；天然气（页岩气）探明储量占全国27.4%，居全国第一。太阳能、风能等清洁能源还有很大开发空间，太阳能资源技术可开发量超过3亿千瓦，风能资源技术可开发量超过1亿千瓦[1]。丰富的能源资源使得四川省在能源供应上具有较大的自主性，能够满足其经济社会发展的能源需求。二是四川省积极推进能源方面的科技创新及产业升级。通过加大科技研发投入，推动能源利用技术的创新和进步，提高了能源利用效率。同时，四川省还注重发展清洁能源和可再生能源产业，大力推进能源结构的优化和升级，进一步提高了能源利用效率和环境效益。三是四川省政府出台了一系列能源政策，包括能源消费总量和强度"双控"、节能降耗、发展循环经济等，以引导和规范能源利用行为。

沿黄九省（区）的环境污染指数如图7-8所示，九省（区）的环境污染状况总体来说呈现稳步改善趋势。自2011年起施行的《国家环境保护"十二五"规划》旨在推进主要污染物排放总量显著减少，积极推进资源节约型、环境友好型社会的建设。为响应国家号召，各地区采取措施，加强对重点污染物的控制，以实现可持续发展，构筑一个绿色、可持续的社会。通过开展

---

[1]《四川将持续扩大清洁能源优势，促进经济社会发展全面绿色转型》，全国性电力行业门户网站，http://www.chinapower.com.cn/tanzhonghe/dongtai/2023-11-08/223659.html。

全面的生态恢复项目，有效缓解了严重的水源、大气、土地及其他环境挑战，黄河流域各省（区）积极谋划经济与环境的协同发展，以促进环境质量提升。

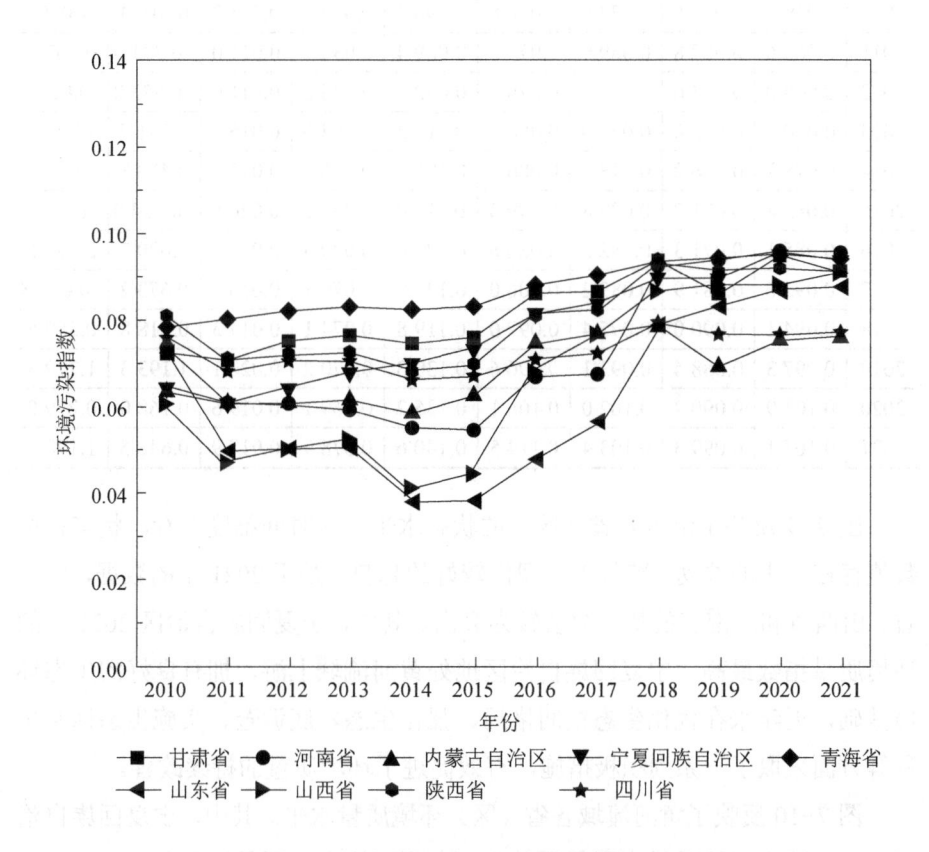

图 7-8　沿黄九省（区）环境污染指数水平

（3）状态

由表 7-4 可得，2010—2021 年，沿黄九省（区）的状态水平最大值和最小值呈现出较小幅度的波动。2016 年和 2019 年的偏度大于 1，为高度偏斜；2011 年、2012 年、2017 年和 2021 年的偏度处于 -1～-0.5 或 0.5～1，属于中度偏斜；而其余各年的偏度均处于 0～0.5 或 -0.5～0，是较为均衡状态。总体来说，各省（区）状态水平整体分布较分散，状态发展水平存在一定的差异性。

表7-4 沿黄九省（区）状态指数水平描述性统计

年份	均值	25%分位数	50%分位数	75%分位数	最大值	最小值	标准差	偏度	峰度
2010	0.069 2	0.051 6	0.072 6	0.076 8	0.096 2	0.047 1	0.016 9	0.019 4	-1.040 1
2011	0.065 6	0.057 8	0.069 0	0.076 0	0.089 4	0.033 7	0.017 0	-0.731 5	0.267 5
2012	0.069 0	0.063 0	0.067 0	0.078 9	0.082 2	0.048 3	0.011 0	-0.573 8	-0.024 6
2013	0.080 3	0.073 0	0.077 0	0.088 2	0.110 2	0.054 0	0.015 3	0.391 7	1.725 8
2014	0.078 7	0.076 2	0.078 0	0.086 7	0.108 0	0.056 2	0.015 1	0.418 3	1.016 4
2015	0.082 8	0.071 7	0.079 8	0.099 3	0.111 0	0.052 2	0.020 6	-0.124 0	-1.092 6
2016	0.085 1	0.071 3	0.082 2	0.086 6	0.123 6	0.070 3	0.017 2	1.620 7	2.697 6
2017	0.092 6	0.081 9	0.089 2	0.106 0	0.123 0	0.070 1	0.016 4	0.673 2	-0.021 8
2018	0.094 1	0.090 0	0.095 4	0.097 0	0.119 8	0.074 1	0.014 3	0.218 8	0.289 5
2019	0.097 3	0.088 4	0.093 1	0.096 6	0.139 3	0.070 2	0.020 1	1.193 3	1.779 8
2020	0.101 9	0.090 2	0.102 0	0.108 1	0.135 2	0.069 1	0.019 6	0.168 0	0.279 0
2021	0.105 1	0.099 3	0.103 4	0.114 5	0.140 6	0.078 9	0.017 9	0.648 5	1.198 7

图7-9反映了沿黄九省（区）的状态水平。从时间维度上看，状态指标数值存在微小的波动，整体上呈现出较好的趋势。基于2021年的数据，山东省、山西省和河南省的状态数值较为突出。其中，宁夏回族自治区2021年的环境质量指数最高。宁夏回族自治区地处黄河流域上游，拥有良好的生态环境基础，近年来在优化生态空间格局、强化生态本底调查、实施生态修复工程等方面采取了一系列积极措施，有效促进了环境质量的持续改善。

图7-10反映了黄河流域各省（区）环境质量水平。其中，宁夏回族自治区以及山西省环境质量水平位居前列。宁夏回族自治区是沿黄九省（区）的重要组成部分，致力于打造一个以黄河为主要河道的生态保护区和以黄河为核心的经济先行区，以提升黄河流域环境质量，为黄河流域绿色发展贡献力量。宁夏回族自治区致力于推进黄河治理工程，已经建立起十余个国家级的湿地公园，贺兰山的生态恢复工作也取得了显著进步，为实现宁夏高质量发展打下了扎实的根基。山西省积极推进以生态建设为核心、以发展为目标的绿色开采，通过引入无煤柱、充填以及其他可持续的绿色开采技术，打开了煤矿绿色能源新局面，环境质量水平处于九省（区）中的上游水平。

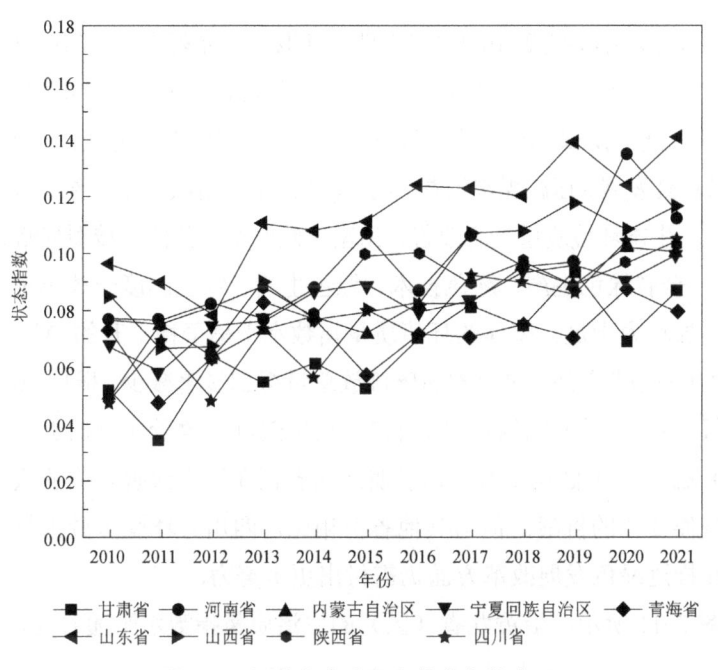

第7章 黄河流域绿色低碳高质量发展的统计测度

图 7-9 沿黄九省（区）状态指数水平

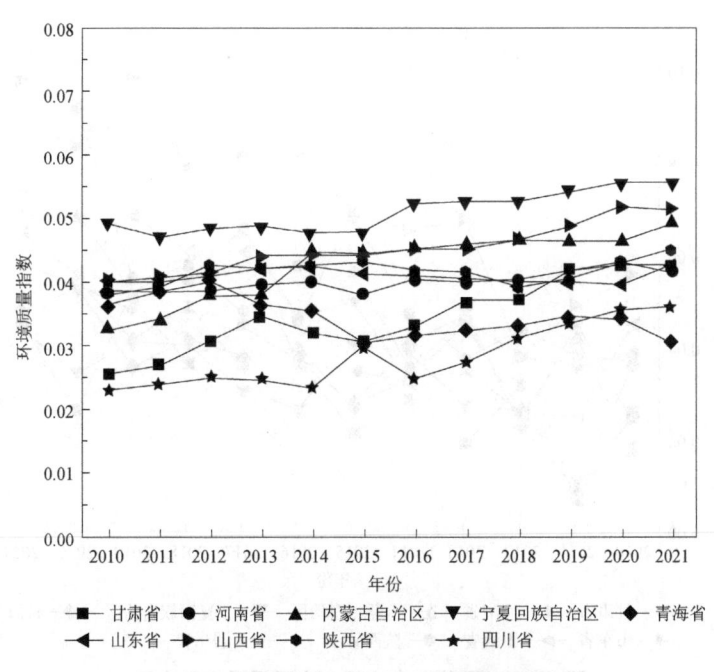

图 7-10 沿黄九省（区）环境质量指数水平

河南注重对小秦岭矿山的生态治理，并取得了显著成效。与此同时，河南省启动 370 千米沿黄复合型生态廊道建设，高标准建成 120 千米示范段。沿黄九省（区）联合推动，黄河流域绿色发展形势良好。河南省通过推进能效提升、推动新能源产业发展、压减煤炭消费、淘汰落后产能等措施，能源结构和产业结构得到优化，生态环境质量显著改善。河南省政府将绿色低碳转型战略纳入"十大战略"，全省绿色生产、绿色技术、绿色生活、绿色制度一体推进，绿色低碳发展更加动力十足。整体的环境质量指数水平呈平稳上升的趋势。

在"十三五"期间，四川省的碳排放总量得到显著减少。根据 2010—2021 年度省级温室气体清单数据，四川省二氧化碳排放数量（包括土地利用改变和使用）稳定在 3 亿吨左右，这表明四川省正在努力改善碳排放状况，以应对全球气候变化的挑战。但与其他省份相比，四川省环境质量指数水平相对较低，在推进绿色发展改革方面仍需付出更多努力。

如图 7-11 所示，沿黄九省（区）的生活质量指数水平随时间逐年增长。

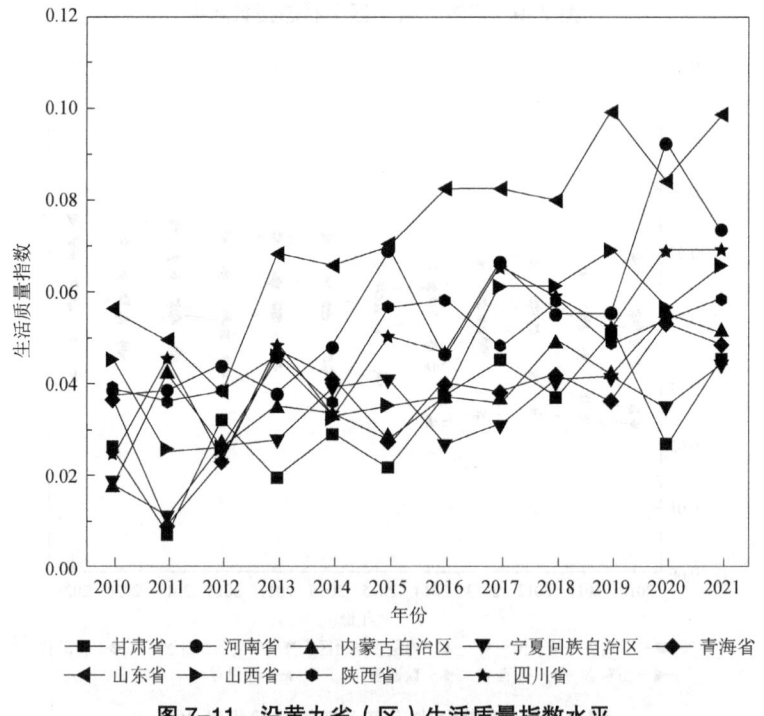

图 7-11 沿黄九省（区）生活质量指数水平

在经济增长的同时，人们的生活质量显著提高。因此，在基础生活之外，就有更多机会关注环境保护，进而促进整体绿色低碳高质量发展。其中，山东省的生活质量指数在沿黄九省（区）中处于较高水平。山东省作为经济大省，在资源、技术和经济发展等方面表现出了较大的优势，坚持保障和改善民生，人们的生活品质持续上升，为推动绿色低碳高质量发展奠定了坚实基础。自党的十八大以来，四川省政府将提升公众福祉置于优先考虑的重要地位，农村居民人均可支配收入大幅提升，从2013年的8 381元到2020年的15 929元，年均提升率达10.0%，四川省居民的生活质量提升取得了显著成效。

（4）影响

由表7-5可得，2010—2021年，沿黄九省（区）的影响水平呈现逐年上升趋势，最大值从2010年的0.122 7增长至2021年的0.164 3。由该表中数据可知，2014—2017年的偏度大于1，为高度偏斜；而其余各年均处于0.5～1，属于中度偏斜。总体来说，整体分布较分散，影响指数水平存在一定的差异性。

表7-5 沿黄九省（区）影响指数水平描述性统计

年份	均值	25%分位数	50%分位数	75%分位数	最大值	最小值	标准差	偏度	峰度
2010	0.067 9	0.049 6	0.069 2	0.074 6	0.122 7	0.028 1	0.029 9	0.509 0	0.083 9
2011	0.075 5	0.062 9	0.074 0	0.081 9	0.125 4	0.038 7	0.026 2	0.583 7	0.610 6
2012	0.081 1	0.061 5	0.077 7	0.089 8	0.131 4	0.049 2	0.026 1	0.755 5	0.358 3
2013	0.087 4	0.077 0	0.080 3	0.095 5	0.137 9	0.056 6	0.025 5	0.817 0	0.760 3
2014	0.093 2	0.082 0	0.087 4	0.096 3	0.139 2	0.063 7	0.022 4	1.111 0	1.408 1
2015	0.095 2	0.082 4	0.089 2	0.099 3	0.155 1	0.060 7	0.027 7	1.325 5	2.140 5
2016	0.098 4	0.085 9	0.088 3	0.106 5	0.150 2	0.067 2	0.025 5	1.091 9	1.040 3
2017	0.103 3	0.086 6	0.088 8	0.112 5	0.151 7	0.074 7	0.029 3	1.048 7	-0.328 3
2018	0.108 4	0.090 2	0.097 1	0.123 9	0.153 8	0.074 4	0.028 3	0.779 1	-0.712 1
2019	0.113 2	0.096 7	0.103 1	0.129 9	0.158 2	0.080 1	0.027 0	0.759 8	-0.721 4
2020	0.113 3	0.097 8	0.101 9	0.129 5	0.162 2	0.082 7	0.027 9	0.946 8	-0.494 0
2021	0.114 2	0.098 7	0.109 6	0.128 5	0.164 3	0.075 8	0.028 8	0.655 1	-0.360 8

影响层面分为社会影响和环境影响两个方面,如图 7-12 所示,各省(区)的影响指标数据在 2010—2021 年,一直存在着小幅度的增长,表明随着经济、科技、文化各方面的发展,人民生活质量不断上升,进而促进社会影响的指标水平增长。推动"绿色低碳节约"理念,"光盘行动"、低碳出行、节水节电、环保装修、减少过度包装和一次性用品等举措已深入人们生活,且让人们拥抱更加现代、更加可持续发展、更加健康、更加文明的生活。近年来,黄河流域各省(区)虽然采取了一系列生态保护政策,但环境污染问题的改善是一项长期任务,环境影响指标存在着波动趋势。因此,在后续经济发展中,政府需加强环境治理措施,促进绿色低碳高质量发展。

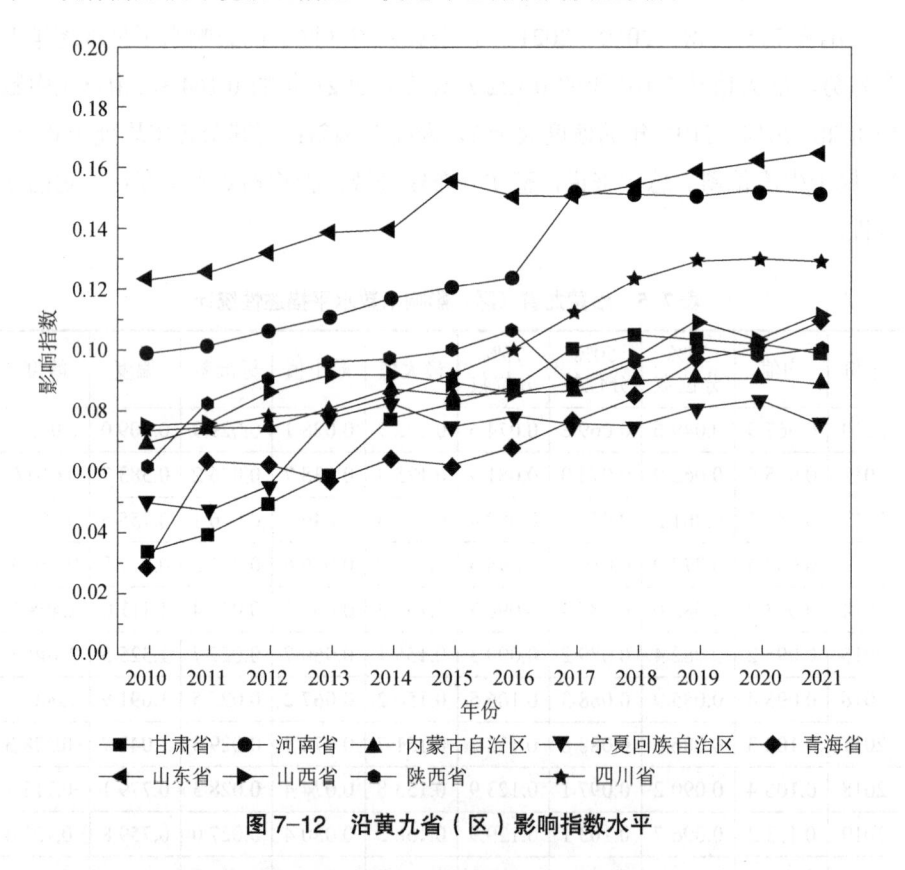

图 7-12 沿黄九省(区)影响指数水平

当前,社会保障体系已成为人民生活的基础,也是社会运行的支柱,而人民的健康状况则是民族昌盛和国家强盛的重要指标。因此,黄河流域的人

第 7 章 黄河流域绿色低碳高质量发展的统计测度

口和经济规模优势将成为推动其经济发展的重要动力，从而促进当地的可持续发展。如图 7-13 所示，各省（区）之间的社会影响指数水平相当。在基础民生保障上，山东省、河南省和四川省自 2015 年以后有了一定幅度的提升，而其他各省波动幅度较小，保持在较为稳定的状态。2010—2021 年，山东省积极推进社保制度改革，紧紧围绕"全覆盖、保基础、多元化、可持续性"的政策，在全国率先整合城乡居民养老保险制度，率先实现机关事业单位和企业养老保险制度并轨。同时，加强对新开发的及正在施工的建设项目的管理，确保工伤保险全面覆盖，使得山东省的社保体系变得越来越完备。四川省以"六稳""六保"为指导，不断采取措施，以稳定就业。具体而言，四川省采取了一系列措施，包括增强税收优惠、放宽创业担保贷款、增加财政补助、开办创业培训以及加大一定的财务投入，以此来激励和鼓励企业和个人的创新，从而有效维护国家的繁荣，推动我国可持续、健康、环境友好的经济增长。

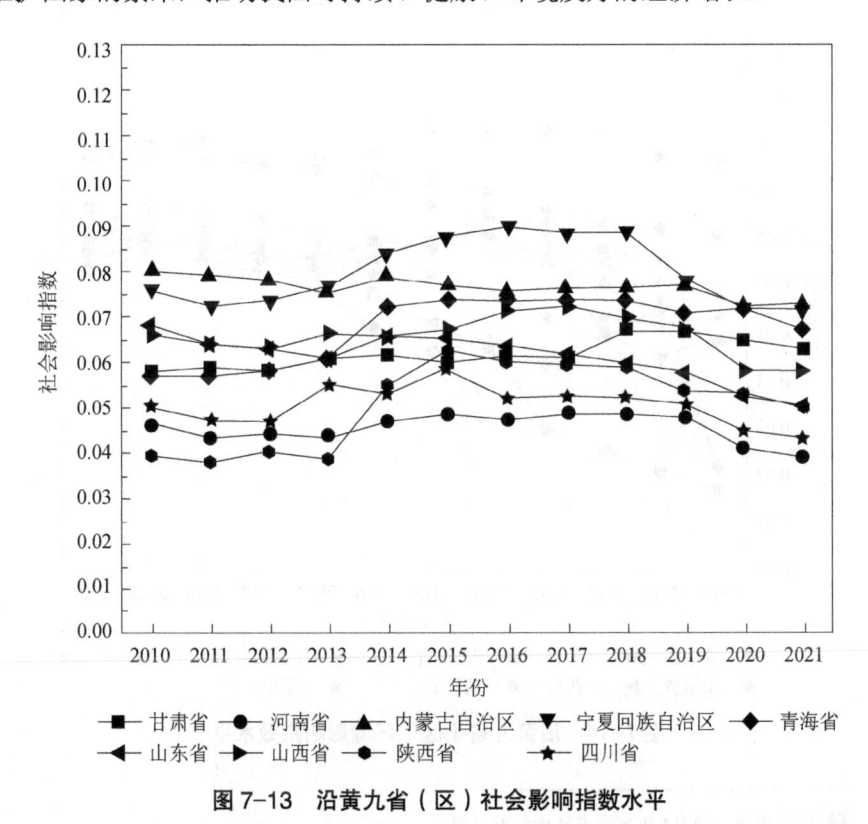

图 7-13 沿黄九省（区）社会影响指数水平

黄河流域绿色低碳高质量发展统计测度及提升路径研究

环境影响对实现经济高质量发展具有重要的理论和实践意义。环境保护和经济发展之间存在密切的关系，绿色经济的发展离不开环境治理水平的提升。对于经济活动成本来说，需要将环境成本计入发展成本中，改变超过环境承载力的传统粗放模式，向高质量发展转变。如图7-14所示，沿黄九省（区）的环境影响指数水平在2017年达到相对稳定的状态。随着时间的推移，经济发展趋于稳定状态，此时，环境治理水平对绿色发展的影响作用越发凸显，绿色高质量发展的水平愈加依赖于环境治理的发展程度。因此，在绿色低碳高质量发展中应将环境影响水平作为重要考察指标。近年来，河南省大力推进环境友好型社会的构建，推动具有可持续性的经济社会发展。2014年，河南省环境质量得到大幅改善，日处理污水达771.75万吨，日处理生活垃圾达3.47万吨❶。2021年，黄河流域陕西段65个国考水质断面Ⅰ～Ⅲ类比例优于

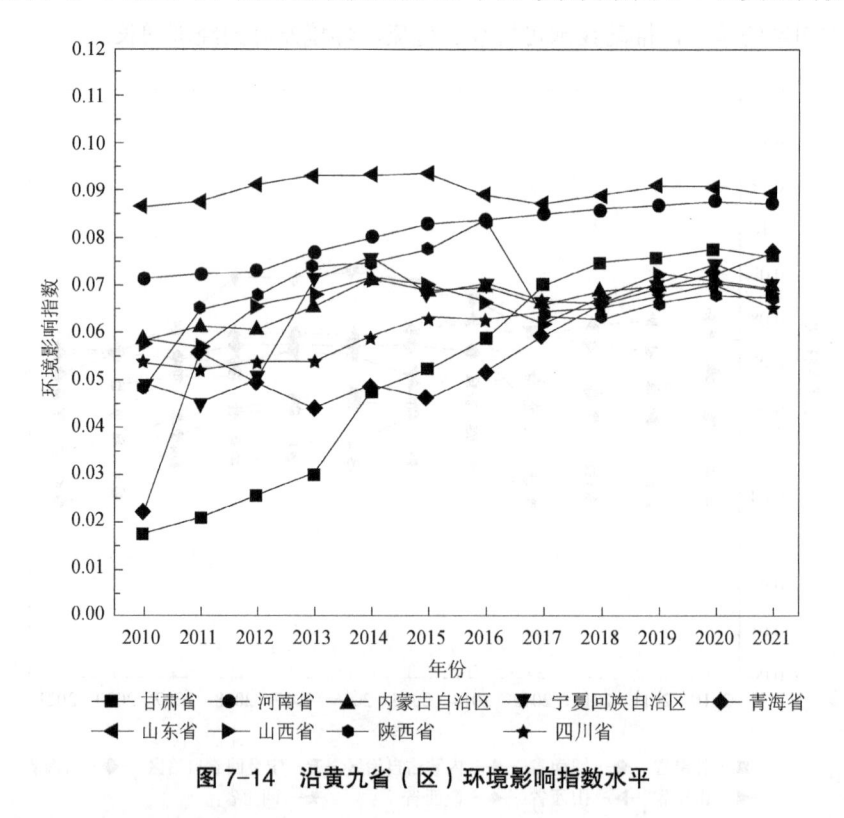

图7-14 沿黄九省（区）环境影响指数水平

---

❶ 资料来源：《2014年河南省环境状况公报》。

全国平均水平2.7个百分点❶。黄河流域陕西段的生态环境正由"黄中找绿"向"绿中找黄"转变，使得其生态环境发生了显著的变化。此外，陕南硫铁矿水质污染的改善工作也取得了长足的发展，2016年的水质污染指标显著下降。

（5）响应

由表7-6可得，2011—2021年，沿黄九省（区）的响应指数水平是逐年上涨的，最大值从2011年的0.0572增长至2021年的0.1423，最小值也在2021年达到0.0294。2010—2015年的偏度大于1，为高度偏斜；而其余各年均处于0.5~1，属于中度偏斜。总体来说，整体分布较分散，响应发展水平呈现出空间差异性。

表7-6 沿黄九省（区）响应指数水平描述性统计

年份	均值	25%分位数	50%分位数	75%分位数	最大值	最小值	标准差	偏度	峰度
2010	0.0322	0.0235	0.0284	0.0318	0.0688	0.0164	0.0167	1.5394	2.2570
2011	0.0295	0.0231	0.0268	0.0319	0.0572	0.0172	0.0119	1.7084	3.6386
2012	0.0348	0.0252	0.0291	0.0367	0.0637	0.0230	0.0150	1.4014	0.5641
2013	0.0419	0.0285	0.0345	0.0521	0.0808	0.0267	0.0176	1.5141	2.1878
2014	0.0484	0.0306	0.0397	0.0579	0.0890	0.0293	0.0231	1.1427	-0.2701
2015	0.0512	0.0375	0.0458	0.0653	0.0901	0.0326	0.0191	1.1620	0.7140
2016	0.0552	0.0379	0.0463	0.0726	0.0964	0.0326	0.0222	0.8844	-0.4475
2017	0.0591	0.0404	0.0428	0.0798	0.1026	0.0320	0.0264	0.7831	-1.1491
2018	0.0609	0.0408	0.0480	0.0811	0.1099	0.0318	0.0269	0.7920	-0.6037
2019	0.0632	0.0433	0.0461	0.0932	0.1159	0.0296	0.0306	0.7431	-1.0346
2020	0.0661	0.0433	0.0463	0.0992	0.1268	0.0297	0.0355	0.7842	-1.0618
2021	0.0698	0.0383	0.0432	0.1155	0.1423	0.0294	0.0436	0.7659	-1.2976

---

❶ 陕西省生态环境厅：《守护绿水青山，增进民生福祉》，《陕西日报》，http://www.shaanxi.gov.cn/xw/ldx/bm/202210/t20221012_2255250_wap.html。

响应层是指个人、团体或政府等为防止生态环境破坏和污染、改善环境质量、弥补损失或适应新环境变化趋势而采取的措施与对策。由图7-15可知，由于各省（区）环保政策的加强，响应指数水平均呈现着较好的涨幅，证明了黄河流域沿线地区对绿色低碳高质量发展的重视程度不断增强。2021年，河南省和山东省的响应指数水平较高，这与河南省的建立健全绿色低碳循环发展体系和山东省的新旧动能转化的发展政策存在一定关联性。

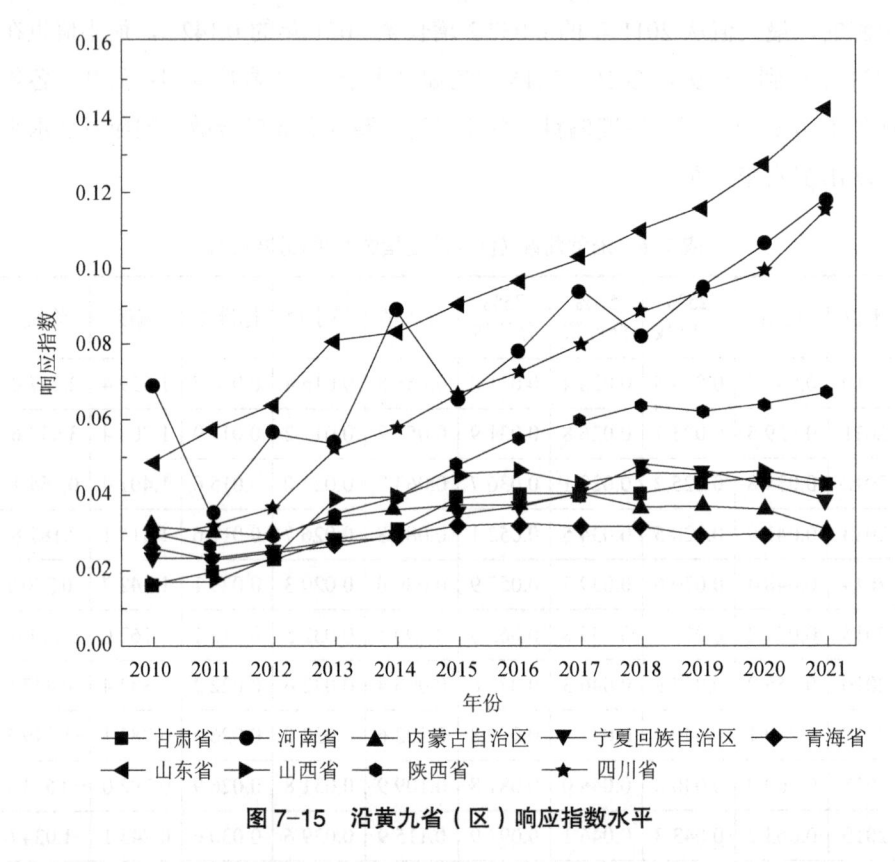

图7-15 沿黄九省（区）响应指数水平

自"十三五"规划发布以来，四川省不断深化供给侧结构性改革，加速推动全国清洁能源示范省的建立，实现了绿色发展的可持续性。在此基础上，构筑出四川独具一格的发展道路，使其在全国绿色发展中处于较高的地位。甘肃省为构建黄河流域生态环境质量监测"一张网"，在黄河流域内设立513个环境管控单元，并且与四省形成跨省的水污染治理框架。此外，甘肃省开

第 7 章　黄河流域绿色低碳高质量发展的统计测度

展流域上下游生态补偿，并与四川省签订了横向的生态补偿协议，受到了财政部和生态环境部 2 000 万元的奖励。截至 2022 年 9 月，甘肃省内的流域补偿资金已经投入了 1 500 万元，境内黄河河道在过去的 6 年里一直保持着 Ⅱ 类的水质。2021 年甘肃省沿黄流域 41 个国考断面水质优良比例提升到 92.68%，这一数字超过了沿黄九省（区）的平均值[1]，整体响应水平呈较好的发展趋势。

通过推行创新，能够激活经济的发展活力，改变传统的制造业模式，提升产业的竞争力，并且可以克服资源的限制，使得经济可持续、可持久地发展。此外，通过推行科学的、可持续的技术，还可以推动社会走向绿色生态、可持续的未来。图 7-16 反映了黄河流域各省（区）创新驱动水平，山东省、

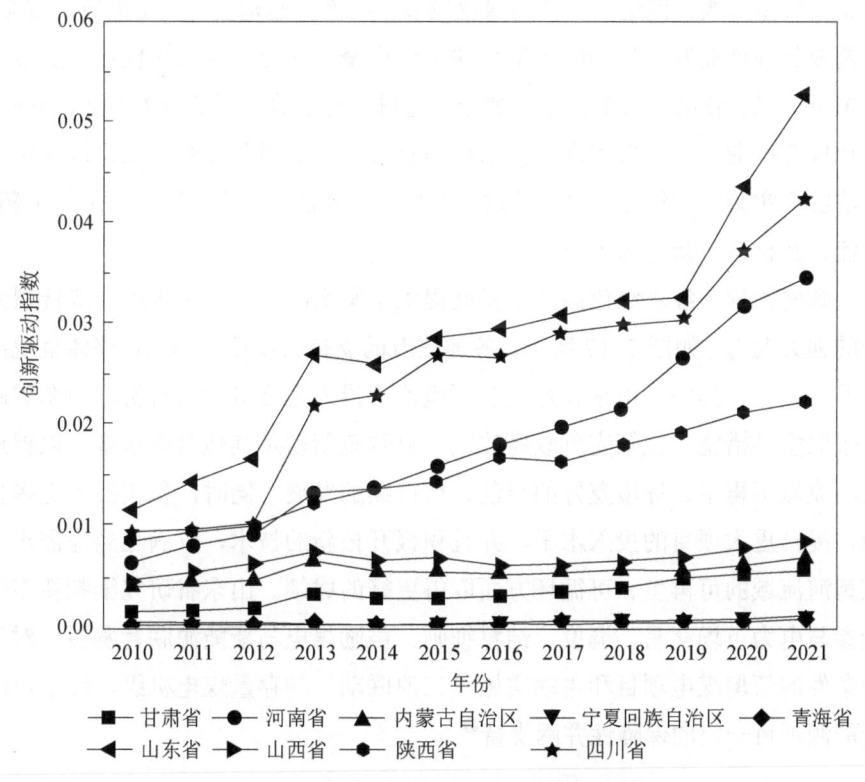

图 7-16　沿黄九省（区）创新驱动指数水平

---

[1] 文洁：《追青逐绿共绘生态文明新画卷——党的十八大以来全省生态环境保护工作综述》，《甘肃日报》，https://gansu.gov.cn/gsszf/gsyw/202209/2129702.shtml。

黄河流域绿色低碳高质量发展统计测度及提升路径研究

四川省、河南省和陕西省在 2010—2021 年创新驱动指数水平逐年增长，而其他几个省（区）仍有较大的提升空间。为了实现黄河流域的绿色低碳高质量发展，需以最大限度地提升发展质量和效率为目标，坚持绿色技术升级及改造，坚持创新引领，从根本上转变发展模式，推动产业体系向绿色转型。

四川省正积极开展绿色创新攻关行动，加快绿色核心技术创新，推进绿色技术的普遍使用，构筑数字化的创新环境，使得四川省的创新驱动指数处于九省（区）前列。未来，四川省将着力解决绿色低碳优势产业的核心技术难题，搭建科技创新的平台，并加快培养创新型企业的步伐。近年来，河南省坚定树立生态文明的发展理念，持续推动绿色、低碳、循环发展，加速产业结构转型升级，促进了产业的绿色发展。河南实施建设"三个大省"战略，将高成长性产业发展作为经济增长的主要引擎，充分挖掘比较优势，重点培育电子信息、食品、汽车、装备制造、建材、轻工等高增长潜力产业。同时，依托现有产业基础，采用高新技术和信息技术改造提升传统产业；以航空港经济综合实验区为依托，内引外联，着力发展新能源汽车、航空、生物医药、物流、新材料、新能源等新兴产业。

政府治理为经济绿色高质量发展提供了坚实的支持，是实现经济转型升级的强大助力。如图 7-17 所示，各地政府的支持力度逐年加大，整体呈现出上升的趋势，其中，山东省是政府环境治理投入力度最大的省份。山东省政府采取多种措施，包括完善政府政策、财政政策以及其他有效措施，以促进黄河流域可再生、环境友好的绿色、可持续的发展。同时，积极投入更多资源，提升重大项目的投入水平，并且积极开拓新的技术，以满足当地需求，在黄河流域的可再生、可循环方面取得更好的成绩。山东省研究编制新型储能参与电力市场交易、调度、结算细则，鼓励煤电与新能源联营发展，对符合条件的新增煤电项目和主动实施"三改联动"的存量煤电机组，给予对应新能源项目一定的保障性并网支持[1]。

---

[1] 尹明波：《山东：为绿色低碳高质量发展先行区建设提供坚实能源支撑》，《中国经济导报》，http://www.chinadevelopment.com.cn/news/ny/2023/03/1826689.shtml。

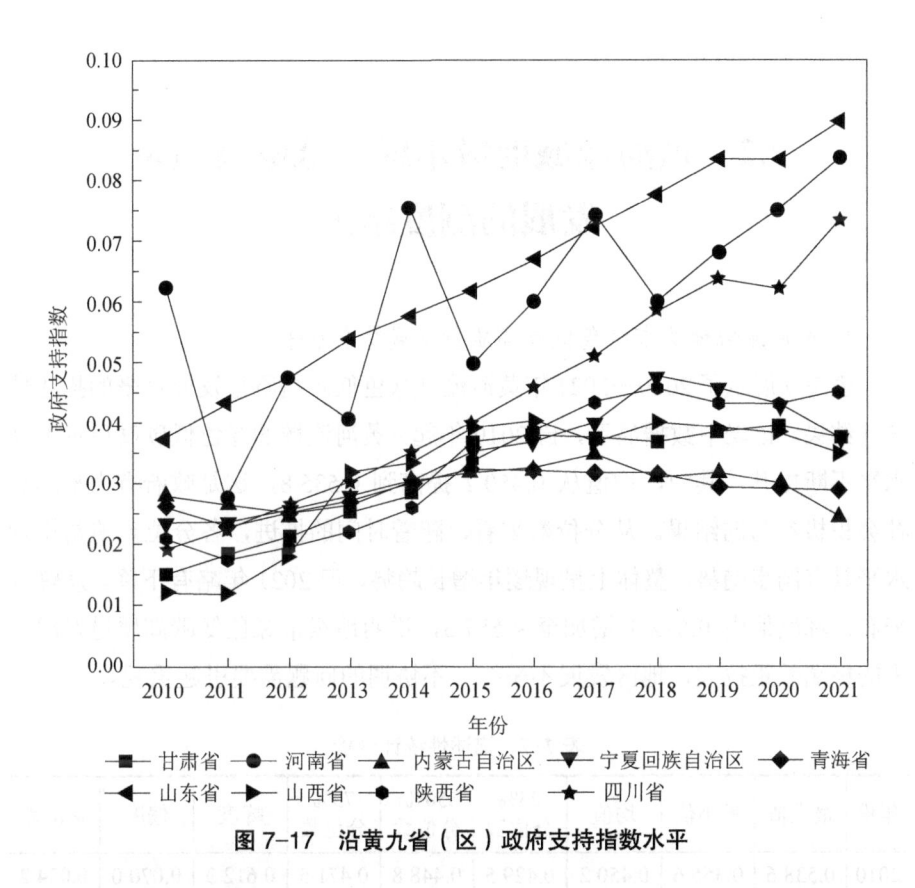

第7章 黄河流域绿色低碳高质量发展的统计测度

图7-17 沿黄九省（区）政府支持指数水平

大气污染防治攻坚战开展以来，河南省对煤电、钢铁、水泥等重点行业进行超低排放治理和提标改造，控制"两高"项目建设并淘汰落后产能，大力推进散煤"双替代"，大宗物流"公转铁""公转水"，老旧车辆淘汰和新能源汽车推广应用，实现了大气污染物大幅度减排，推动了经济绿色低碳转型发展[1]。四川省一直在努力推动川渝地区的绿色发展，以多种财政和金融措施来促进绿色产业的发展，并形成了川渝地区协同发展改革示范效应。

---

[1] 赵一帆:《美丽河南：高质量发展向"绿"而行》,《河南日报》,https://www.sohu.com/a/592291115_121106991。

7.2 黄河流域地级市绿色低碳高质量发展的测度结果

1. 黄河流域地级市绿色低碳高质量发展综合水平

表7-7展示了2010—2021年黄河流域绿色低碳高质量发展水平的描述性统计结果。该表中数据显示，自2010年起，黄河流域的绿色低碳高质量发展水平不断提升，其中，均值从0.4502提高到0.5358，这是政府有力推动和社会积极参与的结果。从分位数来看，随着时间的推进，各分位点值与平均水平具有同步趋势，整体上呈现逐年增长趋势，但2021年略有下降。从峰度来看，峰度值由0.6123增加至4.5875，说明地级市绿色低碳高质量发展水平的极端差距拉大，地区发展不平衡、不协调的问题需要引起重视。

表7-7 描述性统计分析

年份	最大值	最小值	均值	25%分位数	50%分位数	75%分位数	峰度	偏度	标准差
2010	0.5386	0.3556	0.4502	0.4295	0.4488	0.4715	0.6123	0.0700	0.0342
2012	0.5702	0.3910	0.4676	0.4469	0.4645	0.4807	1.9783	0.7176	0.0320
2014	0.5711	0.4189	0.4840	0.4666	0.4780	0.4996	1.5841	0.8027	0.0282
2016	0.5908	0.4493	0.5015	0.4852	0.4947	0.5130	2.4523	1.1636	0.0274
2018	0.6163	0.4715	0.5219	0.5029	0.5182	0.5338	2.2328	1.2317	0.0308
2020	0.6574	0.4759	0.5359	0.5183	0.5329	0.5457	4.2449	1.5273	0.0320
2021	0.6824	0.4714	0.5358	0.5066	0.5290	0.5543	4.5875	1.7642	0.0403

表7-8~表7-11为黄河流域各地级市绿色低碳高质量指数得分情况，本研究具体报告了2010年、2015年、2020年和2021年各地级市水平测度结果。整体来看，黄河流域沿线地级市的绿色低碳高质量发展水平呈现上升趋势，但存在空间内部不平衡的现象。近年来，济南市、西安市的绿色低碳高质量发展水平处于领先位置，宝鸡市、陇南市、白银市与吕梁市等的排名较靠后，

第 7 章 黄河流域绿色低碳高质量发展的统计测度

庆阳市、洛阳市等的排名有所上升，这说明黄河流域的生态治理措施的实施，以及高质量发展政策的推进，在许多城市已经取得了显著成效。但从整体协调性出发，由于地区间存在较大差异性，黄河流域绿色低碳高质量发展的地区不均衡问题尚有待改善。济南市通过全面推动"四减四增"工作，坚决打好污染防治攻坚战、蓝天保卫战，压减焦化产能，淘汰落后生产设备，35 蒸吨/小时以下燃煤锅炉全部淘汰，煤炭消费压减成效显著，天然气供应不断扩大，新能源投入不断增加，清洁能源消费比重进一步提高，在黄河流域绿色低碳高质量发展水平方面，济南市排名位于前列。

表 7-8 2010 年黄河流域各地级市绿色低碳高质量发展水平测度结果

地级市	得分	排名	地级市	得分	排名	地级市	得分	排名
济南	0.838	1	运城	0.477	21	焦作	0.372	41
西安	0.835	2	洛阳	0.476	22	鹤壁	0.368	42
包头	0.713	3	西宁	0.471	23	海东	0.368	43
呼和浩特	0.705	4	长治	0.457	24	石嘴山	0.366	44
太原	0.696	5	晋中	0.456	25	临汾	0.364	45
鄂尔多斯	0.677	6	忻州	0.456	26	天水	0.361	46
郑州	0.658	7	延安	0.438	27	濮阳	0.358	47
淄博	0.649	8	聊城	0.437	28	铜川	0.355	48
银川	0.608	9	济宁	0.435	29	定西	0.349	49
兰州	0.578	10	中卫	0.434	30	宝鸡	0.341	50
朔州	0.546	11	巴彦淖尔	0.433	31	吴忠	0.333	51
滨州	0.544	12	安阳	0.427	32	武威	0.321	52
乌海	0.540	13	咸阳	0.427	33	渭南	0.320	53
东营	0.536	14	榆林	0.422	34	商洛	0.299	54
泰安	0.523	15	开封	0.419	35	庆阳	0.272	55
晋城	0.515	16	新乡	0.407	36	陇南	0.272	56
固原	0.488	17	菏泽	0.398	37	白银	0.255	57
德州	0.487	18	三门峡	0.389	38	平凉	0.242	58
阳泉	0.484	19	乌兰察布	0.387	39			
大同	0.482	20	吕梁	0.376	40			

表7-9　2015年黄河流域各地级市绿色低碳高质量发展水平测度结果

地级市	得分	排名	地级市	得分	排名	地级市	得分	排名
西安	0.779	1	定西	0.392	21	新乡	0.326	41
济南	0.751	2	菏泽	0.390	22	咸阳	0.318	42
太原	0.613	3	大同	0.386	23	武威	0.318	43
呼和浩特	0.563	4	晋中	0.384	24	中卫	0.317	44
东营	0.549	5	滨州	0.376	25	陇南	0.312	45
包头	0.538	6	西宁	0.372	26	吴忠	0.311	46
鄂尔多斯	0.529	7	济宁	0.372	27	濮阳	0.309	47
郑州	0.493	8	天水	0.368	28	长治	0.308	48
洛阳	0.492	9	临汾	0.366	29	海东	0.308	49
兰州	0.491	10	忻州	0.358	30	安阳	0.306	50
泰安	0.483	11	平凉	0.358	31	榆林	0.300	51
淄博	0.478	12	乌兰察布	0.355	32	鹤壁	0.296	52
乌海	0.462	13	渭南	0.351	33	吕梁	0.295	53
银川	0.453	14	巴彦淖尔	0.347	34	焦作	0.278	54
德州	0.445	15	运城	0.344	35	商洛	0.269	55
朔州	0.432	16	聊城	0.339	36	宝鸡	0.265	56
晋城	0.414	17	铜川	0.337	37	白银	0.221	57
开封	0.405	18	阳泉	0.337	38	石嘴山	0.199	58
固原	0.399	19	三门峡	0.332	39			
延安	0.392	20	庆阳	0.331	40			

表 7-10　2020 年黄河流域各地级市绿色低碳高质量发展水平测度结果

地级市	得分	排名	地级市	得分	排名	地级市	得分	排名
济南	0.900	1	濮阳	0.403	21	白银	0.310	41
西安	0.834	2	定西	0.403	22	长治	0.310	42
郑州	0.800	3	新乡	0.401	23	阳泉	0.300	43
太原	0.561	4	大同	0.397	24	三门峡	0.300	44
兰州	0.523	5	晋中	0.393	25	延安	0.298	45
洛阳	0.489	6	焦作	0.392	26	榆林	0.285	46
济宁	0.487	7	朔州	0.384	27	临汾	0.284	47
淄博	0.470	8	固原	0.378	28	巴彦淖尔	0.280	48
东营	0.467	9	平凉	0.361	29	商洛	0.280	49
呼和浩特	0.467	10	西宁	0.360	30	咸阳	0.276	50
泰安	0.463	11	鹤壁	0.354	31	中卫	0.273	51
菏泽	0.445	12	铜川	0.346	32	陇南	0.270	52
包头	0.435	13	渭南	0.346	33	宝鸡	0.263	53
德州	0.429	14	忻州	0.344	34	乌兰察布	0.254	54
滨州	0.422	15	海东	0.344	35	吕梁	0.247	55
聊城	0.415	16	晋城	0.340	36	石嘴山	0.245	56
天水	0.413	17	鄂尔多斯	0.336	37	吴忠	0.226	57
银川	0.411	18	武威	0.336	38	运城	0.223	58
开封	0.410	19	庆阳	0.328	39			
安阳	0.405	20	乌海	0.322	40			

表 7-11 2021 年黄河流域各地级市绿色低碳高质量发展水平测度结果

地级市	得分	排名	地级市	得分	排名	地级市	得分	排名
济南	0.915	1	聊城	0.370	21	平凉	0.280	41
西安	0.904	2	乌海	0.359	22	吴忠	0.268	42
郑州	0.723	3	大同	0.354	23	榆林	0.266	43
洛阳	0.535	4	固原	0.353	24	临汾	0.261	44
兰州	0.520	5	铜川	0.353	25	白银	0.260	45
济宁	0.515	6	安阳	0.350	26	阳泉	0.254	46
太原	0.514	7	焦作	0.345	27	咸阳	0.252	47
东营	0.490	8	西宁	0.334	28	延安	0.246	48
淄博	0.489	9	晋中	0.330	29	海东	0.245	49
德州	0.481	10	鹤壁	0.327	30	中卫	0.244	50
呼和浩特	0.465	11	定西	0.326	31	宝鸡	0.241	51
包头	0.450	12	濮阳	0.325	32	巴彦淖尔	0.236	52
泰安	0.436	13	朔州	0.318	33	长治	0.229	53
菏泽	0.419	14	石嘴山	0.312	34	吕梁	0.222	54
银川	0.412	15	晋城	0.307	35	渭南	0.220	55
开封	0.411	16	武威	0.307	36	运城	0.220	56
滨州	0.397	17	忻州	0.306	37	陇南	0.197	57
庆阳	0.377	18	三门峡	0.304	38	乌兰察布	0.186	58
新乡	0.374	19	商洛	0.295	39			
天水	0.372	20	鄂尔多斯	0.291	40			

2. 黄河流域地级市绿色低碳高质量发展各维度水平

为了直观地展示近年来黄河流域地级市绿色低碳高质量发展二级指数的水平，本研究列示了2010年、2015年、2020年和2021年地级市五大维度的指数水平，如表7-12～表7-15所示。由研究结果可以发现，不同城市之间的绿色低碳高质量发展趋势和分布特征存在着显著差异。

在驱动力方面，包头的表现较为突出，2010—2021年整体上表现为递增状态。西安作为西部重要的中心城市、关中平原城市群核心城市，在区位交通、科教人才、制造业基础、文旅资源等多方面优势明显，其产业特色以研发和制造为主，主导产业包括装备制造、高新技术和航空航天等。近年来，西安-咸阳一体化已成为引领城市高质量发展的主要驱动力，在此带动下，咸阳收获了产业发展、科技创新等多重红利，其产业特征为加工及资源开发，主导产业包括能源化工、医药制造、纺织服装等。宝鸡工业根基深厚，是陕西"第二城"，其城市规模、城市建设水平以及交通便捷度等方面都拥有较强的实力，其产业特征以加工为主，主导产业有汽车零配件、金属冶炼加工、机床工具等。铜川曾是一座传统资源型城市，以煤炭、水泥、火电等为主导。渭南产业特征为资源开发，主导产业包括装备制造、煤化能源等。商洛全域地处秦岭腹地，其产业特色为采矿、食品加工、生物医药等。整体来说，陕西省内部的发展存在明显的不均衡问题，西安和宝鸡的工业发展水平相对较高，拥有先进的产业基础；而铜川和商洛的工业化水平相对较低，仍面临着发展上的挑战。

临汾和运城是山西省的两个资源型城市，前者以煤炭资源为主，后者则以金属资源为主。这两座城市的工业基础深厚，涵盖煤化工、焦化、冶金等领域，但随着低碳要求的提高，资源型城市转型压力不断增加，部分行业面临着不同程度的困境，工业增长势头渐显疲软。甘肃天水经过多年的改制改革，现已初步形成了以机械制造、电子信息、医药食品等产业为主导的发展格局。相对而言，平凉和庆阳的工业基础相对薄弱，产业结构相对单一，其主导产业主要为煤电产业和石化产业。然而，近年来，在环境问题越来越重要的前提下，这两座城市也积极向绿色低碳转型，力图向光电、新能源、新材料、电子信息等新兴产业方向迈进，以谋求更为持续和稳健的发展。

表 7-12 2010 年黄河流域各地级市驱动力水平测度结果

地级市	驱动力	排名	地级市	驱动力	排名	地级市	驱动力	排名
包头	0.137 8	1	郑州	0.105 0	21	庆阳	0.091 4	41
鄂尔多斯	0.136 9	2	大同	0.103 7	22	鹤壁	0.090 6	42
乌海	0.126 2	3	长治	0.103 6	23	武威	0.088 8	43
呼和浩特	0.125 2	4	忻州	0.100 4	24	聊城	0.088 3	44
淄博	0.125 0	5	咸阳	0.100 2	25	开封	0.087 9	45
太原	0.121 4	6	三门峡	0.099 6	26	焦作	0.087 6	46
济南	0.120 1	7	乌兰察布	0.098 9	27	天水	0.087 2	47
西安	0.115 9	8	白银	0.098 8	28	商洛	0.086 6	48
东营	0.115 5	9	榆林	0.098 2	29	海东	0.084 8	49
兰州	0.115 4	10	运城	0.097 5	30	定西	0.084 7	50
银川	0.113 6	11	临汾	0.096 8	31	平凉	0.084 6	51
朔州	0.112 9	12	吕梁	0.096 7	32	铜川	0.084 4	52
阳泉	0.112 2	13	德州	0.096 3	33	渭南	0.082 1	53
晋城	0.110 6	14	西宁	0.094 9	34	濮阳	0.080 5	54
巴彦淖尔	0.110 1	15	中卫	0.094 2	35	新乡	0.080 3	55
洛阳	0.107 9	16	吴忠	0.093 7	36	陇南	0.080 3	56
滨州	0.107 1	17	泰安	0.093 3	37	济宁	0.078 6	57
延安	0.107 0	18	宝鸡	0.093 2	38	菏泽	0.076 1	58
石嘴山	0.106 9	19	安阳	0.093 0	39			
晋中	0.105 9	20	固原	0.092 6	40			

表 7-13　2015 年黄河流域各地级市驱动力水平测度结果

地级市	驱动力	排名	地级市	驱动力	排名	地级市	驱动力	排名
鄂尔多斯	0.149 8	1	忻州	0.114 5	21	济宁	0.103 8	41
包头	0.147 6	2	大同	0.113 6	22	平凉	0.103 4	42
东营	0.141 2	3	三门峡	0.113 3	23	武威	0.103 1	43
乌海	0.138 2	4	吕梁	0.112 5	24	开封	0.102 4	44
兰州	0.136 7	5	晋中	0.112 0	25	鹤壁	0.102 2	45
济南	0.132 7	6	郑州	0.112 0	26	固原	0.101 9	46
呼和浩特	0.130 4	7	阳泉	0.111 1	27	渭南	0.101 8	47
淄博	0.130 2	8	菏泽	0.110 8	28	宝鸡	0.100 8	48
太原	0.128 5	9	德州	0.110 4	29	安阳	0.100 4	49
榆林	0.123 5	10	吴忠	0.110 1	30	商洛	0.100 0	50
洛阳	0.123 4	11	运城	0.109 5	31	天水	0.099 2	51
银川	0.122 2	12	乌兰察布	0.109 4	32	新乡	0.098 5	52
巴彦淖尔	0.121 1	13	朔州	0.109 3	33	焦作	0.098 1	53
西安	0.117 5	14	石嘴山	0.108 1	34	海东	0.096 8	54
晋城	0.117 2	15	中卫	0.107 6	35	陇南	0.096 5	55
长治	0.117 0	16	铜川	0.107 5	36	定西	0.095 9	56
延安	0.116 8	17	咸阳	0.107 1	37	濮阳	0.093 0	57
西宁	0.116 7	18	泰安	0.107 0	38	聊城	0.090 8	58
滨州	0.115 7	19	白银	0.106 5	39			
临汾	0.115 0	20	庆阳	0.106 1	40			

表 7-14 2020 年黄河流域各地级市驱动力水平测度结果

地级市	驱动力	排名	地级市	驱动力	排名	地级市	驱动力	排名
包头	0.158 8	1	三门峡	0.125 2	21	新乡	0.114 1	41
鄂尔多斯	0.154 7	2	晋中	0.125 0	22	天水	0.113 8	42
榆林	0.153 4	3	乌兰察布	0.124 6	23	石嘴山	0.113 7	43
东营	0.151 5	4	长治	0.124 2	24	鹤壁	0.113 6	44
乌海	0.144 6	5	延安	0.122 3	25	武威	0.113 5	45
呼和浩特	0.142 8	6	开封	0.120 9	26	泰安	0.112 5	46
太原	0.139 5	7	中卫	0.119 6	27	焦作	0.111 8	47
海东	0.138 9	8	白银	0.119 6	28	定西	0.111 7	48
兰州	0.137 8	9	德州	0.119 6	29	商洛	0.111 5	49
济南	0.137 8	10	临汾	0.118 9	30	菏泽	0.111 4	50
淄博	0.134 5	11	运城	0.118 6	31	平凉	0.111 2	51
朔州	0.134 1	12	庆阳	0.116 4	32	渭南	0.109 6	52
洛阳	0.133 9	13	吴忠	0.116 0	33	济宁	0.109 5	53
银川	0.133 7	14	吕梁	0.115 5	34	濮阳	0.107 1	54
晋城	0.132 2	15	铜川	0.115 4	35	宝鸡	0.106 0	55
滨州	0.128 2	16	安阳	0.115 3	36	郑州	0.103 6	56
大同	0.127 9	17	西安	0.114 9	37	陇南	0.103 6	57
忻州	0.127 1	18	固原	0.114 8	38	聊城	0.094 4	58
巴彦淖尔	0.126 6	19	西宁	0.114 8	39			
阳泉	0.125 5	20	咸阳	0.114 7	40			

第7章 黄河流域绿色低碳高质量发展的统计测度

表 7-15　2021 年黄河流域各地级市驱动力水平测度结果

地级市	驱动力	排名	地级市	驱动力	排名	地级市	驱动力	排名
包头	0.1535	1	三门峡	0.1252	21	吕梁	0.1151	41
东营	0.1505	2	大同	0.1249	22	鹤壁	0.1147	42
乌海	0.1487	3	中卫	0.1248	23	新乡	0.1146	43
银川	0.1457	4	铜川	0.1247	24	焦作	0.1144	44
鄂尔多斯	0.1446	5	聊城	0.1240	25	咸阳	0.1141	45
呼和浩特	0.1424	6	开封	0.1230	26	武威	0.1135	46
济南	0.1405	7	阳泉	0.1228	27	庆阳	0.1132	47
淄博	0.1402	8	延安	0.1222	28	运城	0.1132	48
石嘴山	0.1379	9	泰安	0.1220	29	天水	0.1121	49
兰州	0.1370	10	巴彦淖尔	0.1217	30	宝鸡	0.1104	50
西安	0.1353	11	固原	0.1208	31	安阳	0.1102	51
洛阳	0.1349	12	商洛	0.1208	32	郑州	0.1100	52
太原	0.1348	13	忻州	0.1207	33	海东	0.1092	53
德州	0.1343	14	晋中	0.1189	34	平凉	0.1080	54
济宁	0.1327	15	菏泽	0.1181	35	渭南	0.1080	55
榆林	0.1324	16	临汾	0.1178	36	定西	0.1062	56
吴忠	0.1273	17	乌兰察布	0.1158	37	濮阳	0.1042	57
滨州	0.1273	18	白银	0.1158	38	陇南	0.1019	58
朔州	0.1259	19	西宁	0.1156	39			
晋城	0.1255	20	长治	0.1153	40			

在压力方面，如表 7-16～表 7-19 所示，黄河流域各地级市的排名变动较大，排名靠前的多位于陕西、甘肃等地。由此可分析，近年来在生态文明建设政策的推动下，甘肃、陕西在黄河流域生态保护治理与修复工作中投入了较大的支持力度。陕西省近年来大力推动了重点减排工程，在水污染方面

取得了重要进展。甘肃省近些年也始终坚持生态优先、绿色发展，极大促进了污染治理水平的提高。与此同时，陕西省和甘肃省携手发展，推动协同联动发展，共同促进了绿色发展。山东作为工业大省，在生态环境保护方面存在着严峻挑战。近年来，山东省坚持推进新旧能转换工程，有效提高了资源利用效率，减少了污染排放量，整体压力有所缓解。

表 7-16　2010 年黄河流域各地级市压力水平测度结果

地级市	压力	排名	地级市	压力	排名	地级市	压力	排名
庆阳	0.199 0	1	吕梁	0.177 4	21	兰州	0.161 9	41
定西	0.197 8	2	濮阳	0.177 2	22	渭南	0.161 0	42
延安	0.197 0	3	三门峡	0.176 7	23	运城	0.160 4	43
陇南	0.196 5	4	忻州	0.176 4	24	安阳	0.159 8	44
固原	0.190 6	5	鄂尔多斯	0.176 3	25	长治	0.159 2	45
商洛	0.187 7	6	朔州	0.173 8	26	聊城	0.159 1	46
呼和浩特	0.187 2	7	晋城	0.172 5	27	德州	0.159 0	47
榆林	0.186 3	8	菏泽	0.171 9	28	郑州	0.158 0	48
泰安	0.186 3	9	铜川	0.171 7	29	西安	0.157 8	49
乌兰察布	0.185 1	10	平凉	0.171 0	30	西宁	0.157 3	50
武威	0.182 5	11	宝鸡	0.169 1	31	阳泉	0.156 2	51
济南	0.180 0	12	太原	0.168 9	32	大同	0.155 1	52
临汾	0.179 8	13	鹤壁	0.168 0	33	淄博	0.151 9	53
天水	0.179 6	14	滨州	0.167 5	34	焦作	0.150 7	54
东营	0.179 5	15	银川	0.167 4	35	吴忠	0.145 1	55
开封	0.179 5	16	济宁	0.167 2	36	石嘴山	0.133 7	56
咸阳	0.178 9	17	海东	0.166 7	37	乌海	0.131 4	57
巴彦淖尔	0.178 8	18	新乡	0.166 1	38	白银	0.123 3	58
晋中	0.178 7	19	中卫	0.163 5	39			
包头	0.178 5	20	洛阳	0.162 3	40			

表7-17 2015年黄河流域各地级市压力水平测度结果

地级市	压力	排名	地级市	压力	排名	地级市	压力	排名
庆阳	0.198 8	1	聊城	0.182 1	21	大同	0.170 4	41
定西	0.197 5	2	鹤壁	0.181 5	22	新乡	0.169 4	42
陇南	0.194 7	3	德州	0.181 1	23	焦作	0.169 4	43
延安	0.194 0	4	铜川	0.180 5	24	阳泉	0.168 2	44
商洛	0.193 7	5	三门峡	0.179 6	25	运城	0.167 2	45
固原	0.190 8	6	吴忠	0.179 5	26	中卫	0.167 1	46
天水	0.189 8	7	开封	0.179 1	27	吕梁	0.166 8	47
鄂尔多斯	0.187 6	8	晋城	0.177 5	28	安阳	0.165 5	48
呼和浩特	0.187 5	9	洛阳	0.176 9	29	济宁	0.164 3	49
武威	0.186 9	10	菏泽	0.176 2	30	西宁	0.163 6	50
乌兰察布	0.186 7	11	西安	0.176 1	31	乌海	0.160 2	51
东营	0.185 7	12	太原	0.175 1	32	榆林	0.159 1	52
巴彦淖尔	0.185 4	13	忻州	0.175 1	33	淄博	0.158 2	53
渭南	0.185 1	14	临汾	0.174 9	34	滨州	0.156 3	54
平凉	0.183 6	15	晋中	0.174 8	35	郑州	0.154 7	55
朔州	0.183 6	16	银川	0.174 0	36	白银	0.152 3	56
宝鸡	0.183 4	17	海东	0.172 9	37	长治	0.150 6	57
咸阳	0.183 3	18	济南	0.172 4	38	石嘴山	0.150 2	58
泰安	0.183 1	19	包头	0.172 0	39			
濮阳	0.183 1	20	兰州	0.170 9	40			

表7-18 2020年黄河流域各地级市压力水平测度结果

地级市	压力	排名	地级市	压力	排名	地级市	压力	排名
商洛	0.1989	1	巴彦淖尔	0.1907	21	吕梁	0.1823	41
庆阳	0.1987	2	泰安	0.1894	22	兰州	0.1822	42
定西	0.1977	3	焦作	0.1891	23	德州	0.1816	43
陇南	0.1969	4	聊城	0.1881	24	临汾	0.1799	44
开封	0.1952	5	乌兰察布	0.1877	25	榆林	0.1796	45
固原	0.1950	6	咸阳	0.1875	26	大同	0.1795	46
延安	0.1949	7	呼和浩特	0.1872	27	郑州	0.1793	47
朔州	0.1947	8	长治	0.1867	28	包头	0.1787	48
武威	0.1947	9	安阳	0.1866	29	淄博	0.1779	49
三门峡	0.1943	10	太原	0.1864	30	济宁	0.1776	50
晋中	0.1937	11	菏泽	0.1852	31	海东	0.1769	51
宝鸡	0.1935	12	洛阳	0.1852	32	乌海	0.1713	52
天水	0.1932	13	鄂尔多斯	0.1844	33	银川	0.1625	53
阳泉	0.1926	14	东营	0.1834	34	中卫	0.1595	54
濮阳	0.1921	15	渭南	0.1833	35	运城	0.1537	55
忻州	0.1920	16	吴忠	0.1832	36	石嘴山	0.1520	56
平凉	0.1919	17	新乡	0.1829	37	西宁	0.1507	57
鹤壁	0.1916	18	白银	0.1828	38	滨州	0.1457	58
铜川	0.1910	19	济南	0.1828	39			
晋城	0.1908	20	西安	0.1828	40			

第7章 黄河流域绿色低碳高质量发展的统计测度

表 7-19　2021 年黄河流域各地级市压力水平测度结果

地级市	压力	排名	地级市	压力	排名	地级市	压力	排名
定西	0.1996	1	长治	0.1902	21	新乡	0.1828	41
庆阳	0.1989	2	临汾	0.1897	22	东营	0.1824	42
武威	0.1974	3	铜川	0.1895	23	运城	0.1812	43
商洛	0.1971	4	固原	0.1878	24	渭南	0.1806	44
延安	0.1953	5	洛阳	0.1876	25	海东	0.1795	45
晋城	0.1953	6	菏泽	0.1876	26	济宁	0.1780	46
开封	0.1950	7	焦作	0.1868	27	大同	0.1778	47
宝鸡	0.1947	8	泰安	0.1867	28	咸阳	0.1772	48
呼和浩特	0.1944	9	太原	0.1865	29	淄博	0.1756	49
陇南	0.1943	10	阳泉	0.1864	30	乌海	0.1756	50
忻州	0.1943	11	包头	0.1862	31	吴忠	0.1734	51
晋中	0.1939	12	济南	0.1859	32	鄂尔多斯	0.1695	52
天水	0.1938	13	榆林	0.1858	33	乌兰察布	0.1625	53
朔州	0.1933	14	德州	0.1858	34	滨州	0.1546	54
三门峡	0.1933	15	白银	0.1851	35	西宁	0.1465	55
鹤壁	0.1924	16	安阳	0.1850	36	中卫	0.1412	56
平凉	0.1920	17	郑州	0.1846	37	银川	0.1385	57
巴彦淖尔	0.1917	18	西安	0.1834	38	石嘴山	0.1341	58
濮阳	0.1909	19	兰州	0.1831	39			
吕梁	0.1903	20	聊城	0.1831	40			

在状态维度，如表 7-20～表 7-23 所示，西安排名位于前列，在促进黄河流域绿色低碳高质量发展中，西安取得了良好成效，环境质量与生活质量表现优异，促进了社会与环境的发展，创新驱动效应增强，政府支持力度相对较高。近年来，西安积极推动"双碳"目标实现，全面统筹控制碳排放总量、优化化石能源消费存量、提高绿色低碳产业增量以及扩大生态系统碳汇容量等关键任务。推动交通运输结构、产业结构、能源结构等优化，推进资源循环利用基地建设，倡导形成绿色低碳生产生活方式。东营的状态排名从 2010 年的 24 位上升到 2021 年的 16 位，在绿色低碳高质量发展的状态维

度取得了进展。东营市委托中国水利水电科学院编制《山东黄河三角洲国家级自然保护区水资源配置与水系连通规划（2018—2030年）》，构建科学合理的"取、蓄、输、用、排"水系格局，形成"河、陆、滩、海"入海循环主干道，从而实现健康、可持续的区域水土环境。根据规划，东营市先后实施十几项以水系连通为主的生态修复工程，疏通了241千米湿地水系，打通了黄河与湿地间的"毛细血管"。[1]

表7-20 2010年黄河流域各地级市状态水平测度结果

地级市	状态	排名	地级市	状态	排名	地级市	状态	排名
西安	0.0758	1	石嘴山	0.0593	21	阳泉	0.0523	41
郑州	0.0739	2	运城	0.0593	22	宝鸡	0.0518	42
海东	0.0732	3	咸阳	0.0591	23	乌兰察布	0.0516	43
乌海	0.0705	4	东营	0.0587	24	晋中	0.0513	44
聊城	0.0688	5	铜川	0.0587	25	兰州	0.0505	45
濮阳	0.0677	6	朔州	0.0578	26	临汾	0.0505	46
德州	0.0675	7	长治	0.0574	27	延安	0.0502	47
鹤壁	0.0674	8	洛阳	0.0572	28	商洛	0.0487	48
济南	0.0672	9	三门峡	0.0564	29	白银	0.0485	49
新乡	0.0668	10	鄂尔多斯	0.0564	30	呼和浩特	0.0476	50
菏泽	0.0667	11	渭南	0.0562	31	榆林	0.0472	51
中卫	0.0654	12	太原	0.0560	32	平凉	0.0456	52
焦作	0.0646	13	天水	0.0558	33	忻州	0.0455	53
开封	0.0642	14	晋城	0.0557	34	定西	0.0443	54
安阳	0.0627	15	西宁	0.0554	35	固原	0.0430	55
滨州	0.0609	16	大同	0.0551	36	庆阳	0.0426	56
银川	0.0606	17	吴忠	0.0545	37	武威	0.0421	57
淄博	0.0606	18	包头	0.0541	38	陇南	0.0371	58
泰安	0.0600	19	吕梁	0.0529	39			
济宁	0.0594	20	巴彦淖尔	0.0528	40			

[1] 李蕊：《黄河口 河海交汇处，湿地气象新》，《人民日报》，http://env.people.com.cn/n1/2023/0307/c1010-32638244.html。

表7-21　2015年黄河流域各地级市状态水平测度结果

地级市	状态	排名	地级市	状态	排名	地级市	状态	排名
西安	0.080 6	1	安阳	0.064 4	21	临汾	0.058 5	41
海东	0.073 3	2	晋城	0.064 0	22	天水	0.057 2	42
开封	0.073 1	3	阳泉	0.063 4	23	平凉	0.057 0	43
乌海	0.072 5	4	新乡	0.063 3	24	乌兰察布	0.057 0	44
东营	0.071 4	5	运城	0.063 0	25	庆阳	0.056 9	45
郑州	0.070 9	6	朔州	0.062 9	26	榆林	0.056 9	46
聊城	0.070 8	7	铜川	0.062 8	27	包头	0.056 6	47
濮阳	0.069 4	8	长治	0.062 3	28	鄂尔多斯	0.055 9	48
泰安	0.069 2	9	中卫	0.062 2	29	巴彦淖尔	0.055 2	49
济南	0.068 7	10	渭南	0.062 1	30	白银	0.054 7	50
滨州	0.067 9	11	太原	0.061 9	31	晋中	0.054 6	51
洛阳	0.067 8	12	大同	0.061 5	32	定西	0.054 6	52
焦作	0.067 7	13	吴忠	0.061 1	33	固原	0.054 6	53
菏泽	0.067 6	14	延安	0.060 2	34	商洛	0.049 5	54
济宁	0.066 7	15	吕梁	0.060 2	35	兰州	0.048 2	55
淄博	0.066 4	16	西宁	0.059 7	36	武威	0.046 3	56
德州	0.066 0	17	咸阳	0.059 3	37	呼和浩特	0.045 8	57
三门峡	0.065 7	18	石嘴山	0.059 2	38	陇南	0.043 1	58
鹤壁	0.065 6	19	宝鸡	0.059 1	39			
银川	0.064 5	20	忻州	0.059 1	40			

表 7-22　2020 年黄河流域各地级市状态水平测度结果

地级市	状态	排名	地级市	状态	排名	地级市	状态	排名
郑州	0.107 8	1	新乡	0.080 5	21	包头	0.072 3	41
西安	0.106 3	2	乌海	0.080 2	22	海东	0.072 2	42
济南	0.103 6	3	银川	0.080 0	23	兰州	0.071 8	43
泰安	0.094 9	4	太原	0.079 3	24	榆林	0.071 5	44
济宁	0.094 7	5	聊城	0.077 8	25	三门峡	0.071 2	45
菏泽	0.092 2	6	开封	0.077 6	26	长治	0.071 2	46
德州	0.087 8	7	呼和浩特	0.077 1	27	大同	0.071 1	47
滨州	0.087 8	8	忻州	0.076 8	28	庆阳	0.070 6	48
淄博	0.086 6	9	朔州	0.076 6	29	铜川	0.070 5	49
濮阳	0.086 4	10	中卫	0.075 6	30	临汾	0.070 5	50
焦作	0.085 2	11	吕梁	0.075 2	31	晋城	0.069 6	51
安阳	0.084 3	12	吴忠	0.075 0	32	咸阳	0.069 4	52
天水	0.083 7	13	固原	0.074 9	33	白银	0.069 2	53
鹤壁	0.083 6	14	宝鸡	0.074 8	34	巴彦淖尔	0.068 6	54
东营	0.083 2	15	西宁	0.074 6	35	陇南	0.067 4	55
洛阳	0.082 7	16	晋中	0.074 6	36	武威	0.066 8	56
延安	0.082 2	17	运城	0.074 4	37	鄂尔多斯	0.066 5	57
平凉	0.081 3	18	商洛	0.073 8	38	乌兰察布	0.059 6	58
石嘴山	0.081 1	19	定西	0.073 8	39			
渭南	0.081 1	20	阳泉	0.072 9	40			

表 7-23 2021 年黄河流域各地级市状态水平测度结果

地级市	状态	排名	地级市	状态	排名	地级市	状态	排名
西安	0.109 5	1	银川	0.081 1	21	定西	0.074 4	41
济南	0.107 7	2	延安	0.081 0	22	运城	0.074 0	42
郑州	0.100 1	3	乌海	0.080 7	23	海东	0.073 5	43
济宁	0.093 5	4	平凉	0.080 3	24	临汾	0.073 1	44
泰安	0.090 8	5	中卫	0.079 8	25	包头	0.073 1	45
菏泽	0.090 1	6	开封	0.078 5	26	晋城	0.072 1	46
德州	0.086 5	7	呼和浩特	0.078 3	27	榆林	0.071 6	47
滨州	0.085 7	8	商洛	0.077 6	28	铜川	0.071 4	48
淄博	0.085 5	9	朔州	0.077 5	29	大同	0.070 4	49
洛阳	0.085 3	10	晋中	0.077 3	30	庆阳	0.070 3	50
新乡	0.085 2	11	三门峡	0.077 2	31	陇南	0.070 2	51
濮阳	0.085 1	12	忻州	0.077 2	32	咸阳	0.070 2	52
鹤壁	0.085 1	13	兰州	0.077 0	33	白银	0.069 4	53
天水	0.085 0	14	宝鸡	0.076 3	34	武威	0.068 6	54
焦作	0.083 4	15	吕梁	0.076 1	35	长治	0.068 4	55
东营	0.083 4	16	固原	0.076 0	36	巴彦淖尔	0.068 1	56
石嘴山	0.082 8	17	吴忠	0.074 9	37	鄂尔多斯	0.064 4	57
太原	0.082 6	18	聊城	0.074 7	38	乌兰察布	0.059 2	58
安阳	0.082 3	19	阳泉	0.074 6	39			
渭南	0.082 0	20	西宁	0.074 4	40			

对于黄河流域绿色低碳高质量发展的影响维度，如表 7-24～表 7-27 所示，西安和济南在列示年间一直位列前三。西安重视并促进夜经济的发展，加大对于文化、旅游方面的投资，打造文化旅游 IP，扩大自身影响力。西安坐落于陕西关中盆地中心，由于恶劣的天气、地貌特征以及区域人类活动的影响，空气污染问题日益突出。为此，西安市政府把控制空气污染、保护环境、提升居民健康水平作为首要任务，推出多项有效的政策，加强对环境的监测、管控，以期达到环境保护的目的。山东半岛城市群虽然以济南和青岛为发展规划的核心城市，但除济南和青岛在城市群中具有生产服务业的功能

外，济宁等地级市在可持续发展的理念之下发展采掘业，促进山东制造向山东创造转变，将核心城市先进的技术措施引进，将落后的产能淘汰，同时实现制造业绿色转型，推动轻工、冶金、纺织、机械等优势产业转型发展。郑州把握住提高群众"获得感、幸福感"的核心目标，用心筹备、重点监管落实，高水平完成了市重点民生实事项目，稳定城乡居民就业，改善群众居住条件，缓解城市停车难题，扩大教育资源供给，提升医疗卫生保障水平，提高便民服务效率和水平，优化城市人居环境，提高民生水平，扩大自身的经济民生从而提高绿色低碳高质量发展水平。

表 7-24 2010 年黄河流域各地级市影响水平测度结果

地级市	影响	排名	地级市	影响	排名	地级市	影响	排名
西安	0.143 3	1	运城	0.120 7	21	吴忠	0.102 6	41
淄博	0.138 1	2	包头	0.120 0	22	三门峡	0.102 1	42
济南	0.138 1	3	焦作	0.118 8	23	咸阳	0.101 9	43
济宁	0.137 5	4	鹤壁	0.118 1	24	大同	0.100 5	44
菏泽	0.134 3	5	朔州	0.115 8	25	渭南	0.099 6	45
郑州	0.133 3	6	鄂尔多斯	0.115 0	26	晋中	0.099 1	46
泰安	0.130 9	7	太原	0.112 5	27	西宁	0.097 9	47
东营	0.127 2	8	铜川	0.112 0	28	乌兰察布	0.094 4	48
新乡	0.127 0	9	巴彦淖尔	0.111 1	29	中卫	0.091 7	49
聊城	0.126 5	10	呼和浩特	0.110 0	30	石嘴山	0.085 8	50
安阳	0.125 8	11	吕梁	0.109 9	31	临汾	0.082 5	51
固原	0.124 2	12	兰州	0.109 8	32	庆阳	0.079 4	52
滨州	0.124 1	13	乌海	0.109 5	33	平凉	0.079 4	53
濮阳	0.123 6	14	海东	0.108 4	34	定西	0.078 3	54
榆林	0.123 5	15	洛阳	0.106 9	35	白银	0.074 8	55
长治	0.122 2	16	忻州	0.105 6	36	天水	0.071 3	56
延安	0.122 0	17	宝鸡	0.103 9	37	陇南	0.068 4	57
银川	0.122 0	18	武威	0.103 8	38	商洛	0.062 6	58
德州	0.120 8	19	开封	0.103 6	39			
晋城	0.120 7	20	阳泉	0.103 2	40			

表7-25　2015年黄河流域各地级市影响水平测度结果

地级市	影响	排名	地级市	影响	排名	地级市	影响	排名
济南	0.152 9	1	朔州	0.126 0	21	临汾	0.113 5	41
西安	0.148 9	2	海东	0.125 7	22	宝鸡	0.112 9	42
郑州	0.145 2	3	中卫	0.125 6	23	运城	0.112 7	43
泰安	0.140 1	4	濮阳	0.125 1	24	定西	0.112 0	44
淄博	0.139 3	5	鹤壁	0.124 7	25	呼和浩特	0.112 0	45
济宁	0.138 2	6	银川	0.124 1	26	白银	0.111 6	46
德州	0.135 1	7	铜川	0.123 6	27	巴彦淖尔	0.111 0	47
菏泽	0.134 8	8	榆林	0.123 0	28	天水	0.110 7	48
东营	0.134 2	9	洛阳	0.122 7	29	吕梁	0.110 0	49
聊城	0.132 7	10	延安	0.122 2	30	鄂尔多斯	0.109 4	50
开封	0.132 4	11	包头	0.121 3	31	大同	0.107 4	51
新乡	0.132 2	12	平凉	0.121 0	32	忻州	0.103 3	52
太原	0.131 9	13	固原	0.120 3	33	兰州	0.103 2	53
滨州	0.130 0	14	乌兰察布	0.120 2	34	三门峡	0.101 7	54
渭南	0.129 6	15	石嘴山	0.119 5	35	商洛	0.101 1	55
晋中	0.129 6	16	吴忠	0.117 3	36	阳泉	0.097 8	56
咸阳	0.129 5	17	焦作	0.116 3	37	庆阳	0.095 0	57
安阳	0.128 2	18	长治	0.116 2	38	陇南	0.086 3	58
武威	0.127 2	19	西宁	0.114 8	39			
晋城	0.126 4	20	乌海	0.114 0	40			

表7-26 2020年黄河流域各地级市影响水平测度结果

地级市	影响	排名	地级市	影响	排名	地级市	影响	排名
济南	0.1658	1	庆阳	0.1280	21	乌兰察布	0.1181	41
郑州	0.1643	2	天水	0.1278	22	乌海	0.1165	42
西安	0.1632	3	德州	0.1278	23	吕梁	0.1162	43
聊城	0.1525	4	定西	0.1276	24	临汾	0.1158	44
济宁	0.1455	5	白银	0.1268	25	忻州	0.1157	45
兰州	0.1383	6	武威	0.1266	26	朔州	0.1151	46
菏泽	0.1360	7	洛阳	0.1265	27	延安	0.1147	47
泰安	0.1338	8	鹤壁	0.1265	28	呼和浩特	0.1143	48
滨州	0.1337	9	太原	0.1262	29	鄂尔多斯	0.1133	49
安阳	0.1336	10	焦作	0.1236	30	石嘴山	0.1120	50
新乡	0.1328	11	平凉	0.1233	31	三门峡	0.1106	51
晋中	0.1318	12	铜川	0.1231	32	巴彦淖尔	0.1100	52
东营	0.1317	13	固原	0.1228	33	商洛	0.1087	53
渭南	0.1310	14	晋城	0.1221	34	陇南	0.1087	54
开封	0.1310	15	海东	0.1221	35	榆林	0.1083	55
西宁	0.1309	16	中卫	0.1214	36	运城	0.1064	56
大同	0.1309	17	咸阳	0.1213	37	阳泉	0.1025	57
淄博	0.1297	18	长治	0.1193	38	吴忠	0.1014	58
濮阳	0.1292	19	包头	0.1189	39			
银川	0.1284	20	宝鸡	0.1181	40			

表 7-27 2021 年黄河流域各地级市影响水平测度结果

地级市	影响	排名	地级市	影响	排名	地级市	影响	排名
西安	0.171 1	1	濮阳	0.128 3	21	乌海	0.115 8	41
济南	0.168 2	2	武威	0.128 1	22	吕梁	0.115 1	42
郑州	0.165 5	3	庆阳	0.127 5	23	呼和浩特	0.114 9	43
济宁	0.143 8	4	鹤壁	0.125 2	24	临汾	0.114 7	44
菏泽	0.138 5	5	定西	0.125 1	25	榆林	0.113 3	45
兰州	0.137 9	6	咸阳	0.124 2	26	商洛	0.112 5	46
洛阳	0.136 6	7	滨州	0.123 8	27	石嘴山	0.112 3	47
安阳	0.136 1	8	太原	0.123 1	28	中卫	0.112 2	48
德州	0.135 1	9	晋城	0.122 8	29	吴忠	0.112 2	49
泰安	0.134 5	10	海东	0.122 7	30	朔州	0.111 6	50
开封	0.134 4	11	白银	0.121 1	31	鄂尔多斯	0.111 1	51
东营	0.134 4	12	固原	0.120 9	32	渭南	0.109 6	52
天水	0.133 3	13	包头	0.120 3	33	延安	0.109 5	53
西宁	0.132 6	14	忻州	0.120 0	34	三门峡	0.108 1	54
大同	0.132 4	15	平凉	0.119 8	35	运城	0.107 4	55
淄博	0.131 8	16	焦作	0.119 8	36	巴彦淖尔	0.106 3	56
晋中	0.129 5	17	银川	0.119 5	37	陇南	0.103 9	57
聊城	0.129 3	18	宝鸡	0.118 4	38	阳泉	0.101 3	58
新乡	0.128 7	19	乌兰察布	0.117 6	39			
铜川	0.128 6	20	长治	0.116 7	40			

对于响应水平，如表 7-28～表 7-31 所示，各地级市之间存在一定的差距，虽然响应水平整体逐年提高，但地级市之间的差距明显，空间分布存在不平衡、不稳定的现象。其中，西安市和济南市一直处于前三的位置，且数值增长幅度较高。为推进黄河流域绿色低碳高质量发展，黄河流域沿线地区加大政府支持力度，强化生态环境治理。在生态环境治理方面，西安主要经历了 3 个阶段，2013 年至 2017 年为治污减霾阶段，2018 年至 2020 年开展"打

赢蓝天保卫战"三年行动，2021年以来是减污降碳、协同管控阶段[1]，通过阶段性科学治理促进绿色低碳高质量发展。山东聚焦"光伏+储能"产业，提出结合光伏规模化开发配套储能需求研发创新，在枣庄市重点建设锂电池材料和系统集成产业基地，在泰安市重点建设盐穴储能配套装备制造和创新研发基地，在济宁市重点建设动力电池和高效薄膜电池产业基地，在菏泽市重点建设储能电池制造基地，打造鲁西南储能产业集群。

表7-28 2010年黄河流域各地级市响应水平测度结果

地级市	响应	排名	地级市	响应	排名	地级市	响应	排名
西安	0.033 6	1	运城	0.015 0	21	运城	0.015 0	41
济南	0.033 3	2	中卫	0.014 8	22	中卫	0.014 8	42
呼和浩特	0.029 5	3	滨州	0.014 7	23	滨州	0.014 7	43
太原	0.029 1	4	商洛	0.014 0	24	商洛	0.014 0	44
西宁	0.023 3	5	朔州	0.014 0	25	朔州	0.014 0	45
兰州	0.023 2	6	晋中	0.013 6	26	晋中	0.013 6	46
郑州	0.022 3	7	德州	0.012 9	27	德州	0.012 9	47
固原	0.021 2	8	洛阳	0.012 8	28	洛阳	0.012 8	48
大同	0.019 6	9	开封	0.011 9	29	开封	0.011 9	49
包头	0.019 4	10	临汾	0.011 8	30	临汾	0.011 8	50
银川	0.019 1	11	晋城	0.011 8	31	晋城	0.011 8	51
忻州	0.018 4	12	渭南	0.011 5	32	渭南	0.011 5	52
定西	0.017 9	13	新乡	0.010 5	33	新乡	0.010 5	53
陇南	0.017 4	14	武威	0.010 2	34	武威	0.010 2	54
天水	0.016 8	15	白银	0.010 2	35	白银	0.010 2	55
淄博	0.016 4	16	长治	0.010 1	36	长治	0.010 1	56
鄂尔多斯	0.016 1	17	聊城	0.009 8	37	聊城	0.009 8	57
济宁	0.015 9	18	吴忠	0.009 3	38	吴忠	0.009 3	58
泰安	0.015 8	19	菏泽	0.009 3	39			
阳泉	0.015 6	20	榆林	0.009 3	40			

[1] 高乐：《绿动在山河之间 西安生态环境持续改善》，《西安日报》，https://www.sohu.com/a/592171681_121106869。

表 7-29 2015 年黄河流域各地级市响应水平测度结果

地级市	响应	排名	地级市	响应	排名	地级市	响应	排名
西安	0.053 9	1	晋中	0.020 0	21	焦作	0.013 4	41
济南	0.047 8	2	滨州	0.020 0	22	渭南	0.013 0	42
太原	0.037 9	3	德州	0.019 9	23	乌兰察布	0.012 9	43
呼和浩特	0.035 6	4	运城	0.019 9	24	东营	0.012 4	44
郑州	0.034 0	5	忻州	0.019 0	25	海东	0.011 9	45
兰州	0.031 4	6	乌海	0.018 6	26	三门峡	0.011 4	46
陇南	0.024 1	7	长治	0.018 4	27	铜川	0.011 3	47
泰安	0.023 5	8	新乡	0.018 1	28	庆阳	0.011 3	48
大同	0.023 5	9	平凉	0.018 0	29	濮阳	0.011 1	49
包头	0.023 4	10	临汾	0.017 8	30	商洛	0.010 7	50
淄博	0.023 3	11	开封	0.017 5	31	榆林	0.010 4	51
定西	0.023 1	12	安阳	0.016 6	32	石嘴山	0.009 5	52
洛阳	0.023 0	13	晋城	0.016 5	33	吴忠	0.009 0	53
西宁	0.022 3	14	鄂尔多斯	0.016 3	34	巴彦淖尔	0.008 7	54
固原	0.022 1	15	白银	0.016 1	35	延安	0.008 5	55
银川	0.021 0	16	中卫	0.014 7	36	宝鸡	0.007 9	56
朔州	0.021 0	17	聊城	0.014 5	37	咸阳	0.007 8	57
天水	0.021 0	18	武威	0.014 5	38	鹤壁	0.006 8	58
济宁	0.020 9	19	菏泽	0.014 0	39			
阳泉	0.020 7	20	吕梁	0.013 6	40			

表 7-30 2020 年黄河流域各地级市响应水平测度结果

地级市	响应	排名	地级市	响应	排名	地级市	响应	排名
济南	0.067 4	1	天水	0.026 1	21	渭南	0.019 3	41
西安	0.066 1	2	泰安	0.025 9	22	中卫	0.019 1	42
郑州	0.064 8	3	铜川	0.025 9	23	海东	0.019 0	43
太原	0.046 5	4	聊城	0.025 5	24	白银	0.018 9	44
兰州	0.039 2	5	濮阳	0.025 3	25	长治	0.018 8	45
呼和浩特	0.037 0	6	菏泽	0.024 9	26	巴彦淖尔	0.018 7	46
洛阳	0.034 4	7	阳泉	0.024 1	27	晋城	0.018 4	47
西宁	0.034 2	8	武威	0.024 0	28	吴忠	0.017 8	48
定西	0.030 5	9	朔州	0.023 9	29	鹤壁	0.017 5	49
滨州	0.030 3	10	开封	0.023 7	30	鄂尔多斯	0.017 1	50
淄博	0.028 7	11	平凉	0.023 0	31	咸阳	0.017 1	51
银川	0.028 7	12	运城	0.022 8	32	乌兰察布	0.016 9	52
济宁	0.028 1	13	安阳	0.022 2	33	庆阳	0.016 8	53
固原	0.027 8	14	临汾	0.021 7	34	宝鸡	0.015 2	54
大同	0.027 6	15	石嘴山	0.021 6	35	乌海	0.012 7	55
德州	0.027 4	16	晋中	0.021 0	36	吕梁	0.012 6	56
陇南	0.027 1	17	忻州	0.020 5	37	延安	0.010 8	57
包头	0.027 1	18	商洛	0.020 4	38	榆林	0.010 1	58
焦作	0.026 5	19	东营	0.019 6	39			
新乡	0.026 4	20	三门峡	0.019 6	40			

表 7-31 2021年黄河流域各地级市响应水平测度结果

地级市	响应	排名	地级市	响应	排名	地级市	响应	排名
济南	0.080 1	1	濮阳	0.026 3	21	渭南	0.018 0	41
西安	0.080 0	2	聊城	0.025 7	22	中卫	0.017 9	42
郑州	0.072 9	3	陇南	0.025 7	23	白银	0.017 7	43
太原	0.045 5	4	天水	0.025 2	24	临汾	0.017 3	44
洛阳	0.038 8	5	菏泽	0.024 9	25	晋中	0.017 3	45
兰州	0.038 6	6	安阳	0.024 2	26	咸阳	0.017 1	46
庆阳	0.036 2	7	大同	0.023 1	27	忻州	0.016 8	47
呼和浩特	0.034 4	8	包头	0.022 8	28	巴彦淖尔	0.016 7	48
滨州	0.033 4	9	武威	0.022 1	29	乌兰察布	0.016 2	49
西宁	0.033 0	10	铜川	0.022 0	30	吴忠	0.015 2	50
定西	0.030 9	11	平凉	0.021 7	31	长治	0.013 9	51
淄博	0.030 6	12	三门峡	0.021 0	32	宝鸡	0.013 7	52
银川	0.030 1	13	石嘴山	0.020 9	33	晋城	0.013 7	53
焦作	0.029 4	14	朔州	0.020 8	34	鄂尔多斯	0.012 7	54
济宁	0.029 2	15	阳泉	0.020 5	35	吕梁	0.009 3	55
新乡	0.029 2	16	运城	0.019 4	36	乌海	0.009 2	56
固原	0.028 6	17	东营	0.019 3	37	榆林	0.008 3	57
德州	0.028 6	18	鹤壁	0.019 2	38	延安	0.007 8	58
泰安	0.027 6	19	商洛	0.018 8	39			
开封	0.026 4	20	海东	0.018 3	40			

7.3 黄河流域城市群绿色低碳高质量发展的测度结果

黄河流域的发展主要依赖于新兴经济体的带动,以城市群为核心,实现黄河流域高质量发展的关键在于推动各城市群之间的协调发展。根据黄河流域各地级市在黄河流域内的游段位置进行城市群划分，选取区位、经济、生态等方面具有优势和代表性的三大区域性城市群（分别为山东半岛城市群、中原城市群、关中平原城市群）和四个地区性城市群（分别为晋中城市群、呼包鄂榆城市群、宁夏沿黄城市群、兰州-西宁城市群），具体划分如表7-32所示，在此基础上分析黄河流域城市群绿色低碳高质量发展水平的时空演变情况。

表7-32 黄河流域城市群划分

区域	地级市
山东半岛城市群	济南市、淄博市、东营市、济宁市、泰安市、德州市、聊城市、滨州市、菏泽市
中原城市群	晋城市、洛阳市、焦作市、三门峡市、安阳市、鹤壁市、开封市、濮阳市、新乡市、郑州市
关中平原城市群	平凉市、庆阳市、天水市、西安市、宝鸡市、咸阳市、铜川市、渭南市、商洛市、运城市、临汾市
晋中城市群	太原市、大同市、阳泉市、长治市、朔州市、晋中市、忻州市、吕梁市
呼包鄂榆城市群	榆林市、包头市、鄂尔多斯市、呼和浩特市
宁夏沿黄城市群	银川市、石嘴山市、吴忠市、中卫市
兰州-西宁城市群	海东市、西宁市

2010年以来，黄河流域七大城市群的绿色低碳高质量发展水平整体呈现上升趋势（见图7-18）。我国"两横三纵"城镇化战略布局中19个国家级城市群之一是呼包鄂榆城市群，据《推动呼包鄂榆城市群发展规划实施"十四五"重点合作事项》显示，该城市群相关地区将重点在生态环保、基础设施、产业发展等六个方面进行深入合作。呼包鄂榆城市群在黄河流域绿色低碳高质量发展水平中表现较为突出。该城市群近年来在国家指导下积极开展跨省流域生态补偿试点，建立上下游联防联控机制，加强各市沟通协调，推动统一黄河流域排放标准，合力抓好黄河流域"大保护、大治理"等工作的顺利实施。中原城市群的高质量发展水平增长速度较快，各地市在加强环境污染治理、推进绿色低碳高质量发展工作中取得了较大进展。但各城市群之间的绿色发展增速存在一定的差异，绿色经济效率差距仍旧存在，因此，在绿色

经济发展中,"提速"并不是唯一目标,同时还应协调、均衡地发展绿色经济,加强群际绿色发展中的"同群效应",通过统一的信息监管系统进行共同优化,避免群际绿色发展之间的差距越来越大。

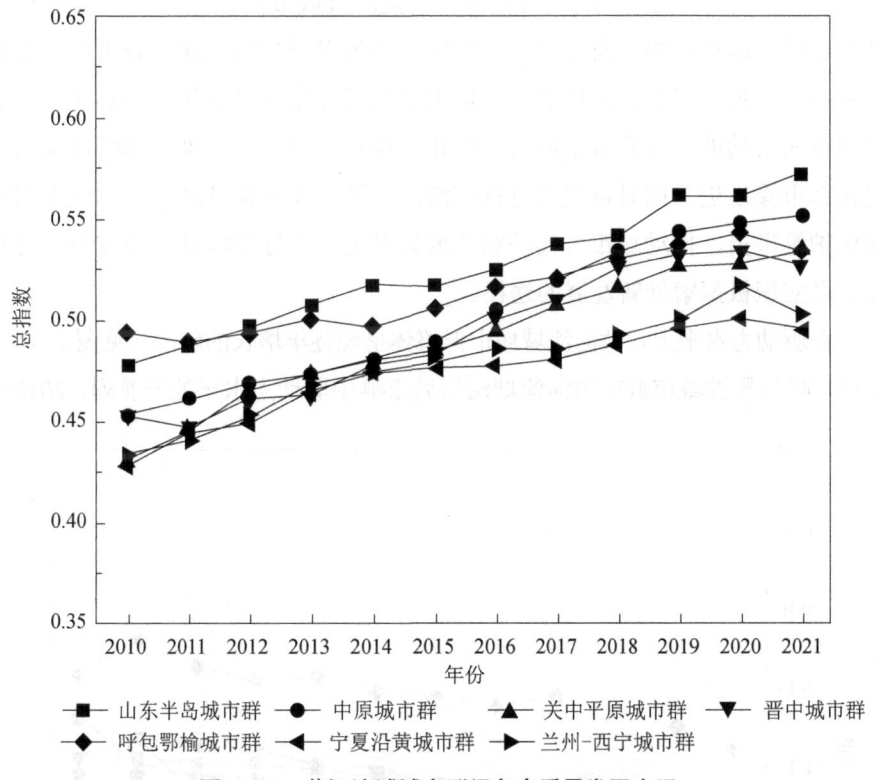

图7-18 黄河流域城市群绿色高质量发展水平

在构建现代经济体系的大背景下,呼包鄂榆城市群需加快其转型升级的步伐,致力于打造成多个重要基地。首先,呼包鄂榆城市群应发挥自身优势,加快现代农牧业基地的建设,通过技术创新,提升农牧业的附加值和竞争力。其次,呼包鄂榆城市群应做好能源资源的开发利用的工作,优化能源结构,提高资源利用效率。同时,呼包鄂榆城市群还应积极打造先进制造业基地和全国高端能源化工基地,引进和培育高端制造业和能源化工产业,推动产业结构的优化升级。在加强基础设施建设方面,呼包鄂榆城市群应注重提升交通、通信、水利等基础设施的互联互通水平,加强城市群内部以及与其他地区的联系，构建高效便捷的基础设施网络，为产业发展提供有力支撑。此外，促进产业之间的协同合作发展也是呼包鄂榆城市群的重要任务。各城市应明确自身定位，发挥比较优势，加强产业链上下游的衔接和协作，形成优势互补、共同发展的良好格局。与此同时，宁夏沿黄城市群、兰州-西宁城市群以及晋中城市群也应根据自身特点，制定相应的发展战略。这些城市群应把提升银川、兰州、西宁、太原等省会城市的功能和生活品质作为中心任务，通过完善城市功能、提升城市品质、优化城市环境等方式，推动这些城市向现代化都市圈迈进。同时也要通过推广清洁能源、发展循环经济、加强生态环境保护等举措，推动城市群实现绿色低碳发展。在绿色低碳转型方面，这些城市群应积极探索创新发展的途径。

在驱动力水平上，黄河流域城市群整体呈现逐年增长的趋势（见图7-19）。其中，呼包鄂榆城市群在黄河流域沿线城市群中驱动力水平处于前列。2010—

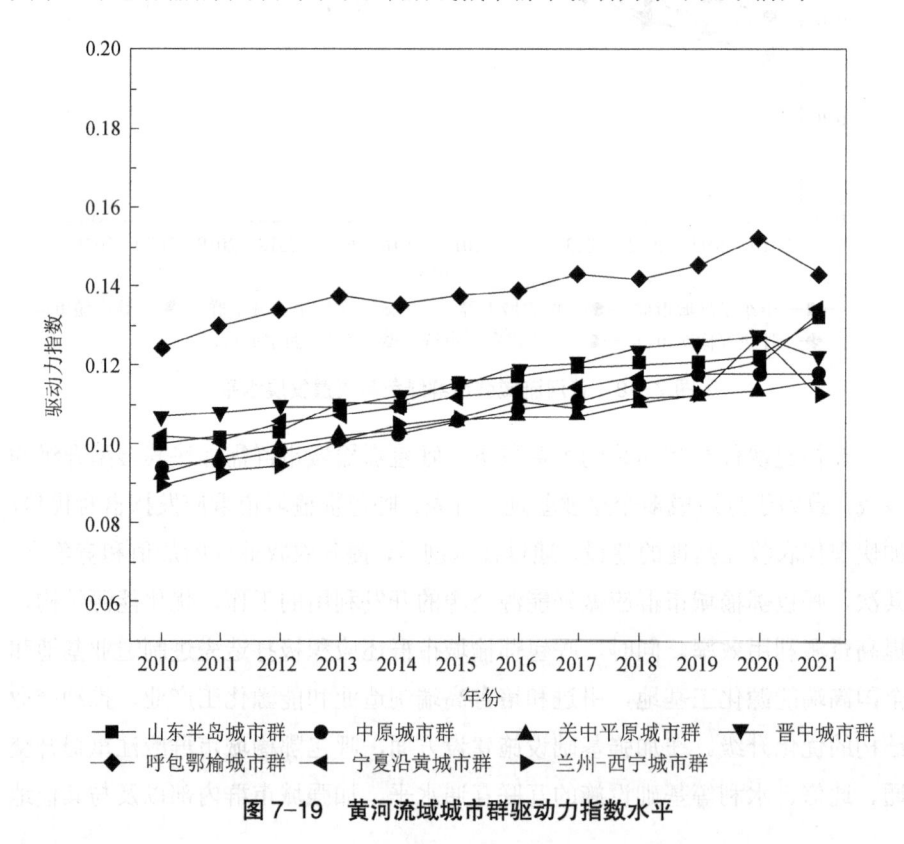

图 7-19 黄河流域城市群驱动力指数水平

第 7 章　黄河流域绿色低碳高质量发展的统计测度

2021年，呼包鄂榆城市群经济资源开发对推动城市群经济发展起到了重要作用，但近年来随着中国经济转型，传统能源型城市发展潜力不足，城镇化进程及居民消费水平增速放缓带来居民生活用能碳排放增长趋势放缓，推动城市群区域绿色转型朝更好的方向发展。

兰州-西宁城市群，作为西北地区的重要增长引擎，其地位与作用不容忽视。这一城市群不仅是区域经济发展的重要支撑，更是推动西北地区乃至全国经济协调发展的关键力量。为了进一步助力黄河流域绿色低碳高质量发展，需要积极促进各种要素之间的互动共生和有效匹配，包括人才、资金、技术、信息等各方面的要素，只有让这些要素在城市群内部充分流动和融合，才能形成强大的发展合力，充分发挥创新驱动效应。此外，以城市群为支点，可以更好地助力黄河流域的绿色低碳高质量发展。通过优化产业布局、加强生态环境保护、推进能源结构转型等措施，推动黄河流域实现绿色发展、循环发展和低碳发展。

近年来，山东半岛城市群的综合竞争力不断攀升，2014—2021年，其驱动力水平已跃居第三位，超过了晋中城市群。山东省的"一群两心三圈"整体规划正在稳步推进，济南与青岛两大核心城市的引领作用日益凸显，构建了层次分明、协调发展的城镇体系，包括2个特大城市、9个大城市、8个中等城市、75个小城市以及1 072个建制镇。农业基础坚实稳固，工业领域覆盖广泛，服务业亦呈现出蓬勃发展的态势，共同构筑了以装备制造、交通运输设备、家电、石油化工、纺织服装、食品、有色金属等为主导的现代产业体系。此外，蓝色经济成为显著特色，2015年海洋生产总值达到约1.1万亿元，占全国近1/5的比重，海洋装备制造业、海洋生物产业等领域在全国均占据领先地位，为推动绿色低碳高质量发展奠定了坚实的驱动力基础。

关中平原城市群整体区域内的地质地貌展现出了显著的多样性特征。具体来说，其北部以黄土台塬地貌为主，南部是土石山区的典型代表，东部呈现出黄土丘陵沟壑的景观，西部是黄土阶地的地貌，中部主要由河谷阶地构成。此外，关中盆地、临汾盆地和运城盆地是主要的平原区域，这些盆地地带人口密集，但由于土地资源的有限性，人均耕地资源相对短缺。在关中平原城市群中，森林资源的分布并不均匀，主要集中在宝鸡、铜川、西安和商洛等地。然而，黄土地区的生态环境问题较为突出，水土流失现象严重，土地沙化趋势明显，森林覆盖率相对较低，这些问题都对该地区的生态环境构成了威胁。关中平原城市群拥有丰富的矿产资源，如煤炭、有色金属和石油等，这些优势资源为区域的发展奠定了坚实的基础。但资源的开采和利用也带来了一系列环境问题，如生态环境遭到破坏，土地利用结构不合理，水、大气和土壤污染加剧等。这些问题不仅影响了当地居民的生活质量，也制约了区域的可持续发展，使得整体的驱动力水平相对较低。

图7-20反映了黄河流域各城市群压力指数。在压力维度中，山东半岛城市群、兰州-西宁城市群以及宁夏沿黄城市群所面临的压力较大。由于山东半岛工业特征明显，重工业占比较大，随之带来污染排放增长。例如，废水、化学需氧量（COD）、氨氮、二氧化硫以及烟（粉）尘的排放量占比较大，导致了大气污染等环境问题，进一步加剧了环境压力。此外，山东半岛城市群也存在发展不平衡的压力问题，空间分布不均，与经济布局契合度不高。虽然山东半岛城市群在新旧动能转换工作推进中取得了一定进展，但这仍需要长时间完成转型，在实现绿色低碳高质量发展中仍面临着较大的环境压力。近年来，兰州-西宁城市群的环境压力日益凸显，其压力主要体现在土地覆盖和利用的变化上。随着城镇化建设的不断推进，城市边界不断扩张，该区域的土地利用结构发生了显著变化，自然资源区逐渐被人工建筑替代，草地、耕地面积显著减少，建成区面积日益增长。这种变化对生态环境造成了深远的影响。一方面，草地和耕地的减少导致了生物多样性的降低，许多野生动植物的生存空间被压缩，生态平衡受到威胁。另一方面，建成区的扩张增加了能源消耗和污染排放，对城市群的空气质量和居住环境产生了负面影响。此外，河流流量变化和大气降水等自然因素也是兰州-西宁城市群环境压力的主要来源。随着气候变化和人类活动的影响，河流流量出现波动，甚至出现了断流的情况，这对沿河地区的生态环境和农业生产都带来了不利影响。而大气降水的变化则可能引发干旱、洪涝等自然灾害，进一步加剧了环境压力。为了缓解兰州-西宁城市群的环境压力，需要采取有效的措施来优化土地利用结构、加强生态保护与修复、提高资源利用效率等。同时，还需要加强区域合作与协调，推动城市群内各城市之间的协同发展，共同应对环境挑战。对

第 7 章 黄河流域绿色低碳高质量发展的统计测度

于宁夏沿黄城市群而言,其环境压力主要来源于其特殊的自然条件、脆弱的生态环境以及不合理的资源利用方式。例如,水资源短缺导致的生态建设难度大、不合理的能源结构和工业结构导致的高污染高排放、以及沿黄地区过度开发和不合理利用资源导致的生态环境破坏。这些因素相互作用,对宁夏沿黄城市群的生态环境产生了一定的压力。因此,宁夏沿黄城市群在推进绿色低碳高质量发展进程中,需注重加强水资源管理和保护、推动能源结构和工业结构的转型升级、加强生态环境保护和治理,以实现经济发展与环境保护的良性循环。

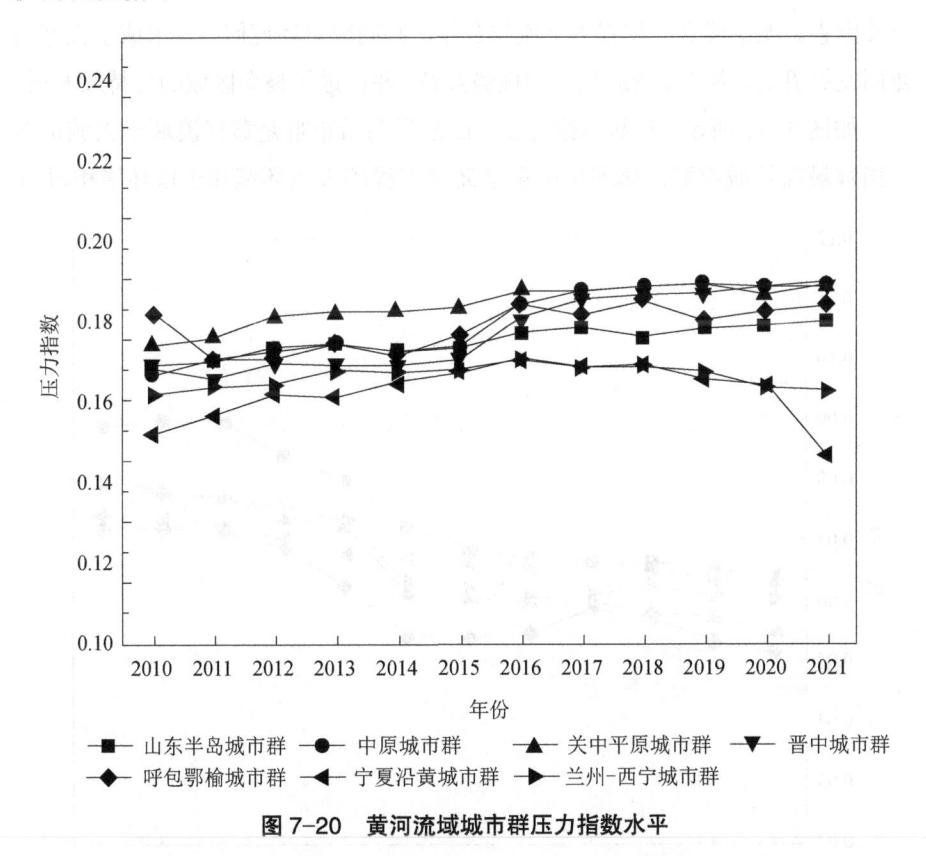

图 7-20 黄河流域城市群压力指数水平

整体来看,黄河流域城市群的环境压力近年来有所减小,这些变化离不开政府相关部门的支持和公众的共同努力。首先,针对环境保护和生态修复,政府相关部门制定了一系列严格的法规和政策,同时,政府还加大了对环保产业的扶持力度，推动了环保技术的创新和应用，从而降低了污染物的排放量。其次，技术的改造升级也是各城市群减轻环境压力的重要抓手，随着科技的不断进步，各城市群在能源利用、废物处理等方面取得了显著成效，如清洁能源的广泛应用、高效节能技术的推广以及废物资源化利用等，提高了资源利用率并减少了环境污染，大大减轻了环境压力。此外，公众环保意识的提高也是环境压力减少的重要原因。随着环保知识的普及和宣传力度的加大，越来越多的民众开始关注环境问题，积极参与到环保行动中来，为低碳发展贡献了自己的力量。最后，区域合作与协同发展的加强也是减轻环境压力的重要因素。城市群之间加强了交流与合作，共同应对环境问题，形成了良好的协同发展机制，推动了资源共享和优势互补，并促进了整个区域的可持续发展。

如图7-21所示，在状态维度上，山东半岛城市群是黄河流域七大城市群中指数最高的城市群，体现出山东半岛城市群的大气环境和土壤环境相对质

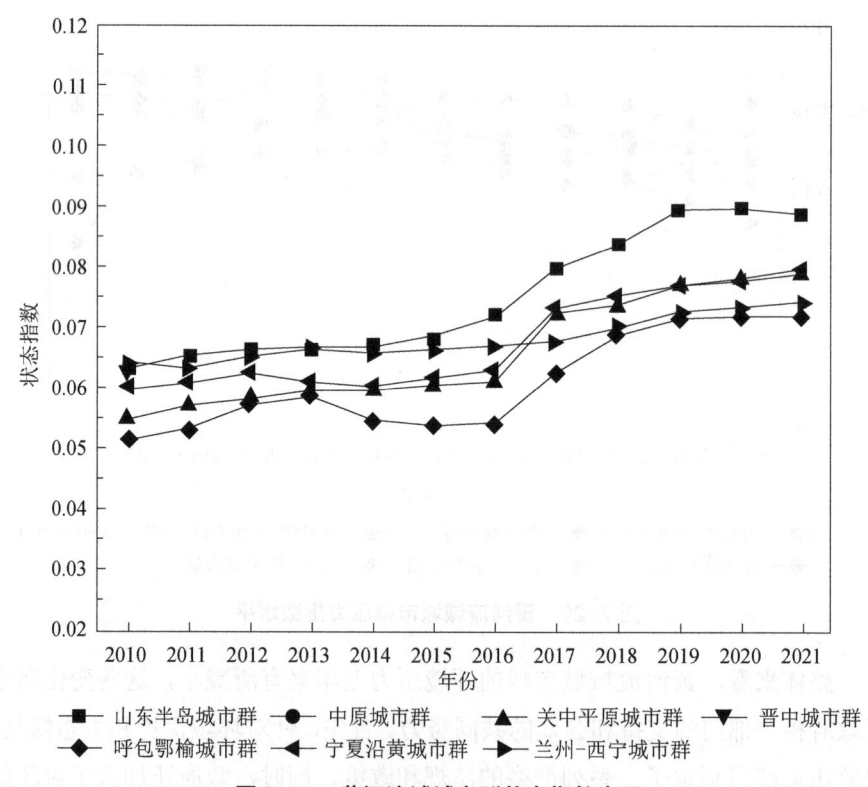

图 7-21 黄河流域城市群状态指数水平

量较高，并且居民的生活质量也有着较高的发展，较好地满足了人们对美好生活的需求。截至 2021 年，我国城市群的整体实力得到了大幅度的增强，全面的对外开放模式已经初步形成，环渤海地区的协同发展以及黄河流域经济水平的持续增长已经取得了积极的效果。都市圈（区）已经成为推进城市群发展的关键支撑，人口的集聚更加规范、有序，以服务型产业为基础的现代产业体系已经初步形成，创新成为拉动经济的巨大动能，快速交通网络不断完善，区域生态屏障基本形成，环境质量得到了明显提升。兰州-西宁城市群和呼包鄂榆城市群的状态水平处于沿黄九省（区）的低值区，整体区域状态水平仍待进一步发展。

如图 7-22 所示，在影响维度，山东半岛城市群、中原城市群、关中平原城市群和兰州-西宁城市群在黄河流域绿色低碳高质量发展中表现良好。山东

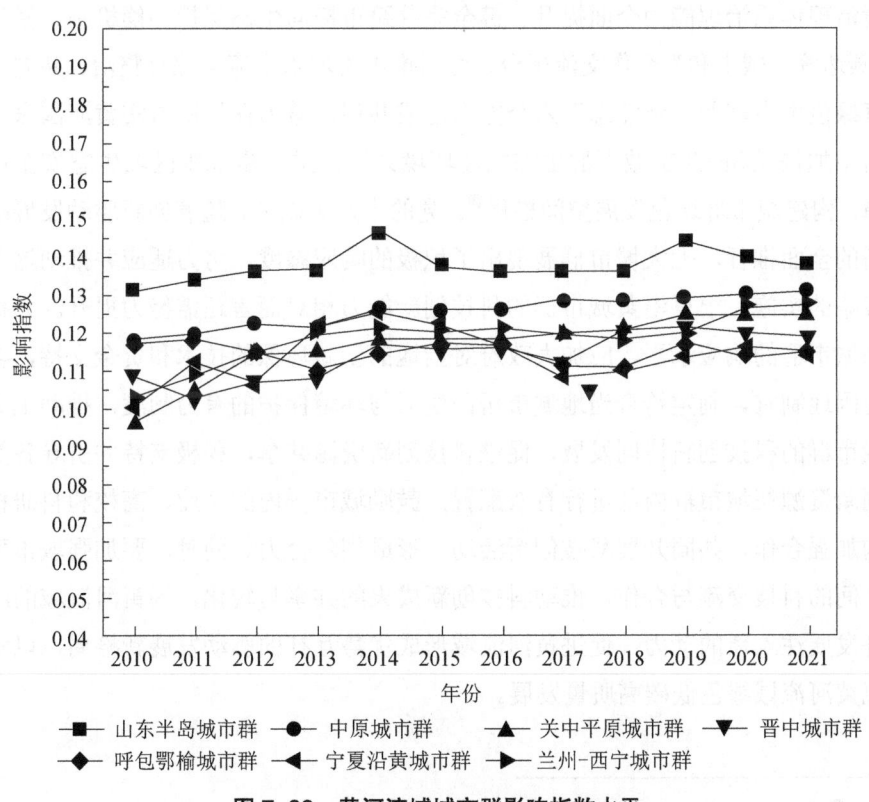

图 7-22　黄河流域城市群影响指数水平

半岛城市群作为其中影响水平最高的城市群，在深化新旧动能转换基础上，着力探索转型发展之路，发挥山东半岛城市群龙头作用，全方位、多层次深化黄河流域大保护、大治理，进一步增强区域发展活力动力，加快推动绿色低碳高质量发展。

图7-23展示了黄河流域七大城市群响应指数水平的演变特征。整体来看，各城市群在绿色低碳高质量发展的响应水平呈现出上升趋势。河南省中原城市群建设工作领导小组于2021年正式印发的《郑州都市圈交通一体化发展规划（2020—2035年）》提出，统筹沿黄、跨黄通道建设与黄河生态保护、防洪安全保障，推动都市圈跨河融合发展，带动整个城市群以向好的面貌快速发展。兰州-西宁城市群的9市（州）政府相关领导共同签署了《兰西城市群生态建设战略合作协议》，在共筑黄河上游生态安全屏障、推动区域生态环境治理体系治理能力全面提升、健全完善跨市横向生态保护补偿机制、搭建"碳达峰、碳中和"合作交流平台、协同推进流域水土流失综合整治、共同培育绿色生态产业"新业态"六个方面达成共识，着力在推动落实黄河国家战略中加快兰州-西宁城市群生态共建环境共治，进一步筑牢区域生态安全屏障，构建城市群绿色发展空间格局[1]。党的十八大以来，随着创新驱动发展战略的全面推行，七大城市群展现出了积极的响应态度，努力适应并推动这一战略的实施，宁夏沿黄城市群的科技创新能力相对而言还需努力提升。为提高城市群的响应水平，应加大政府对当地的创新环保的技术和资金支持，实现因地制宜，制定符合当地城市居民生活与环境保护的有力制度，推动七大城市群的科技创新协同发展，促进科技创新资源共享，积极支持并引导各类创新资源在城市群内部进行有效配置，鼓励城市群内的企业、高校和科研机构加强合作，共同开展科技创新活动，形成创新合力。同时，要加强城市群之间的科技交流与合作，推动科技创新成果的共享与转化，为黄河流域的经济发展注入新的动力，促进黄河流域形成优势互补的驱动发展新格局，以实现黄河流域绿色低碳高质量发展。

---

[1] 马如娟：《"兰西城市群生态建设"高峰论坛在兰举行》，《甘肃经济日报》，https://www.gsjb.com/system/2022/07/08/030588648.shtml。

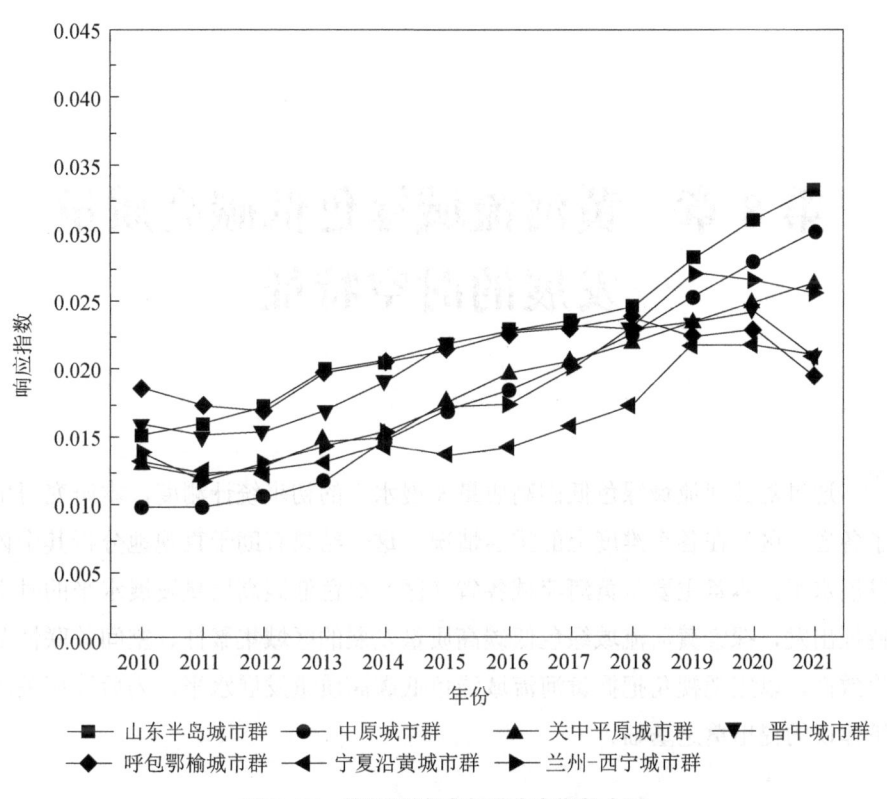

图 7-23 黄河流域城市群响应指数水平

第 8 章　黄河流域绿色低碳高质量发展的时空特征

通过对黄河流域绿色低碳高质量发展水平的初步统计测度，本研究得出了各省（区）在各个维度上的排名情况，这一结果有助于直观地分析其个体发展水平。本章主要从黄河流域各省（区）绿色低碳高质量发展水平的时空特征出发，探索黄河流域绿色低碳高质量发展的区域集聚性、空间关联性及收敛性，以宏观视角把握黄河流域绿色低碳高质量发展水平，为后续相关政策建议的提出奠定基础。

8.1　黄河流域绿色低碳高质量发展的区域集聚性评价

K-Means 聚类分析的主要任务是根据集合找到 K 个最佳质量中心（质心），并将最接近这些中心的数据分配到它们所代表的簇中。首先，从样本中随机挑选出 K 个点，将它们设定为初始的聚类中心。随后，需要计算样本中剩余的点与 K 个聚类中心的距离，并依据距离远近，将每个样本归类到距其最近的聚类中心所在的类别中。对上述样本进行排序后，计算每个类别聚类中心的平均值，从而确定新的聚类重心。重复这一过程，当质心不发生变化时（当找到质心时，每次迭代分配给该质心的样本都是相同的，即每次新创建的聚类都是相同的，所有采样点都不会从一个聚类移动到另一个聚类，因此质心不会改变），停止并输出聚类结果。对 2010 年、2015 年、2020 年和 2021 年各地级市的绿色低碳高质量发展水平进行聚类分析，在 K-means 聚类过程中确定出 K 的最佳聚类个数为 4，将 58 个地级市的绿色低碳高质量发展特征归为 4 个等级（类），按聚类结果分别划分为 4 类，聚类结果如表 8-1～表 8-4 所示。

表 8-1 2010 年各地级市总指数得分聚类结果

类别	具体地级市
第Ⅰ类	郑州、济南、西安
第Ⅱ类	兰州、安阳、焦作、洛阳、濮阳、新乡、包头、鄂尔多斯、呼和浩特、银川、滨州、德州、东营、菏泽、济宁、聊城、泰安、淄博、太原
第Ⅲ类	定西、陇南、平凉、庆阳、天水、武威、鹤壁、开封、三门峡、巴彦淖尔、乌兰察布、固原、吴忠、中卫、西宁、大同、晋城、晋中、临汾、吕梁、朔州、忻州、运城、长治、宝鸡、商洛、渭南、咸阳、延安、榆林
第Ⅳ类	白银、乌海、石嘴山、海东、阳泉、铜川

表 8-1 结果显示，2010 年黄河流域经济发展质量较高地区主要包括郑州、济南、西安这 3 个城市，该类城市绿色低碳高质量发展得分排名比较靠前。2010 年绿色低碳高质量发展水平较低地区主要集中在黄河中上游地区，与其余地区相比存在较大差异。

表 8-2 2015 年各地级市总指数得分聚类结果

类别	具体地级市
第Ⅰ类	郑州、济南、西安
第Ⅱ类	兰州、安阳、焦作、开封、洛阳、濮阳、新乡、滨州、德州、东营、菏泽、济宁、聊城、泰安、淄博、太原、咸阳
第Ⅲ类	定西、陇南、平凉、庆阳、天水、武威、固原、忻州、商洛
第Ⅳ类	白银、鹤壁、三门峡、巴彦淖尔、包头、鄂尔多斯、呼和浩特、乌海、乌兰察布、石嘴山、吴忠、银川、中卫、海东、西宁、大同、晋城、晋中、临汾、吕梁、朔州、阳泉、运城、长治、宝鸡、铜川、渭南、延安、榆林

2015 年，黄河流域经济发展质量较高地区主要包括郑州、济南、西安 3

个城市，该类城市绿色低碳高质量发展得分排名比较靠前。作为发展水平较高的省会级城市，这三个城市的绿色低碳高质量发展水平多年稳居第一梯队，并与其他城市拉开了较为明显的差距，可以看出，经济发展与生态文明建设是绿色低碳高质量发展的重要基础。2015年定西、平凉等黄河流域中西部城市的绿色低碳高质量发展水平与2010年相比排名有所上升。虽然2015年整体情况有所向好，但依然存在部分地级市由于工业化发展迅速而出现了排名下降或者持续污染的状况。2015年黄河流域绿色低碳高质量发展水平第Ⅳ类聚类地区，其绿色低碳高质量发展水平相对较低，其中包括白银、石嘴山、阳泉、吕梁、宝鸡、长治等地区。从地理位置分析，这些城市主要是中西部交通不太发达的地区，发展相对滞后，但西部地区生态资源丰富，是我国经济绿色高质量发展的宝贵资源库和重要的生态屏障，需要高度重视生态保护工作。同时，这些地区也是我国能源资源的重要供应地，为国家的经济社会发展提供了有力的支撑。尽管2021年的测算结果显示，这些城市在高质量发展水平上排名相对靠后，但不能忽视其在生态安全保障和资源能源供给方面的巨大潜力。因此，需大力保障中西部经济落后地区的绿色健康发展，摒弃"先开发、后治理"的思想，注重生态平衡，将经济进步与生态友好理念融会贯通，达成较为和谐的发展模式。

表8-3　2020年各地级市总指数得分聚类结果

类别	具体地级市
第Ⅰ类	郑州、济南、西安
第Ⅱ类	兰州、安阳、鹤壁、焦作、开封、洛阳、濮阳、新乡、银川、滨州、德州、东营、菏泽、济宁、聊城、泰安、淄博、太原
第Ⅲ类	三门峡、巴彦淖尔、包头、鄂尔多斯、呼和浩特、乌海、乌兰察布、石嘴山、晋城、临汾、吕梁、朔州、忻州、阳泉、运城、长治、宝鸡、渭南、咸阳、延安、榆林
第Ⅳ类	白银、定西、陇南、平凉、庆阳、天水、武威、固原、吴忠、中卫、海东、西宁、大同、晋中、商洛、铜川

由表8-3可以看出，2020年黄河流域经济发展质量较高地区主要包括郑州市、济南、西安，第Ⅱ类、第Ⅲ类地区主要分布在陕西、河南、山东、山

西等省。这些省作为黄河流域的主体部分，要加快制定和修订能源生产、绿色和低碳技术以及企业和产品碳排放量核算等关键领域的标准，不断提高标准国际化水平，了解标准体系的发展、实施和执行情况，加快完善与标准化相关的计量、认证认可、检验检测体系。进一步观察表 8-3 中第Ⅳ类可以发现，黄河中上游地区仍然是绿色低碳高质量发展水平较低地区的主要集中区域。因此，对于黄河中上游地区而言，要加强水土流失、土地荒漠化等生态问题的综合治理，恢复和保护森林、草原、湿地等自然生态系统，增强其自然固碳能力。同时，建立健全生态补偿机制，激励上下游地区协同推进生态环境保护。要加强政策引导与市场机制建设，推动绿色低碳技术研发与应用，通过综合施策、多方协同，推动黄河中上游地区绿色低碳高质量发展水平提升。

表 8-4　2021 年各地级市总指数得分聚类结果

类别	具体地级市
第Ⅰ类	郑州、济南、西安
第Ⅱ类	兰州、安阳、鹤壁、焦作、开封、洛阳、濮阳、新乡、呼和浩特、银川、滨州、德州、东营、菏泽、济宁、聊城、泰安、淄博、太原
第Ⅲ类	三门峡、巴彦淖尔、包头、鄂尔多斯、乌海、乌兰察布、石嘴山、吴忠、中卫、晋城、临汾、吕梁、朔州、忻州、阳泉、运城、长治、宝鸡、商洛、渭南、延安、榆林
第Ⅳ类	白银、定西、陇南、平凉、庆阳、天水、武威、固原、海东、西宁、大同、晋中、铜川、咸阳

由表 8-4 可以看出，2021 年与 2020 年各地市总指数得分的聚类结果相似，仅有个别地市出现类别划分的变动。郑州、济南、西安三个地级市仍处于同一类，三者同属于直接受益于强省会战略的北方强市。该类城市绿色低碳高质量发展得分排名比较靠前。这一结果与十年前基本保持一致，说明了作为经济大省的排头兵，省会城市通常存在政治和经济的双重侧重，拥有更高的战略地位，能够在扩绿增效的过程中获得先发优势。第Ⅲ类和第Ⅳ类的聚类结果呈现出一定的空间聚集性，基本集中在黄河流域上游和中游地区。在沿黄九省（区）中，上游和中游的部分省（区）普遍属于经济

欠发达的地区，这些区域存在着基础设施建设相对滞后、对外开放水平不高、科技自主创新能力不强等现状，因此具有较低的高质量发展水平。针对这一问题，国家提出采取内陆沿海双向开放的战略，提升流域高质量发展活力，为流域经济、欠发达地区新旧动能转换提供路径，为促进全国经济高质量发展提供支撑[1]。

1. 驱动力指数

表 8-5 展示了各地级市驱动力指数聚类结果，驱动力指数相关特征相近的地市聚合成一个类。其中，2010 年位于第Ⅰ类的包头、鄂尔多斯、呼和浩特、太原、西安的排名较高，而安阳、焦作、开封、洛阳等城市的驱动力排名相对靠后。在此后的 2015 年、2020 年、2021 年，第Ⅰ类城市整体变动不大，其他三类城市分布较为集中，与第Ⅰ类差距较大。在驱动力方面表现出色的城市，往往具备一些显著的特征。这些城市通常是第三产业或工业发展较为突出的地区，它们在经济发展中展现出了强大的活力和潜力，如内蒙古多个城市表现优秀。多年来，内蒙古一直高度重视旅游业的宣传和开发，不断加大对旅游业的投入和支持力度。在呼和浩特、鄂尔多斯等地区，当地政府积极兴建规范性旅游示范基地，通过提升旅游设施和服务水平，吸引了大量游客前来观光旅游。这些举措不仅促进了当地旅游业的快速发展，也带动了相关产业的繁荣，为城市经济发展注入了新的动力。这一内驱力不仅符合自然生态的趋向，更能够创造高于畜牧业的利润。通过发展旅游业，内蒙古加快了产业转型和升级，将传统的畜牧业转型为更具附加值和竞争力的旅游业，这不仅提高了当地居民的收入水平，也推动了城市经济的多元化发展。更重要的是，这种发展模式对于实现人与自然的协调发展具有重要意义。在旅游业的发展过程中，内蒙古注重保护自然生态环境，通过科学合理的规划和管理，确保旅游资源的可持续利用。同时，旅游业的发展也为当地居民提供了更多的就业机会和创业机会，让他们能够在保护生态环境的同时实现经济增收，促进了经济高质量发展。

---

[1]《黄河流域生态保护和高质量发展规划纲要》，中华人民共和国中央人民政府，https://www.gov.cn/zhengce/2021-10/08/content_5641438.htm。

表 8-5　各地市驱动力指数聚类结果

年份	类别	具体地级市
2010	第Ⅰ类	包头、鄂尔多斯、呼和浩特、东营、济南、淄博、太原、西安、郑州
	第Ⅱ类	兰州、鹤壁、三门峡、乌海、石嘴山、银川、西宁、济宁、聊城、泰安、大同、晋城、晋中、临汾、朔州、忻州、长治、宝鸡、渭南、咸阳、延安、榆林
	第Ⅲ类	白银、定西、陇南、平凉、庆阳、天水、武威、巴彦淖尔、乌兰察布、固原、吴忠、中卫、海东、吕梁、商洛、铜川
	第Ⅳ类	安阳、焦作、开封、洛阳、濮阳、新乡、滨州、德州、菏泽、阳泉、运城
2015	第Ⅰ类	兰州、郑州、包头、鄂尔多斯、呼和浩特、乌海、东营、济南、淄博、太原、西安
	第Ⅱ类	鹤壁、三门峡、巴彦淖尔、吴忠、银川、中卫、西宁、滨州、聊城、泰安、大同、晋城、晋中、临汾、吕梁、忻州、长治、延安、榆林
	第Ⅲ类	白银、定西、陇南、平凉、庆阳、天水、武威、乌兰察布、固原、石嘴山、海东、朔州、阳泉、宝鸡、商洛、铜川、渭南
	第Ⅳ类	安阳、焦作、开封、洛阳、濮阳、新乡、德州、菏泽、济宁、运城、咸阳
2020	第Ⅰ类	兰州、包头、鄂尔多斯、呼和浩特、乌海、银川、海东、东营、淄博、太原、榆林
	第Ⅱ类	白银、定西、陇南、平凉、庆阳、天水、武威、鹤壁、三门峡、巴彦淖尔、乌兰察布、固原、石嘴山、吴忠、中卫、西宁、聊城、大同、临汾、吕梁、阳泉、宝鸡、商洛、铜川、渭南、咸阳、延安
	第Ⅲ类	郑州、济南、西安
	第Ⅳ类	安阳、焦作、开封、洛阳、濮阳、新乡、滨州、德州、菏泽、济宁、泰安、晋城、晋中、朔州、忻州、运城、长治
2021	第Ⅰ类	兰州、郑州、包头、鄂尔多斯、呼和浩特、乌海、银川、东营、济南、淄博、太原、西安、榆林
	第Ⅱ类	白银、定西、陇南、平凉、庆阳、天水、武威、巴彦淖尔、乌兰察布、海东、西宁、大同、临汾、宝鸡、铜川、渭南、咸阳、延安
	第Ⅲ类	鹤壁、三门峡、固原、石嘴山、吴忠、中卫、晋城、晋中、吕梁、朔州、忻州、阳泉、长治、商洛
	第Ⅳ类	安阳、焦作、开封、洛阳、濮阳、新乡、滨州、德州、菏泽、济宁、聊城、泰安、运城

2. 压力指数

表 8-6 展示了黄河流域各地级市压力指数的聚类结果。在 2010 年，压力因素方面位于第Ⅳ类的白银、乌海、石嘴山、海东、阳泉、铜川的压力水平较为突出，这也在一定程度上反映了这些城市在绿色低碳高质量发展方面还有较大的提升空间。2015 年的聚类结果显示，第Ⅰ～Ⅲ类城市发展水平接近，第Ⅳ类城市压力水平明显高于其他城市，它们分别是白银、乌海、石嘴山、银川、中卫、海东、西宁、阳泉。在 2021 年，黄河流域处于第Ⅰ类的地级市数越来越多，说明近些年随着对绿色可持续发展的重视程度提高，各城市积极优化产业结构，推广节能技术，加强资源循环利用，降低了能源消耗和浪费，提高了资源的综合利用率。同时，通过加强环境监管，实施严格的排放标准，有效遏制了污染物的排放，改善了环境质量，并加大了对生态环境保护和修复的投入，积极推进绿化工程、水土保持项目等，提升了生态系统的稳定性和自我调节能力，生态环境得到了有效改善。

表 8-6 各地级市压力指数聚类结果

年份	类别	具体地级市
2010	第Ⅰ类	定西、兰州、陇南、平凉、庆阳、天水、武威、鹤壁、开封、巴彦淖尔、包头、呼和浩特、乌兰察布、固原、吴忠、银川、中卫、西宁、济南、泰安、晋中、朔州、太原、忻州、商洛、渭南、咸阳、延安、榆林
	第Ⅱ类	洛阳、三门峡、鄂尔多斯、大同、晋城、临汾、吕梁、运城、长治
	第Ⅲ类	安阳、焦作、濮阳、新乡、郑州、滨州、德州、东营、菏泽、济宁、聊城、淄博、宝鸡、西安、渭南
	第Ⅳ类	白银、乌海、石嘴山、海东、阳泉、铜川
2015	第Ⅰ类	定西、兰州、陇南、平凉、庆阳、天水、武威、鹤壁、开封、洛阳、濮阳、三门峡、巴彦淖尔、鄂尔多斯、呼和浩特、乌兰察布、固原、吴忠、东营、大同、晋城、朔州、太原、宝鸡、商洛、铜川、渭南、西安、咸阳、延安
	第Ⅱ类	安阳、包头、晋中、临汾、吕梁、忻州、运城、长治、榆林
	第Ⅲ类	焦作、新乡、郑州、滨州、德州、菏泽、济南、济宁、聊城、泰安、淄博
	第Ⅳ类	白银、乌海、石嘴山、银川、中卫、海东、西宁、阳泉

续表

年份	类别	具体地级市
2020	第Ⅰ类	定西、陇南、平凉、庆阳、天水、武威、安阳、鹤壁、焦作、开封、洛阳、濮阳、三门峡、巴彦淖尔、包头、鄂尔多斯、呼和浩特、乌兰察布、固原、济南、晋城、晋中、临汾、吕梁、朔州、太原、忻州、阳泉、长治、宝鸡、商洛、铜川、渭南、延安
	第Ⅱ类	新乡、郑州、滨州、德州、东营、菏泽、济宁、聊城、泰安、淄博、咸阳、榆林
	第Ⅲ类	石嘴山、运城
	第Ⅳ类	白银、兰州、乌海、吴忠、银川、中卫、海东、西宁、大同、西安
2021	第Ⅰ类	定西、陇南、平凉、庆阳、天水、武威、安阳、鹤壁、焦作、开封、洛阳、濮阳、三门峡、巴彦淖尔、包头、鄂尔多斯、呼和浩特、固原、海东、晋城、晋中、临汾、吕梁、朔州、太原、忻州、阳泉、运城、长治、宝鸡、商洛、铜川、渭南、延安
	第Ⅱ类	新乡、郑州、滨州、德州、东营、菏泽、济南、济宁、聊城、泰安、淄博、咸阳、榆林
	第Ⅲ类	乌兰察布、石嘴山、中卫
	第Ⅳ类	白银、兰州、乌海、吴忠、银川、西宁、大同、西安

总的来说，黄河流域各城市资源利用效率有了很大的提升，环境污染程度下降，发展态势良好。严重的环境污染和资源短缺会导致社会发展的动力不足，甚至对于相关产业的进一步发展也会产生影响，阻碍经济发展的水平和质量。环境压力主要涉及污染排放方面，关于压力因素，黄河流域各城市展现出的聚集性分类说明，在压力因素方面黄河流域各个城市的表现与反应比较集中。

3. 状态指数

表 8-7 展示了各地级市状态指数聚类结果。2010 年状态因素显示发展水平较高的是第Ⅰ类中的郑州、济南、太原、西安四个城市；而第Ⅳ类中白银、定西、陇南、平凉、庆阳、武威、固原、忻州这八个城市的发展水平较为落后；其余城市水平接近。由 2015 年绿色低碳高质量发展水平状态因素聚类结果可知，第Ⅰ类中西安、郑州、济南的状态因素水平较高，这说明状态因素

受城市发展水平的影响较大，而处于第Ⅳ类的城市主要集中于宁夏和甘肃。2020年、2021年同样归属于第Ⅰ类的郑州、西安、济南这三个地市的状态指数仍位居前列，然而位于甘肃的陇南、庆阳、武威这三个地市的状态指数多年来水平较低，如何达成社会经济发展与生态保护的协调共生仍是亟待解决的关键问题。济南、郑州、西安作为状态层面排名靠前的城市，反映了我国经济发展中存在的基本现状，即大城市优先发展所带来的固定反馈性优势——这主要依靠了省会城市对于人口的吸引力，包括但不限于社会环境质量提高、生活条件改善、就业机会多等。省会城市或人口密集城市在状态因素的衡量中展现了更大的优势，因此在状态层面表现得更好，这也值得中小型城市探索新兴产业，从而展现后发优势。

表8-7 各地级市状态指数聚类结果

年份	类别	具体地级市
2010	第Ⅰ类	郑州、济南、太原、西安
	第Ⅱ类	兰州、安阳、鹤壁、焦作、开封、洛阳、濮阳、新乡、乌海、银川、中卫、海东、滨州、德州、东营、菏泽、济宁、聊城、泰安、淄博、临汾、运城、渭南
	第Ⅲ类	天水、三门峡、巴彦淖尔、包头、鄂尔多斯、呼和浩特、乌兰察布、石嘴山、吴忠、西宁、大同、晋城、晋中、吕梁、朔州、阳泉、长治、宝鸡、商洛、铜川、咸阳、延安、榆林
	第Ⅳ类	白银、定西、陇南、平凉、庆阳、武威、固原、忻州
2015	第Ⅰ类	郑州、济南、西安
	第Ⅱ类	兰州、安阳、焦作、开封、洛阳、濮阳、新乡、呼和浩特、乌海、银川、海东、滨州、德州、东营、菏泽、济宁、聊城、泰安、淄博、太原、咸阳
	第Ⅲ类	白银、平凉、庆阳、天水、鹤壁、三门峡、巴彦淖尔、包头、鄂尔多斯、乌兰察布、石嘴山、吴忠、中卫、西宁、大同、晋城、晋中、临汾、吕梁、朔州、忻州、阳泉、运城、长治、宝鸡、铜川、渭南、延安、榆林
	第Ⅳ类	定西、陇南、武威、固原、商洛

第8章 黄河流域绿色低碳高质量发展的时空特征

续表

年份	类别	具体地级市
2020	第Ⅰ类	郑州、济南、西安
	第Ⅱ类	平凉、天水、安阳、鹤壁、焦作、开封、濮阳、新乡、乌海、固原、石嘴山、吴忠、银川、中卫、滨州、德州、东营、菏泽、济宁、泰安、淄博、朔州、太原、忻州、渭南
	第Ⅲ类	白银、兰州、洛阳、三门峡、巴彦淖尔、包头、鄂尔多斯、呼和浩特、乌兰察布、西宁、聊城、大同、晋城、晋中、临汾、吕梁、阳泉、运城、长治、宝鸡、铜川、咸阳、延安、榆林
	第Ⅳ类	定西、陇南、庆阳、武威、海东、商洛
2021	第Ⅰ类	郑州、济南、西安
	第Ⅱ类	平凉、天水、鹤壁、三门峡、巴彦淖尔、包头、鄂尔多斯、呼和浩特、乌兰察布、石嘴山、吴忠、中卫、西宁、大同、晋城、晋中、临汾、吕梁、朔州、忻州、阳泉、运城、长治、宝鸡、铜川、渭南、咸阳、延安、榆林
	第Ⅲ类	安阳、焦作、开封、洛阳、濮阳、新乡、乌海、银川、海东、滨州、德州、东营、菏泽、济宁、聊城、泰安、淄博、太原
	第Ⅳ类	白银、定西、兰州、陇南、庆阳、武威、固原、商洛

4. 影响指数

据表 8-8 所示，在 2010 年的影响因素方面，第Ⅰ类中洛阳、郑州、菏泽、济南、济宁、泰安、淄博、太原、西安的排名较高；第Ⅳ类中多为甘肃和山西的城市聚集，且影响因素排名较低，其中陇南和天水两市排名明显低于其他城市。由 2015 年绿色低碳高质量发展水平影响因素聚类结果可知，郑州、济南、济宁、泰安、淄博、太原、西安同属第Ⅰ类，其中济南、西安、郑州、泰安、淄博、济宁六个城市的影响因素水平远高于其余城市，位居前六名，这说明影响因素受城市发展水平的影响较大。由 2020 年绿色低碳高质量发展水平影响因素聚类结果可以看出，郑州、济南、聊城、西安同属第Ⅰ类，泰安和淄博同属第Ⅱ类，且影响因素排名较前。纵观 58 个地级市的影响因素排名情况，山东的城市普遍表现亮眼，其中济南的表现尤为突出，位列影响指数排名第一位。由 2021 年绿色低碳高质量发展水平影响因素聚类结果可知，内蒙古各地市基本聚集在一类，说明内蒙古各地级市之间在绿色低碳高质量发展的影响力水平方面差距不大。在影响维度方面，黄河流域下游城市主要在社会影响领域进行了较为突出的改进，例如山东积极建设绿色低碳高质量发展先行区，推动高水平科技自立自强，建设全国区域创新中心等，这也为上游省份在绿色低碳转型道路上的发展方向提供了新的思路。

表 8-8 各地级市影响指数聚类结果

年份	类别	具体地级市
2010	第Ⅰ类	洛阳、郑州、菏泽、济南、济宁、泰安、淄博、太原、西安
	第Ⅱ类	兰州、武威、安阳、鹤壁、焦作、濮阳、新乡、巴彦淖尔、包头、鄂尔多斯、乌海、固原、吴忠、银川、海东、西宁、滨州、德州、东营、聊城、晋城、吕梁、朔州、忻州、运城、长治、铜川、延安、榆林
	第Ⅲ类	白银、平凉、三门峡、呼和浩特、乌兰察布、石嘴山、大同、阳泉、宝鸡、商洛、渭南
	第Ⅳ类	定西、陇南、庆阳、天水、开封、中卫、晋中、临汾、咸阳
2015	第Ⅰ类	郑州、济南、济宁、泰安、淄博、太原、西安
	第Ⅱ类	陇南、焦作、洛阳、三门峡、巴彦淖尔、包头、鄂尔多斯、呼和浩特、乌海、吴忠、银川、阳泉、运城、宝鸡、商洛
	第Ⅲ类	定西、兰州、天水、武威、安阳、鹤壁、开封、濮阳、新乡、乌兰察布、石嘴山、中卫、海东、滨州、德州、东营、菏泽、聊城、晋城、晋中、临汾、朔州、忻州、长治、铜川、渭南、咸阳、延安、榆林
	第Ⅳ类	白银、平凉、庆阳、固原、西宁、大同、吕梁
2020	第Ⅰ类	郑州、济南、聊城、西安
	第Ⅱ类	泰安、淄博
	第Ⅲ类	陇南、洛阳、三门峡、巴彦淖尔、包头、鄂尔多斯、呼和浩特、乌海、乌兰察布、石嘴山、吴忠、晋城、临汾、吕梁、朔州、太原、忻州、阳泉、运城、长治、宝鸡、商洛、咸阳、延安、榆林
	第Ⅳ类	白银、定西、兰州、平凉、庆阳、天水、武威、安阳、鹤壁、焦作、开封、濮阳、新乡、固原、银川、中卫、海东、西宁、滨州、德州、东营、菏泽、济宁、大同、晋中、铜川、渭南
2021	第Ⅰ类	郑州、济南、西安
	第Ⅱ类	白银、兰州、开封、西宁、滨州、德州、东营、菏泽、济宁、聊城、泰安、淄博、大同、吕梁、朔州、忻州、长治、铜川、咸阳

续表

年份	类别	具体地级市
2021	第Ⅲ类	定西、平凉、庆阳、天水、武威、安阳、鹤壁、洛阳、濮阳、新乡、乌兰察布、固原、海东、晋城、晋中
	第Ⅳ类	陇南、焦作、三门峡、巴彦淖尔、包头、鄂尔多斯、呼和浩特、乌海、石嘴山、吴忠、银川、中卫、临汾、太原、阳泉、运城、宝鸡、商洛、渭南、延安、榆林

5. 响应指数

据表 8-9 所示，在 2010 年的响应因素方面，济南、西安同属一类且响应指数排名较高；其余城市组成了三个发展特征不同的类别，且类内城市数量相近，说明济南和西安在响应层面明显优于其他城市。由 2015 年绿色低碳高质量发展水平响应因素聚类结果可知，郑州、济南、西安三个城市同属一类，且西安、济南响应因素水平分别位列第一、第二，这说明响应因素受城市发展水平的影响较大。由 2020 年绿色低碳高质量发展水平响应指数聚类结果可以看出，黄河流域的各个城市在绿色减污增效领域收获了一定成果。其中，济南、西安、郑州三个城市同属一类，作为省会城市在响应因素上表现最优。从表中提供的信息来看，省会城市或经济发达地区对于响应层所作出的贡献更为突出。经济发达的城市往往会吸引更多的常住人口，为了能够更好地发展，这些城市往往会更加积极地改善城市面貌，提高市民生活质量，而当地政府则会更倾向于制定有利于环境保护的政策，有助于绿色低碳高质量发展进程的推进。

表 8-9 各地市响应指数聚类结果

年份	类别	具体地级市
2010	第Ⅰ类	济南、西安
	第Ⅱ类	兰州、洛阳、郑州、包头、鄂尔多斯、呼和浩特、西宁、滨州、济宁、泰安、淄博、太原
	第Ⅲ类	白银、定西、陇南、平凉、庆阳、天水、武威、乌兰察布、固原、石嘴山、吴忠、银川、中卫、海东、大同、晋中、临汾、朔州、忻州、阳泉、运城、商洛、铜川、渭南
	第Ⅳ类	安阳、鹤壁、焦作、开封、濮阳、三门峡、新乡、巴彦淖尔、乌海、德州、东营、菏泽、聊城、晋城、吕梁、长治、宝鸡、咸阳、延安、榆林

续表

年份	类别	具体地级市
2015	第Ⅰ类	郑州、济南、西安
	第Ⅱ类	安阳、焦作、洛阳、包头、乌海、滨州、德州、济宁、泰安、淄博、太原
	第Ⅲ类	白银、定西、兰州、陇南、平凉、天水、呼和浩特、固原、银川、西宁、大同、晋中、临汾、朔州、忻州、阳泉、运城、长治
	第Ⅳ类	庆阳、武威、鹤壁、开封、濮阳、三门峡、新乡、巴彦淖尔、鄂尔多斯、乌兰察布、石嘴山、吴忠、中卫、海东、东营、菏泽、聊城、晋城、吕梁、宝鸡、商洛、铜川、渭南、咸阳、延安、榆林
2020	第Ⅰ类	郑州、济南、西安
	第Ⅱ类	定西、兰州、陇南、平凉、天水、武威、包头、呼和浩特、固原、西宁、菏泽、济宁、聊城、泰安、大同、临汾、朔州、忻州、阳泉、运城、商洛、铜川
	第Ⅲ类	鹤壁、焦作、开封、洛阳、濮阳、新乡、石嘴山、银川、滨州、德州、淄博、太原
	第Ⅳ类	白银、庆阳、安阳、三门峡、巴彦淖尔、鄂尔多斯、乌海、乌兰察布、吴忠、中卫、海东、东营、晋城、晋中、吕梁、长治、宝鸡、渭南、咸阳、延安、榆林
2021	第Ⅰ类	郑州、济南、西安
	第Ⅱ类	定西、兰州、陇南、平凉、天水、武威、安阳、焦作、濮阳、包头、呼和浩特、固原、海东、西宁、德州、菏泽、济宁、聊城、泰安、大同、朔州、阳泉、商洛、铜川
	第Ⅲ类	鹤壁、开封、洛阳、新乡、石嘴山、银川、滨州、淄博、太原
	第Ⅳ类	白银、庆阳、三门峡、巴彦淖尔、鄂尔多斯、乌海、乌兰察布、吴忠、中卫、东营、晋城、晋中、临汾、吕梁、忻州、运城、长治、宝鸡、渭南、咸阳、延安、榆林

8.2 黄河流域绿色低碳高质量发展的空间关联性评价

根据地理学第一定律，一个区域内不同地域单元的某一属性存在相互影响的某种特性，且这种性质随着地理距离的增加而减弱。因此，有必要对于黄河流域所涉及的地理单元进行相应的绿色低碳高质量发展水平的空间关联性评价，这有助于探索关于绿色发展的空间溢出效应或空间挤兑效应，以及相邻的省份与城市间对于减污降碳的合作效应是否显著。相关研究通常使用Moran's I（莫兰指数）研究空间相关系数。莫兰指数通常分为两种，分别是全局莫兰指数和局部莫兰指数。全局莫兰指数用于分析整体上是否存在空间相关关系，如果全局莫兰指数呈现出显著性，可进一步深入分析局部莫兰指数，分析具体的空间关联性等细节关系情况。Moran's I＞0表示正空间相关性，即数值越大，空间相关性越高；Moran's I＜0表示负空间相关性，即数值越小，空间差异性越大。正空间相关性意味着空间分布（距离）越集中，相关性越显著；反之，负空间相关性意味着空间分布越离散，相关性越显著。

1. 总指数

如表8-10所示，从全局莫兰指数看，黄河流域绿色低碳高质量发展水平的空间相关性正在逐步增强，且保持高度显著，这说明了随着经济的发展，各省（区）在联合治理方面也有较为突出的表现。其中2010年莫兰指数值达到了0.304，且在1%的水平下显著，这说明在2010年黄河流域各个省（区）之间绿色低碳高质量发展水平的空间关联性较为强烈。此后，2011—2016年全局莫兰指数的数值有所下滑，但都保持了在10%的水平下显著。可能的原因在于，其间各个省（区）由于发展顺序有先后，对于节能减排的意识也较为薄弱，因此出现了空间相关性的减弱。在这一阶段内，黄河流域大力开发煤炭、矿产等土地资源，导致我国碳排放量逐年走高，也因此造成了诸如雾霾、沙尘暴等恶劣气候影响。黄河流域下游省份，如河南省、山东省，均在大力加速工业化与城镇化进程，制造业得以快速发展，省（区）之间的经济差距逐步拉开。随着我国一系列环保政策的提出，黄河流域各个省（区）都开始行动起来，"十三五"规划、环境保护税、垃圾分类、蓝天保卫战、生态保护红线、PPP模式等各项政策不断推进，全国对环境保护问题高度重视，环保产业成为引领经济转型和结构调整的重要力量。2017年以来，黄河流域各省（区）绿色低碳高质量发展水平的全局莫兰指数保持在0.2左右，说明我国所采取的各项环保促进手段取得了一定成效，各省（区）联动共创黄河绿野蓝天。

表 8-10　总指数全局莫兰指数

年份	Moran's I	标准差 sd（I）	统计量 z	p 值*
2010	0.304***	0.174	2.466	0.007
2011	0.105*	0.176	1.305	0.096
2012	0.216**	0.175	1.952	0.025
2013	0.194**	0.165	1.932	0.027
2014	0.210**	0.172	1.944	0.026
2015	0.154*	0.173	1.613	0.053
2016	0.138*	0.169	1.555	0.060
2017	0.236**	0.175	2.060	0.020
2018	0.212**	0.173	1.948	0.026
2019	0.253**	0.170	2.224	0.013
2020	0.214**	0.177	1.913	0.028
2021	0.252**	0.174	2.175	0.015

注：*、**和***分别代表在10%、5%和1%水平下空间相关性通过显著性检验。除特别说明外，本章其他表中相应符号含义相同，不再另行解释。

进一步对黄河流域各省（区）进行2010年与2021年的局部莫兰指数检验，结果如表8-11所示。如图8-1和图8-2所示，由局部莫兰指数的结果来看，仅有山东省与河南省在2010年与2021年的莫兰指数均显著且位于第一象限，这说明黄河流域下游的两个经济大省对于周边省（区）的绿色低碳高质量发展具有明显的带动作用，而其他省（区）的连带效果在各个年份中

第8章 黄河流域绿色低碳高质量发展的时空特征

并不显著。得益于经济发展与地理位置，河南省与山东省在绿色减排、降污增效方面所做出的行动较为突出。例如，2021年黄河中游的河南省和下游的山东省经协商达成一致，签订了《黄河流域（豫鲁段）横向生态保护补偿协议》，该协议约定，黄河干流跨两省交界的刘庄国控断面水质年均值在Ⅲ类基础上，每改善一个水质类别，山东给予河南6 000万补偿资金；反之，每恶化一个水质类别，河南给予山东6 000万元补偿资金。此外，断面3项关键污染物年度指数每下降1个百分点，山东给予河南100万元补偿资金；反之，每上升1个百分点，河南要给予山东100万元补偿资金，上限4 000万元。在该协议约定之前，国家就已经重点强调各省域要遵循"保护责任共担、流域环境共治、生态效益共享"的原则，探索建立具有示范意义的全流域横向生态补偿模式[1]。因此，山东省与河南省之间的生态补偿协议不只是单向约定生态保护的受益方要给保护方一定的补偿，还同时约定治理不达标的一方要给"受害方"对等补偿。如此一来，生态补偿的公平性增强，确保了双方权责对等，同时也强化了保护方的生态修复动力和积极性。2022年，经过治理后，黄河入鲁的水质始终保持在Ⅱ类水质以上，省际的联动为促进黄河流域绿色低碳高质量发展提供了参考。

表8-11 总指数局部莫兰指数

省份	年份	Moran's Ii	标准差 sd（Ii）	统计量 z	p 值*
甘肃	2010	0.455**	0.299	1.939	0.026
甘肃	2021	0.348*	0.299	1.581	0.057
河南	2010	0.787**	0.457	1.996	0.023
河南	2021	0.634**	0.456	1.663	0.048
内蒙古	2010	−0.1	0.366	0.068	0.473
内蒙古	2021	0.279	0.366	1.104	0.135
宁夏	2010	0.317	0.457	0.967	0.167
宁夏	2021	0.539*	0.456	1.454	0.073

---

[1] 《关于印发〈支持引导黄河全流域建立横向生态补偿机制试点实施方案〉的通知》，中华人民共和国中央人民政府，https://www.gov.cn/zhengce/zhengceku/2020-05/09/content_5510182.htm。

续表

省份	年份	Moran's Ii	标准差 sd（Ii）	统计量 z	p 值*
青海	2010	0.67*	0.598	1.329	0.092
	2021	0.107	0.597	0.389	0.349
山东	2010	2.392***	0.897	2.807	0.003
	2021	2.192***	0.895	2.588	0.005
山西	2010	−0.006	0.457	0.26	0.397
	2021	−0.035	0.456	0.198	0.422
陕西	2010	0.002	0.244	0.519	0.302
	2021	0.011	0.245	0.556	0.289
四川	2010	0.065	0.457	0.417	0.338
	2021	−0.391	0.456	−0.582	0.28

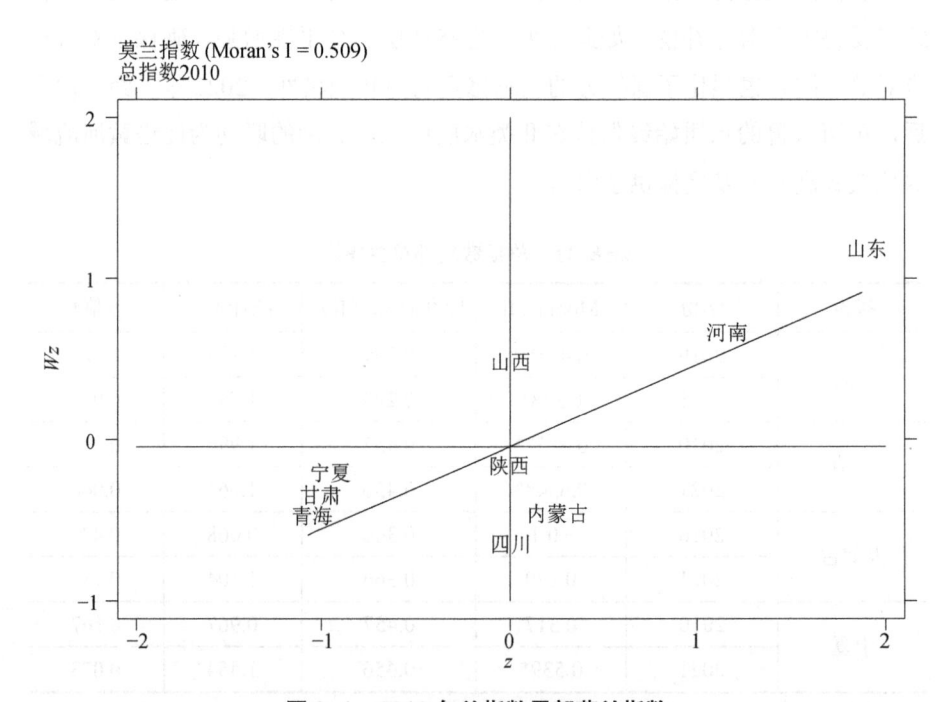

图 8-1　2010 年总指数局部莫兰指数

注：横轴 z 表示观测值与均值之间的离差，纵轴 Wz 表示空间加权平均值。本章其他图中相应横、纵轴含义相同，不再另行解释。

第 8 章　黄河流域绿色低碳高质量发展的时空特征

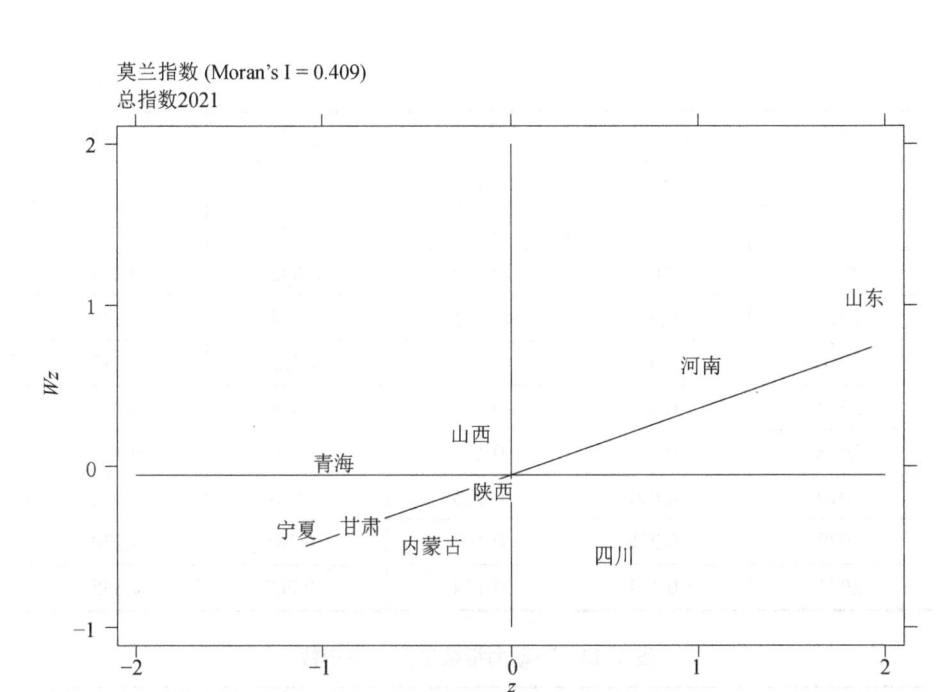

莫兰指数 (Moran's I = 0.409)
总指数2021

图 8-2　2021 年总指数局部莫兰指数

2. 驱动力指数

如表 8-12 所示，从全局莫兰指数看，黄河流域绿色低碳高质量发展的驱动力因素并没有显著的空间相关性。全局莫兰指数不显著这一结果说明了各个省份对于绿色发展的内驱力有不同的侧重点，主要取决于省份自身特点，并没有明显的空间整体性。具体到各个省（区）2010 年与 2021 年的对比，如表 8-13、图 8-3 和图 8-4 所示，除内蒙古外，驱动力因素的局部莫兰指数均不显著，各个省（区）在驱动力上不存在明显的空间关联性，各省（区）自然条件不一、发展时间有先后，因此在绿色低碳高质量发展的驱动力上没有显示出统一性质。

表 8-12　驱动力指数全局莫兰指数

年份	Moran's I	标准差 sd（I）	统计量 z	p 值*
2010	0.016	0.170	0.829	0.204
2011	−0.003	0.174	0.702	0.241

续表

年份	Moran's I	标准差 sd（I）	统计量 z	p 值*
2012	0.017	0.174	0.815	0.208
2013	−0.041	0.175	0.482	0.315
2014	−0.021	0.172	0.602	0.274
2015	−0.049	0.171	0.444	0.329
2016	−0.026	0.173	0.575	0.282
2017	−0.018	0.173	0.619	0.268
2018	−0.046	0.174	0.456	0.324
2019	−0.091	0.175	0.196	0.422
2020	−0.218	0.160	−0.585	0.279
2021	−0.171	0.174	−0.267	0.395

表 8-13　驱动力指数局部莫兰指数

省份	年份	Moran's Ii	标准差 sd（Ii）	统计量 z	p 值*
甘肃	2010	0.205	0.301	1.097	0.136
	2021	−0.143	0.299	−0.059	0.476
河南	2010	0.017	0.451	0.314	0.377
	2021	−0.090	0.457	0.076	0.470
内蒙古	2010	−0.665*	0.365	−1.481	0.069
	2021	−1.044***	0.366	−2.508	0.006
宁夏	2010	0.016	0.451	0.312	0.378
	2021	−0.004	0.457	0.264	0.396
青海	2010	0.578	0.587	1.198	0.116
	2021	0.555	0.599	1.135	0.128
山东	2010	0.114	0.877	0.273	0.392
	2021	−0.524	0.898	−0.445	0.328
山西	2010	−0.007	0.451	0.262	0.397
	2021	−0.182	0.457	−0.124	0.451
陕西	2010	−0.003	0.250	0.487	0.313
	2021	0.026	0.244	0.620	0.268
四川	2010	0.265	0.451	0.865	0.193
	2021	−0.056	0.457	0.151	0.440

第 8 章 黄河流域绿色低碳高质量发展的时空特征

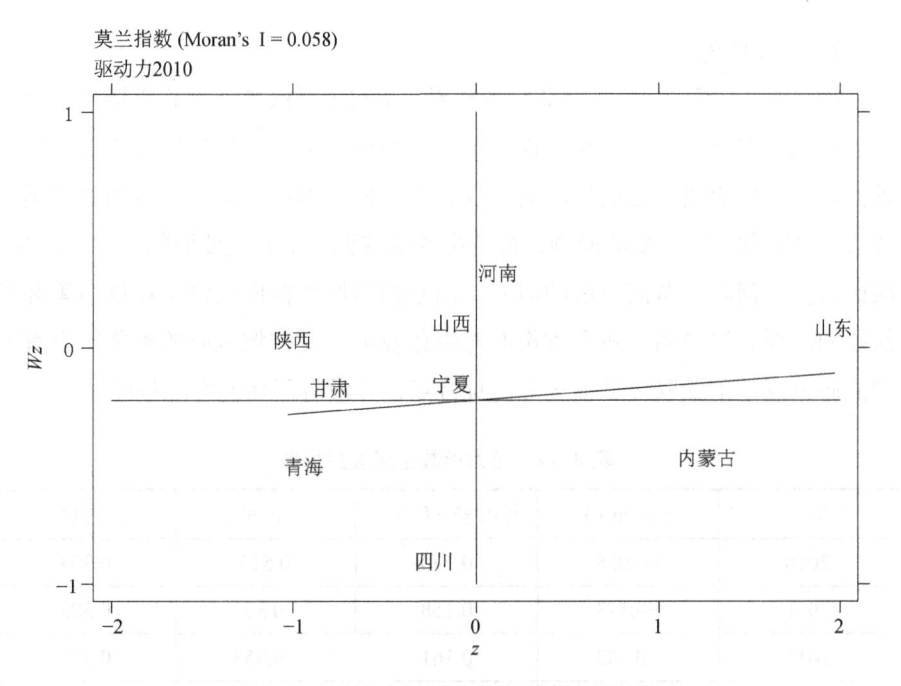

图 8-3 2010 年驱动力指数局部莫兰指数

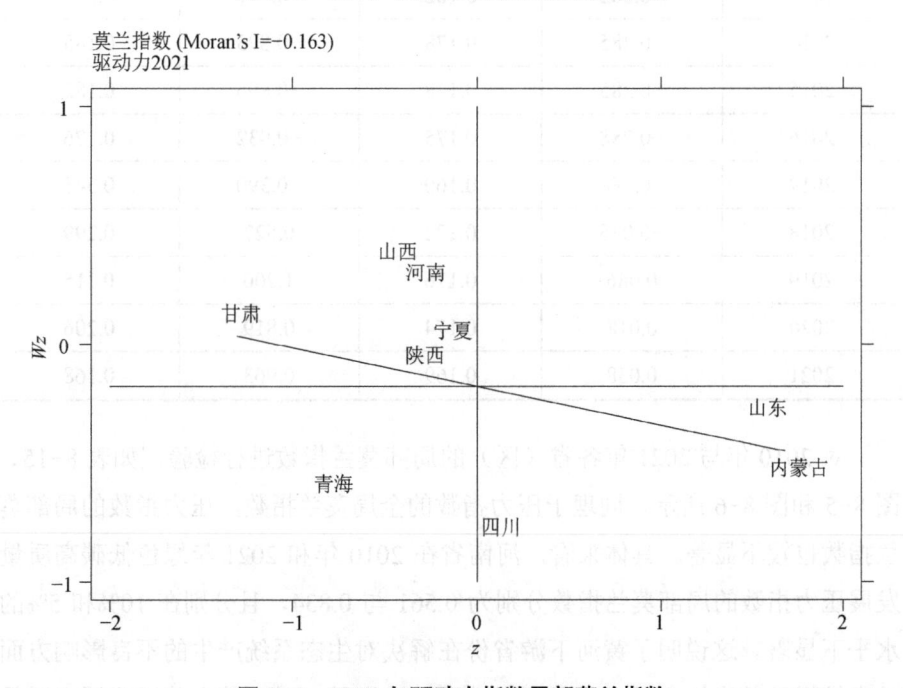

图 8-4 2021 年驱动力指数局部莫兰指数

3. 压力指数

如表8-14所示，从全局莫兰指数看，黄河流域绿色低碳高质量发展的压力因素并没有显著的空间相关性。黄河流域地区由于独特的地理位置和气候条件，各个省份所面临的环境问题也各有不同。例如，黄河上游的甘肃亟须解决土地沙化、沙尘暴等问题，黄河中游的陕西、山西主要面临着水土流失、煤矿修复等问题，黄河下游的河南、山东两省则更倾向关注工业排污等环境问题的治理。这说明了各个省份面对绿色发展、减排增效时的外部压力有不同的侧重点，主要取决于各省份自身特点，并没有明显的空间整体性。

表8-14 压力指数全局莫兰指数

年份	Moran's I	标准差 sd（I）	统计量 z	p 值*
2010	−0.038	0.170	0.513	0.304
2011	−0.173	0.158	−0.301	0.382
2012	−0.182	0.161	−0.353	0.362
2013	−0.202	0.162	−0.477	0.317
2014	−0.285	0.178	−0.895	0.185
2015	−0.285	0.178	−0.896	0.185
2016	−0.288	0.175	−0.932	0.176
2017	−0.188	0.160	−0.390	0.348
2018	−0.035	0.172	0.527	0.299
2019	0.086	0.176	1.200	0.115
2020	0.018	0.174	0.819	0.206
2021	0.038	0.169	0.963	0.168

对2010年与2021年各省（区）的局部莫兰指数进行检验，如表8-15、图8-5和图8-6所示，同理于压力指数的全局莫兰指数，压力指数的局部莫兰指数也较不显著。具体来看，河南省在2010年和2021年绿色低碳高质量发展压力指数的局部莫兰指数分别为0.561与0.834，且分别在10%和5%的水平下显著。这说明了黄河下游省份在解决对生态系统产生的不良影响方面具有较强的前瞻性意识，且积极带动了周边省份，对于整个黄河流域来说具

有引领示范的作用。例如，河南省积极支持金融业改革创新，深入实施"引金入豫"工程，通过引进外部金融资源和培育本土金融机构，河南省成功打造了一支实力雄厚的"金融豫军"，为地方经济发展提供了强有力的金融支撑。同时，河南省还推动地方金融机构完善现代金融企业制度，提升金融服务的效率和质量。此外，河南省大力发展普惠金融、科技金融和绿色金融，力争社会融资规模达到 9 000 亿元，推动经济社会的可持续发展，为整个黄河流域的绿色发展注入了新的动力。

表 8-15　压力指数局部莫兰指数

省份	年份	Moran's Ii	标准差 sd（Ii）	统计量 z	p 值*
甘肃	2010	0.050	0.301	0.581	0.281
	2021	−0.136	0.301	−0.036	0.486
河南	2010	0.561*	0.450	1.525	0.064
	2021	0.834**	0.449	2.134	0.016
内蒙古	2010	−0.004	0.364	0.333	0.370
	2021	0.085	0.364	0.578	0.282
宁夏	2010	−0.645	0.450	−1.155	0.124
	2021	−0.294	0.449	−0.376	0.353
青海	2010	−0.275	0.585	−0.257	0.399
	2021	−0.083	0.584	0.072	0.471
山东	2010	0.749	0.873	1.001	0.158
	2021	0.796	0.870	1.058	0.145
山西	2010	−0.142	0.450	−0.037	0.485
	2021	0.182	0.449	0.682	0.248
陕西	2010	−0.131	0.251	−0.024	0.490
	2021	−0.223	0.251	−0.389	0.349
四川	2010	−0.036	0.450	0.198	0.421
	2021	0.008	0.449	0.295	0.384

>> 黄河流域绿色低碳高质量发展统计测度及提升路径研究

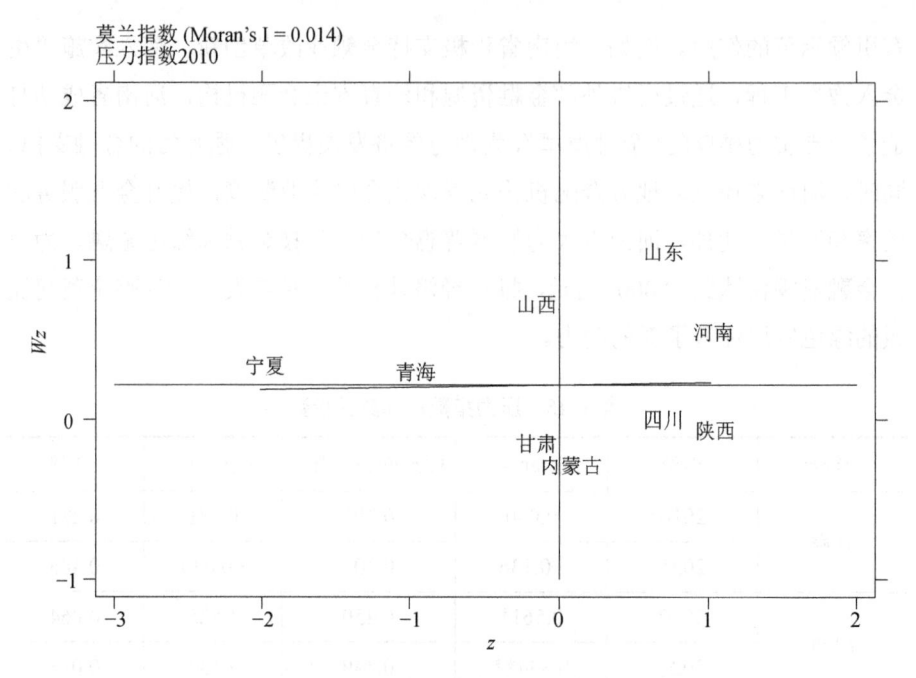

图 8-5　2010 年压力指数局部莫兰指数

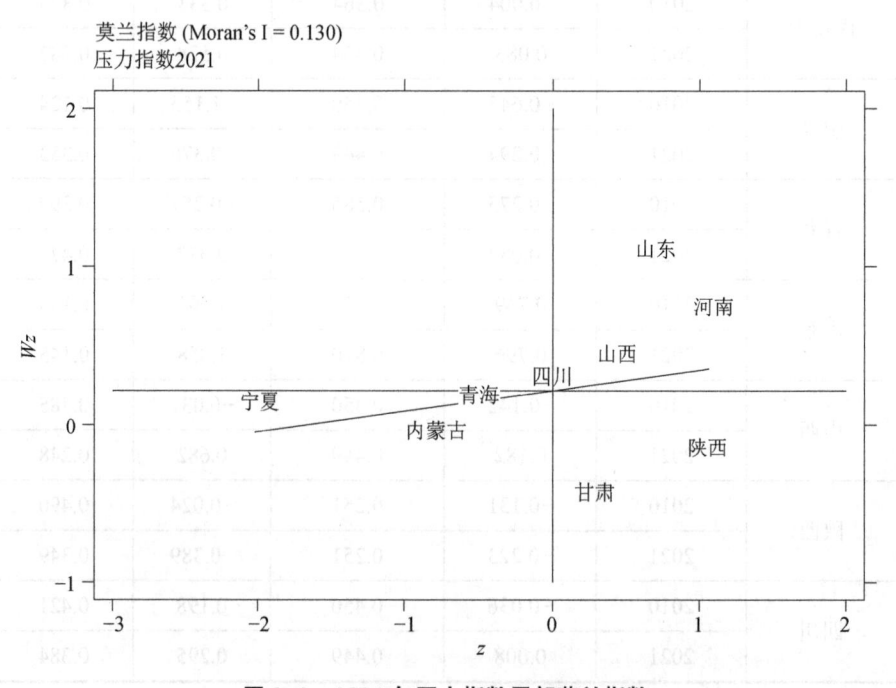

图 8-6　2021 年压力指数局部莫兰指数

4. 状态指数

如表 8-16 所示，从全局莫兰指数看，黄河流域绿色低碳高质量发展状态因素存在一定的空间相关性，但呈现出小幅的波动性，例如 2017 年各省（区）状态指数高度相关，但 2019 年出现了不显著的弱相关趋势。状态指数的表现较高程度上依赖于环保政策施行与政府监督。状态因素包含自然生态系统的状态和人类社会系统发展表现出的状态及其变化态势，本体系主要从环境质量和生活质量两个方面进行评价，因此很大程度上依赖于当地政府所制定的环保政策与扶持资金，这也是各年份状态指数出现波动的重要原因。我国自 2013 年开始实施"大气十条"政策，旨在改善大气污染治理工作，并于 2017 年进一步加强了空气污染防治，提出了"蓝天保卫战"行动计划。此外，2017 年是党和国家事业发展中具有重大意义的一年，同时也是《"十三五"生态环境保护规划》得以全面施行的关键之年。各地区、各部门在党中央坚强领导下，以习近平新时代中国特色社会主义思想为指导，认真贯彻党中央、国务院决策部署，以改善生态环境质量为核心，以加快建设生态文明标志性举措为突破口，全力以赴推进生态环境保护各项工作，取得积极进展和成效。

表 8-16 状态指数全局莫兰指数

年份	Moran's I	标准差 sd（I）	统计量 z	p 值*
2010	0.101	0.181	1.251	0.105
2011	0.100*	0.173	1.304	0.096
2012	0.129*	0.174	1.453	0.073
2013	−0.015	0.163	0.671	0.251
2014	0.205**	0.168	1.965	0.025
2015	0.242**	0.181	2.031	0.021
2016	0.063	0.157	1.196	0.116
2017	0.295***	0.174	2.408	0.008
2018	0.214**	0.173	1.967	0.025
2019	0.068	0.163	1.181	0.119
2020	0.329***	0.173	2.632	0.004
2021	0.257**	0.167	2.288	0.011

此外，对各省份状态指数的局部莫兰指数进行分年测算，结果如表 8-17、图 8-7 和图 8-8 所示。可以看到，在 2021 年度的测算结果中，河南、青海、山东、甘肃四省状态指数的莫兰指数显著且为正，这说明上述四省在改善生态系统、维护黄河绿色发展方面起到了正向的带动作用。除去山东、河南两个经济大省，青海省的状态莫兰指数为 0.835，这体现了青海省作为西北内陆省份充分的能动性，特别是在风光水能方面，为太阳能、风能、水能等清洁能源开发利用保驾护航；在保护环境领域，合理利用税收"绿色杠杆"导向，促进企业加快环境保护设备升级改造，优化自然生态环境发展；在资源利用领域，青海省积极推动资源的综合利用、精深加工以及产业链的延伸，以帮助企业减少对矿产资源的过度依赖，持续获得资源利用的红利，这一系列政策举措也在一定程度上对邻近省份起到积极的示范作用。

表 8-17　状态指数局部莫兰指数

省份	年份	Moran's Ii	标准差 sd（Ii）	统计量 z	p 值*
甘肃	2010	0.451**	0.296	1.948	0.026
	2021	0.488**	0.303	2.024	0.021
河南	2010	0.489*	0.468	1.312	0.095
	2021	0.501*	0.445	1.407	0.080
内蒙古	2010	−0.078	0.370	0.128	0.449
	2021	0.058	0.363	0.503	0.307
宁夏	2010	0.074	0.468	0.425	0.335
	2021	0.166	0.445	0.654	0.257
青海	2010	−0.266	0.619	−0.228	0.410
	2021	0.835**	0.576	1.667	0.048
山东	2010	0.784	0.937	0.970	0.166
	2021	1.175*	0.855	1.520	0.064
山西	2010	−0.097	0.468	0.060	0.476
	2021	0.040	0.445	0.371	0.355
陕西	2010	−0.189	0.233	−0.275	0.392
	2021	0.008	0.255	0.520	0.302
四川	2010	0.189	0.468	0.671	0.251
	2021	0.007	0.445	0.297	0.383

第8章　黄河流域绿色低碳高质量发展的时空特征

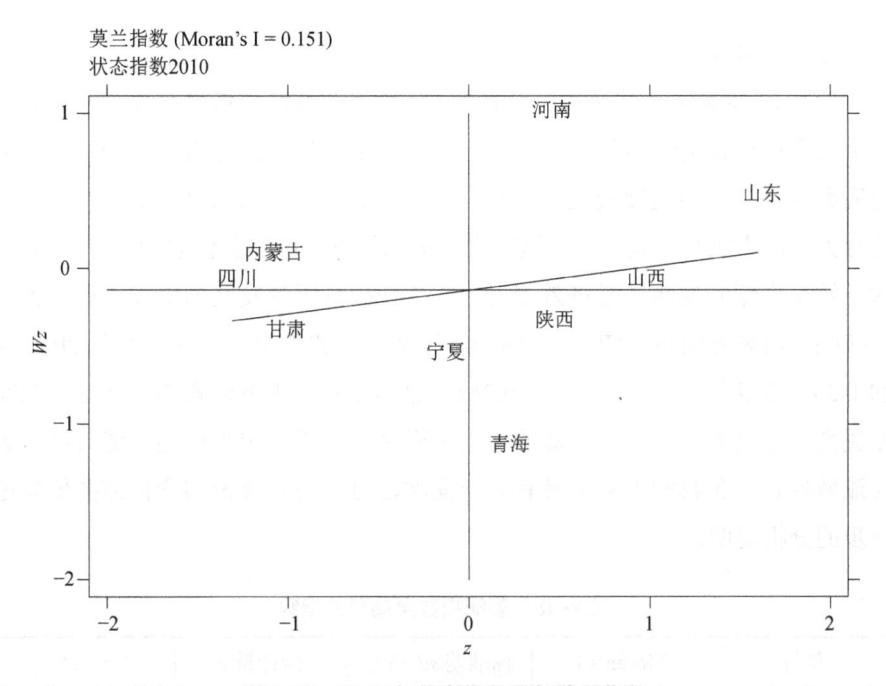

图 8-7　2010 年状态指数局部莫兰指数

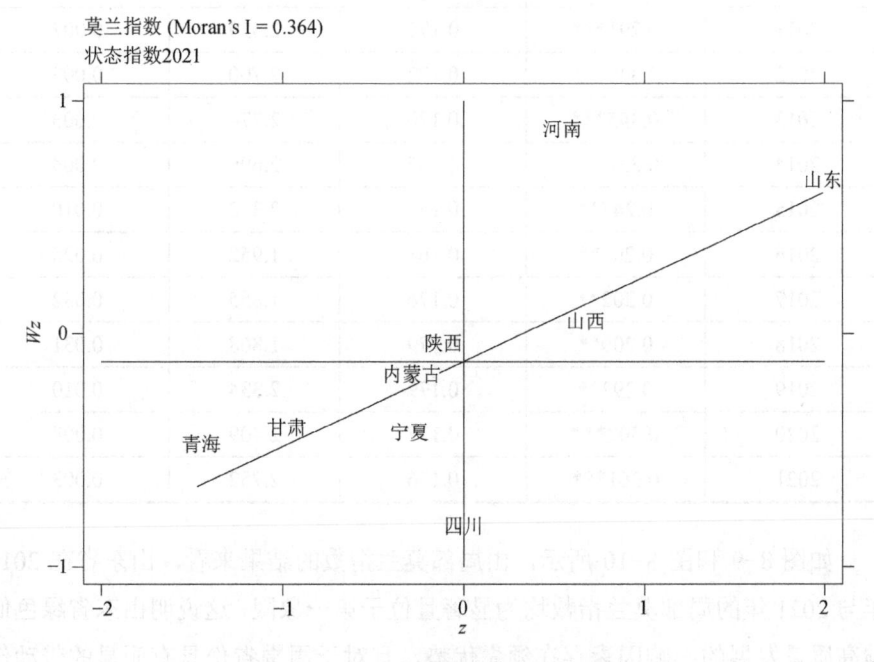

图 8-8　2021 年状态指数局部莫兰指数

5. 影响指数

如表 8-18 所示,从全局莫兰指数看,黄河流域绿色低碳高质量发展的影响因素存在显著空间相关性,而且莫兰指数保持在 0.3 左右。这一直观结果说明影响因素的相关性较之其他因素更加强烈,究其原因可能是影响因素主要分为社会影响与环境影响,这些指标更加依赖地区的整体效应。与此同时,这一结果也侧面说明了经济效应对于绿色低碳高质量发展的支撑作用,各省市在联合治理方面也有较为突出的表现。影响因素的全局莫兰指数从 2010 年的 0.291 逐步上升至 2021 年的 0.361。总体上看,影响因素的省(区)空间相关性十分显著,其莫兰指数的值也在五个一级指数中平均绝对值最高,黄河流域各省份在影响因素上具有同一变动趋势,而各省份的变化需要依靠进一步的分析说明。

表 8-18　影响指数全局莫兰指数

年份	Moran's I	标准差 sd（I）	统计量 z	p 值*
2010	0.291***	0.174	2.393	0.008
2011	0.291***	0.171	2.439	0.007
2012	0.340***	0.172	2.700	0.003
2013	0.345***	0.170	2.774	0.003
2014	0.321***	0.165	2.696	0.004
2015	0.247**	0.161	2.312	0.010
2016	0.203**	0.168	1.952	0.025
2017	0.202**	0.176	1.855	0.032
2018	0.209**	0.179	1.868	0.031
2019	0.292**	0.179	2.334	0.010
2020	0.302***	0.177	2.409	0.008
2021	0.361***	0.176	2.752	0.003

如图 8-9 和图 8-10 所示,由局部莫兰指数的结果来看,山东省在 2010 年与 2021 年的局部莫兰指数均为显著且位于第一象限,这说明山东省绿色低碳高质量发展的影响因素存在领先优势,且对于周围省份具有明显的带动作

第8章 黄河流域绿色低碳高质量发展的时空特征

用。2020年，生态环境部与山东省人民政府签署统筹推进生态环境高水平保护与经济高质量发展战略合作框架协议。双方在建立统筹推进制度体系，以及推进产业绿色发展、能源结构优化调整、交通运输转型升级、农业农村绿色循环发展、生态环境高水平保护等方面开展合作，将山东打造为全国统筹推进生态环境高水平保护与经济高质量发展制度创新区、经济绿色转型示范区，为全国统筹推进生态环境高水平保护与经济高质量发展提供可复制、可推广的经验[1]。

表8-19 影响指数局部莫兰指数

省份	年份	Moran's Ii	标准差 sd (Ii)	统计量 z	p 值*
甘肃	2010	0.499**	0.299	2.085	0.019
	2021	0.286*	0.298	1.379	0.084
河南	2010	0.706**	0.457	1.820	0.034
	2021	0.547*	0.461	1.456	0.073
内蒙古	2010	−0.021	0.366	0.283	0.388
	2021	0.613**	0.368	2.006	0.022
宁夏	2010	0.304	0.457	0.939	0.174
	2021	0.955**	0.461	2.342	0.010
青海	2010	0.718*	0.598	1.411	0.079
	2021	0.003	0.606	0.212	0.416
山东	2010	2.118***	0.897	2.502	0.006
	2021	2.476***	0.913	2.849	0.002
山西	2010	0.071	0.457	0.429	0.334
	2021	0.004	0.461	0.280	0.390
陕西	2010	0.012	0.244	0.559	0.288
	2021	0.100	0.240	0.937	0.174
四川	2010	−0.184	0.457	−0.130	0.448
	2021	−0.220	0.461	−0.206	0.418

---

[1] 杜宣逸：《生态环境部与山东省人民政府签署统筹推进生态环境高水平保护与经济高质量发展战略合作框架协议》，《中国环境报》，https://www.mee.gov.cn/xxgk2018/xxgk/xxgk15/202006/t20200610_783759.html。

>> 黄河流域绿色低碳高质量发展统计测度及提升路径研究

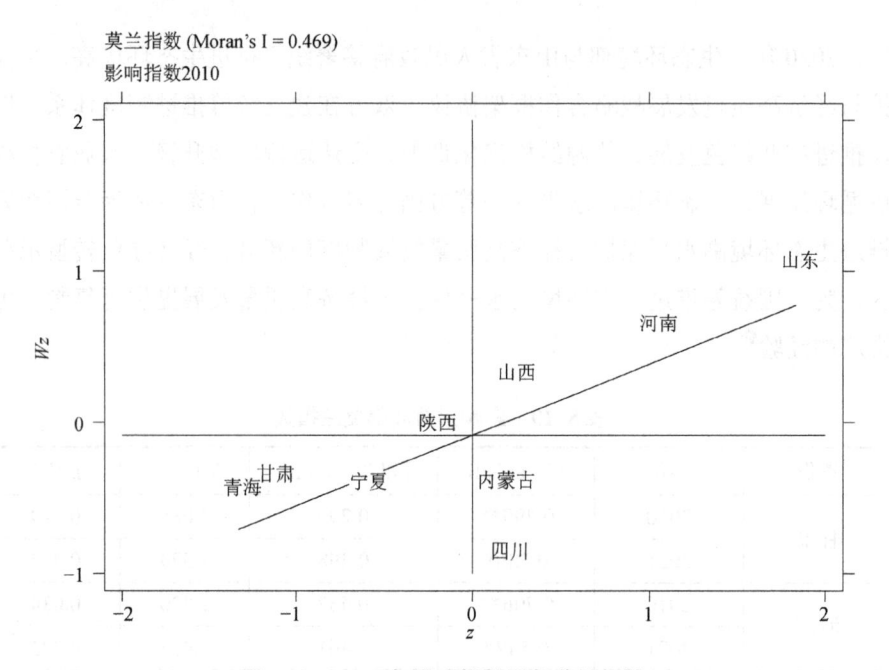

莫兰指数 (Moran's I = 0.469)
影响指数2010

图 8-9　2010 年影响指数局部莫兰指数

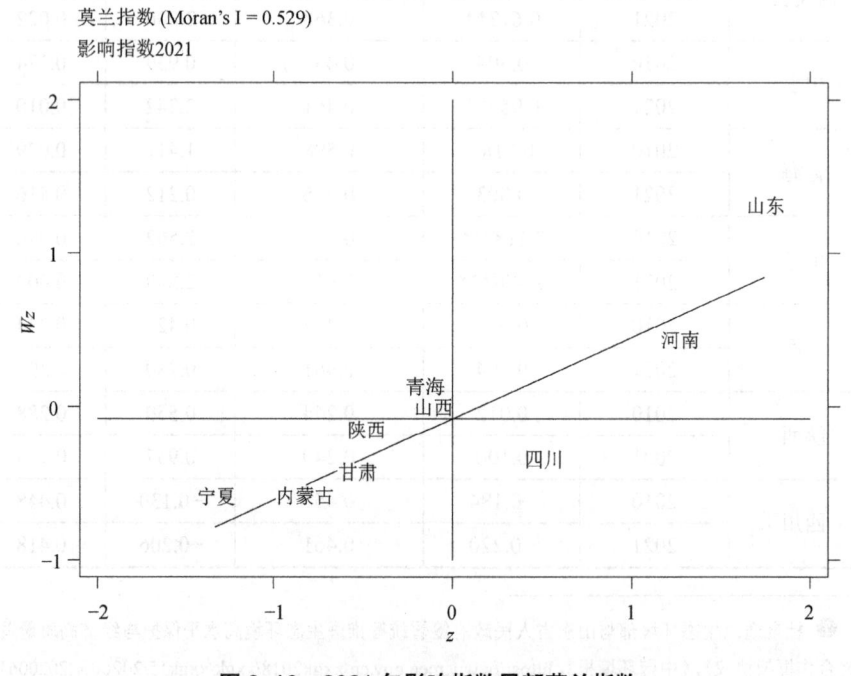

莫兰指数 (Moran's I = 0.529)
影响指数2021

图 8-10　2021 年影响指数局部莫兰指数

6. 响应指数

如表 8-20 所示，从全局莫兰指数看，黄河流域绿色低碳高质量发展的响应因素存在 10%水平下显著的空间相关性。响应层主要包括创新驱动与政府支持两个二级指标，具体表现为实现经济社会的绿色低碳高质量发展，促进生态环境的良性发展，采取各种积极有效的应对之策。这一结果侧面反映了各省（区）在制定环境保护政策与联合治理方面有较为突出的表现。

表 8-20　响应指数全局莫兰指数

年份	Moran's I	标准差 sd（I）	统计量 z	p 值*
2010	0.104*	0.160	1.431	0.076
2011	0.098*	0.150	1.483	0.069
2012	0.274**	0.171	2.338	0.010
2013	0.213**	0.160	2.109	0.017
2014	0.281**	0.176	2.307	0.011
2015	0.187**	0.170	1.839	0.033
2016	0.212**	0.177	1.903	0.028
2017	0.198**	0.181	1.785	0.037
2018	0.131*	0.178	1.440	0.075
2019	0.152*	0.180	1.533	0.063
2020	0.180**	0.181	1.687	0.046
2021	0.175*	0.182	1.648	0.050

进一步对各省（区）的响应指数进行局部莫兰指数分析，结果如表 8-21、图 8-11 和图 8-12 所示。可以看出，在绿色低碳高质量发展响应因素方面，内蒙古、山东在 2021 年呈现出较为积极的带动作用。但是全局莫兰指数基本显著，这说明黄河流域各省（区）在总体的空间相关性上表现较好，呈现协同发展趋势。山东省地理位置处于沿海地区，且工业发达，经济水平发展迅速，因此山东省近年来着力开展创新工作，鼓励企业加快转型升级，大量投

入城市基建领域，推动市民形成绿色生活方式。然而上游省份如甘肃、宁夏，其工业水平尽管近年来有所提升，但其经济重心围绕资源展开，生态环境保护滞后于经济社会发展，因此环境保护政策主要针对污染企业展开。由此来看，各省应做好"专题专治"，因地制宜，探索特色发展道路，共同建设绿色低碳高质量社会环境。

表 8-21 响应指数局部莫兰指数

省份	年份	Moran's Ii	标准差 sd（Ii）	统计量 z	p 值*
甘肃	2010	0.276*	0.306	1.311	0.095
	2021	0.214	0.295	1.150	0.125
河南	2010	−0.087	0.434	0.087	0.465
	2021	0.413	0.471	1.143	0.127
内蒙古	2010	0.016	0.359	0.392	0.347
	2021	0.501**	0.371	1.688	0.046
宁夏	2010	0.221	0.434	0.797	0.213
	2021	0.422	0.471	1.163	0.122
青海	2010	0.242	0.554	0.663	0.254
	2021	−0.225	0.624	−0.160	0.437
山东	2010	2.427***	0.813	3.139	0.001
	2021	2.070**	0.946	2.321	0.010
山西	2010	−0.699*	0.434	−1.322	0.093
	2021	−0.037	0.471	0.188	0.425
陕西	2010	0.014	0.264	0.525	0.300
	2021	0.007	0.231	0.574	0.283
四川	2010	0.125	0.434	0.576	0.282
	2021	−0.628	0.471	−1.070	0.142

第 8 章 黄河流域绿色低碳高质量发展的时空特征

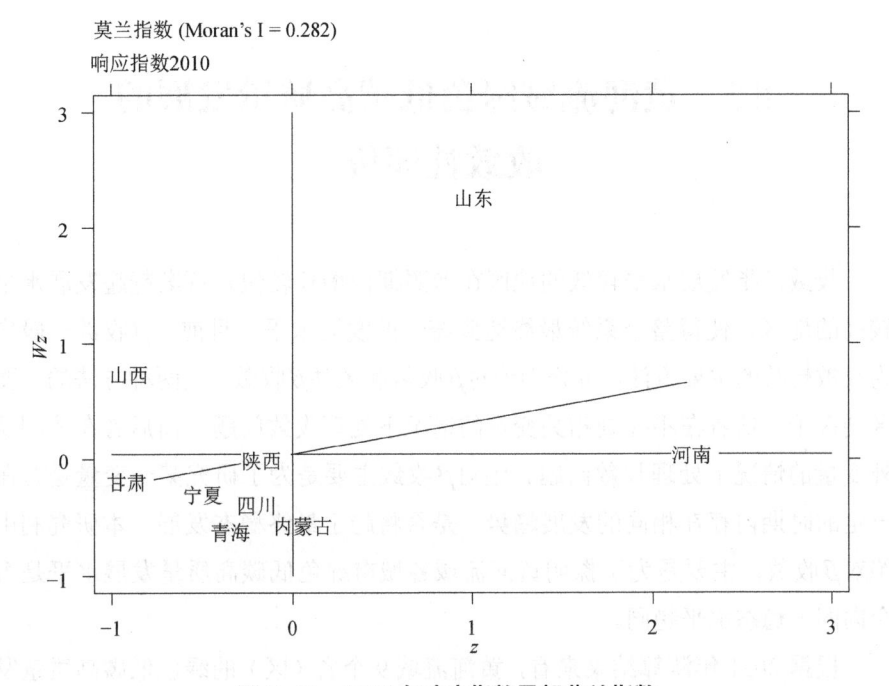

图 8-11 2010 年响应指数局部莫兰指数

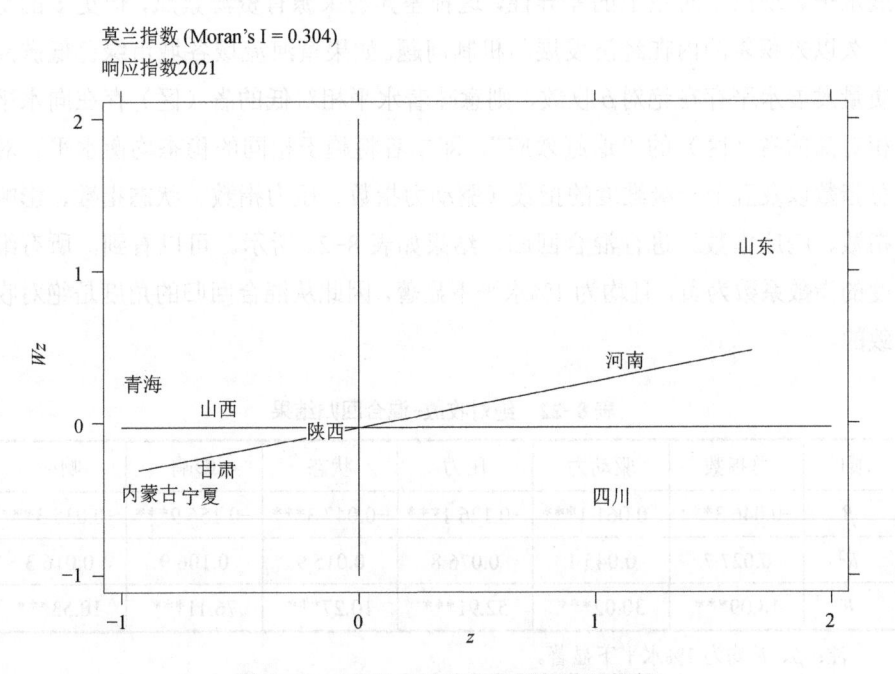

图 8-12 2021 年响应指数局部莫兰指数

8.3 黄河流域绿色低碳高质量发展的收敛性评价

收敛是指发展水平较低的地区在参照期内增长较快，逐渐赶超发展水平较高的地区，使得整个系统最终达到统一的发展水平。目前，β收敛一般作为收敛检验的主要方法，可分为绝对β收敛和条件β收敛。这两种方法的主要区别在于，前者在不控制相关变量的情况下处理收敛问题，而后者在控制额外变量的情况下处理收敛问题。绝对β收敛主要是为了研究某一变量是否在一定的时期内存在相同的发展趋势，是否将趋于最终稳态发展。本研究利用绝对β收敛，主要是为了探明黄河流域各城市绿色低碳高质量发展水平是否会向同一稳态水平趋同。

根据2021年测算结果来看，黄河流域9个省（区）的绿色低碳高质量发展水平表现出了时空上的差异性，这种差异的来源有资源禀赋，但更多的是长久以来积累的内在经济发展与机制问题。如果黄河流域各城市绿色低碳高质量发展水平存在绝对β收敛，则意味着水平相对低的省（区）存在向水平相对高的省（区）的"追赶效应"，即二者将趋于相同的稳态均衡水平。对总指数以及五个一级维度的指数（驱动力指数、压力指数、状态指数、影响指数、响应指数）进行混合回归，结果如表8-22所示。可以看到，所有维度的指数系数为负，且均为1%水平下显著，因此从混合回归的角度是绝对收敛的。

表8-22 绝对收敛-混合回归结果

项目	总指数	驱动力	压力	状态	影响	响应
β	-0.046 3***	-0.061 1***	-0.126 1***	-0.047 3***	-0.156 9***	-0.035 3***
R^2	0.027 7	0.045 1	0.076 8	0.015 9	0.106 9	0.016 3
F	18.09***	30.02***	52.91***	10.27***	76.11***	10.53***

注：β、F均为1%水平下显著。

第 8 章 黄河流域绿色低碳高质量发展的时空特征

由于使用面板数据，应当考虑城市间的差异与随时间变化的因素，因此根据 Hausman 检验确定模型形式，结果显示 $P=0.000$，拒绝原假设使用固定效应模型。表 8-23 报告了城市下的固定效应模型检验结果。对于整个黄河流域来说，在固定个体效应与时间效应后，在 1% 的置信水平下 β 值为 -0.093 9。根据定义可知，如果 $\beta<0$ 显著，则表示该区域的绿色低碳高质量发展水平为 β 收敛，因此整个黄河流域的绿色低碳高质量发展水平是收敛的。接下来对五个一级指标进行收敛性分析。表 8-23 中显示，各分维度指数都在 1% 的置信水平下显著收敛，但收敛的速度却有明显差异。

表 8-23 城市固定效应回归

项目	总指数	驱动力	压力	状态	影响	响应
β	-0.093 9***	-0.159 3***	-0.302 1***	-0.076 2***	-0.413 0***	-0.048 7***
R^2	0.068 0	0.086 8	0.175 6	0.191 7	0.255 7	0.008 8
F	42.26***	55.06***	123.34***	15.18***	198.91***	5.16**
sigma_u	0.004 2	0.002 0	0.003 9	0.000 9	0.005 3	0.001 3
sigma_e	0.011 3	0.004 4	0.005 5	0.004 4	0.006 9	0.002 8
rho	0.123 1	0.166 8	0.260 2	0.041 1	0.376 1	0.175 6
收敛速度	0.008 2	0.014 5	0.021 0	0.006 6	0.044 4	0.004 2

注：比较固定效应模型与混合 OLS 模型均为 1% 水平下显著。

接下来，本研究将黄河流域划分为上游、中游、下游三个区域，通过对三个区域 2010—2021 年各个指数进行测算，获得相应的面板数据，分析其收敛性，研究结果如表 8-24 所示。

表 8-24 区域固定效应回归

项目	总指数	驱动力	压力	状态	影响	响应
β	-0.050 5*	-0.046 5	-0.174 3**	-0.005 8	-0.251 7***	0.027 8
R^2	0.114 1	0.053 2	0.147 5	0.000 3	0.308 6	0.012 3
F	3.73*	1.63	5.02**	0.01	12.94***	0.36
sigma_u	0.001 7	0.000 2	0.000 4	0.000 1	0.002 2	0.000 6

续表

项目	总指数	驱动力	压力	状态	影响	响应
sigma_e	0.004 4	0.001 5	0.002 4	0.002 7	0.002 4	0.001 2
rho	0.126 2	0.028 5	0.036 7	0.003 6	0.456 7	0.953 4
收敛速度	0.004 3	0.004 0	0.016 0	0.000 4	0.024 2	−0.002 3

从三个区域来看，总指数的β值小于 0，且在 10%的显著性水平下显著，即存在绝对β收敛。也就是说，存在省域绿色低碳高质量发展水平由发展相对较低省（区）向发展相对较高省（区）趋同的"追赶效应"。进一步从收敛速度来看，黄河流域绿色低碳高质量发展水平的收敛速度为 0.004 3，这说明黄河流域地区的绿色低碳发展基础相对薄弱，相应的其经济发展速度、发展水平和质量相对于长江地区较慢，这也是导致黄河流域绿色转型进程较慢的重要原因之一[1]。总体来说，黄河流域地区的绿色低碳高质量发展速度虽然有很好的潜力，但绝对收敛速度相对较低。

从五个一级指标的角度来看，驱动力、状态、响应三项指标的β值不显著，且响应指标的$\beta>0$，均代表分区域的指标水平不存在绝对收敛性；压力指标的β值在 5%的水平下显著，仅有影响指标的β值在 1%的水平下显著，认为其收敛性良好。该结果表明，黄河流域上、中、下游三个区域之间虽然存在地区差异，但是，这种差异将在不断的波动中趋于共同发展。这主要是因为在国家提出"一带一路"倡议之后，沿线省（区）、地级市之间的联系度增强，且互补性也较以往有了很大提高。随着"一带一路"倡议的深入，黄河流域各省市加强了经济、文化、科技等多方面的交流与合作，推动了各省（区）、地级市自身的快速发展，也为整个黄河经济带的共同发展提供了有力支撑。同时，各省（区）、地级市在发展中也更加注重协同与互补，通过资源共享、优势互补等方式，实现了互利共赢。虽然各省（区）、地级市之间的差异依然存在，但是伴随着黄河流域经济带发展战略的持续推进，各省（区）、地级市之间的协作不断增强，必然进一步缩小各省（区）、地级市之间的差距。

---

[1] 耿明斋：《抓住重大国家战略机遇 推动黄河流域生态保护和高质量发展》，中原经济发展研究院，http://www.ccdr.ha.cn/ResearchReport/73.html。

第 9 章　黄河流域绿色低碳高质量发展的驱动机制

9.1　黄河流域绿色低碳高质量发展的障碍因素诊断

障碍度模型能够通过计算综合评价中各评价指标的障碍度，得到阻碍事物持续发展的核心因素，分辨出影响评价结果的关键因素，明晰关键制约因素的影响程度，为制定科学、合理的政策提供有力依据。因此，在前述黄河流域绿色低碳高质量发展水平研究的基础上，本章引入"障碍度"计算模型，分析单项指标对黄河流域绿色低碳高质量发展产生负面影响的程度，找出当前影响黄河流域绿色低碳发展的主要障碍因素，以便更好地推动黄河流域绿色低碳高质量发展。采用指标体系中的 32 个三级指标为障碍因素，具体障碍因素分类信息如表 9-1 所示。

根据障碍因素诊断计算法，对黄河沿线（沿黄）的 58 个地级市的 2010 年、2015 年、2020 年和 2021 年四年绿色低碳高质量发展水平障碍度分别展开核算及分析，采用大小排序的方法分析筛选得到十项指标，并选出前五项作为地级市标志性障碍因素，计算结果如表 9-2～表 9-5 所示。

表 9-1 障碍因素分类

编号	障碍因素	编号	障碍因素	编号	障碍因素	编号	障碍因素
C1	第三产业增加值占GDP比重	C9	城镇基本医疗保险参保人数	C17	建成区绿化覆盖率	C25	全年供水总量
C2	固定资产投资	C10	城镇职工基本养老保险参保人数	C18	单位GDP水资源消耗量	C26	液化石油气供气总量
C3	科学技术支出占财政支出比重	C11	城镇登记失业率	C19	单位GDP电耗	C27	城镇化率
C4	专利授权量	C12	基尼系数	C20	单位GDP能耗	C28	人均国内生产总值
C5	信息传输、计算机服务和软件业从业人员	C13	互联网普及率	C21	单位GDP二氧化硫排放量	C29	城镇居民人均可支配收入
C6	生活垃圾无害化处理率	C14	邮政业务总量	C22	工业废水排放量	C30	民用汽车拥有量
C7	污水处理厂集中处理率	C15	年末实有公共营运汽（电）车	C23	工业烟粉尘排放量	C31	恩格尔系数
C8	一般工业固体废物综合利用率	C16	空气质量综合指数	C24	农作物播种面积	C32	人口密度

表 9-2 2010年地级市主要障碍因素分析

地级市	障碍因素1	障碍因素1的障碍度	障碍因素2	障碍因素2的障碍度	障碍因素3	障碍因素3的障碍度	障碍因素4	障碍因素4的障碍度	障碍因素5	障碍因素5的障碍度
三门峡	C20	3.37%	C19	3.32%	C30	3.31%	C6	3.19%	C16	3.13%
东营	C6	3.40%	C20	3.33%	C23	3.31%	C19	3.21%	C11	3.19%
中卫	C30	3.39%	C16	3.35%	C20	3.33%	C19	3.27%	C32	3.26%
临汾	C19	3.34%	C20	3.34%	C30	3.22%	C11	3.06%	C18	3.03%

第 9 章　黄河流域绿色低碳高质量发展的驱动机制

续表

地级市	障碍因素1	障碍因素1的障碍度	障碍因素2	障碍因素2的障碍度	障碍因素3	障碍因素3的障碍度	障碍因素4	障碍因素4的障碍度	障碍因素5	障碍因素5的障碍度
乌兰察布	C20	3.37%	C19	3.36%	C30	3.34%	C32	3.29%	C16	3.28%
乌海	C30	3.31%	C16	3.28%	C27	3.18%	C23	3.14%	C11	3.01%
兰州	C23	3.27%	C30	3.23%	C11	3.13%	C20	3.11%	C19	3.02%
包头	C20	3.28%	C32	3.24%	C30	3.19%	C19	3.19%	C6	3.10%
吕梁	C20	3.40%	C19	3.40%	C6	3.40%	C11	3.28%	C18	3.27%
吴忠	C6	3.37%	C30	3.37%	C16	3.31%	C32	3.26%	C20	3.25%
呼和浩特	C6	3.31%	C20	3.29%	C7	3.24%	C23	3.22%	C19	3.22%
咸阳	C19	3.37%	C20	3.37%	C30	3.30%	C23	3.24%	C8	3.02%
商洛	C20	3.40%	C30	3.39%	C19	3.39%	C23	3.31%	C16	3.15%
固原	C6	3.40%	C23	3.38%	C30	3.37%	C20	3.36%	C22	3.35%
大同	C20	3.27%	C30	3.23%	C19	3.15%	C32	2.95%	C16	2.83%
天水	C30	3.37%	C23	3.33%	C20	3.30%	C22	3.30%	C19	3.21%
太原	C6	3.19%	C20	3.18%	C19	3.08%	C11	3.01%	C22	2.99%
安阳	C20	3.20%	C30	3.19%	C6	3.19%	C19	3.05%	C23	3.02%
定西	C20	3.40%	C19	3.40%	C30	3.37%	C23	3.37%	C22	3.34%
宝鸡	C6	3.40%	C20	3.35%	C30	3.32%	C19	3.32%	C23	3.28%
巴彦淖尔	C20	3.38%	C19	3.36%	C32	3.34%	C30	3.31%	C23	3.22%
平凉	C6	3.40%	C30	3.37%	C20	3.36%	C23	3.33%	C19	3.31%
庆阳	C20	3.40%	C19	3.40%	C23	3.37%	C30	3.36%	C22	3.35%
延安	C20	3.38%	C19	3.38%	C23	3.30%	C30	3.29%	C21	3.28%
开封	C20	3.35%	C30	3.28%	C19	3.23%	C21	3.12%	C8	3.05%
德州	C20	3.37%	C19	3.15%	C30	3.13%	C8	3.05%	C18	3.04%
忻州	C19	3.36%	C20	3.36%	C30	3.29%	C23	3.19%	C32	3.16%

续表

地级市	障碍因素1	障碍因素1的障碍度	障碍因素2	障碍因素2的障碍度	障碍因素3	障碍因素3的障碍度	障碍因素4	障碍因素4的障碍度	障碍因素5	障碍因素5的障碍度
新乡	C20	3.33%	C19	3.27%	C6	3.24%	C23	3.20%	C30	3.19%
晋中	C20	3.36%	C19	3.34%	C11	3.22%	C30	3.21%	C22	3.04%
晋城	C20	3.35%	C19	3.35%	C30	3.27%	C7	3.23%	C11	3.19%
朔州	C63	0.40%	C30	3.37%	C20	3.33%	C7	3.32%	C19	3.27%
榆林	C19	3.40%	C20	3.39%	C18	3.31%	C32	3.23%	C30	3.18%
武威	C30	3.38%	C23	3.35%	C20	3.33%	C32	3.28%	C22	3.26%
泰安	C20	3.37%	C19	3.22%	C30	3.19%	C23	3.15%	C18	3.10%
洛阳	C20	3.22%	C7	3.13%	C30	3.13%	C19	3.06%	C11	2.97%
济南	C20	3.33%	C21	3.23%	C19	3.23%	C11	3.20%	C23	3.13%
济宁	C63	0.39%	C20	3.36%	C7	3.18%	C18	3.17%	C19	3.16%
海东	C16	3.38%	C30	3.34%	C22	3.31%	C18	3.29%	C32	3.19%
淄博	C63	0.40%	C20	3.24%	C7	3.10%	C19	3.10%	C30	3.08%
渭南	C20	3.39%	C19	3.39%	C30	3.22%	C23	3.14%	C18	3.12%
滨州	C20	3.35%	C23	3.20%	C30	3.15%	C19	3.11%	C8	3.05%
濮阳	C20	3.33%	C6	3.32%	C19	3.27%	C30	3.24%	C11	3.17%
焦作	C30	3.26%	C20	3.25%	C11	3.04%	C73	0.01%	C19	2.98%
白银	C16	3.37%	C30	3.36%	C32	3.23%	C23	3.21%	C22	3.15%
石嘴山	C30	3.38%	C16	3.29%	C6	3.26%	C32	3.12%	C22	3.09%
聊城	C63	0.40%	C20	3.37%	C23	3.30%	C30	3.07%	C19	3.00%
菏泽	C20	3.33%	C23	3.22%	C19	3.17%	C30	3.12%	C6	3.12%
西宁	C30	3.27%	C20	3.14%	C19	3.12%	C23	3.12%	C11	2.88%
西安	C6	3.30%	C20	3.29%	C19	3.27%	C23	3.17%	C21	3.17%
运城	C20	3.35%	C19	3.29%	C11	3.25%	C6	3.20%	C30	3.18%
郑州	C20	3.29%	C7	3.29%	C19	3.21%	C11	3.18%	C21	3.13%
鄂尔多斯	C20	3.37%	C32	3.36%	C19	3.33%	C18	3.31%	C11	3.13%

续表

地级市	障碍因素1	障碍因素1的障碍度	障碍因素2	障碍因素2的障碍度	障碍因素3	障碍因素3的障碍度	障碍因素4	障碍因素4的障碍度	障碍因素5	障碍因素5的障碍度
铜川	C30	3.39%	C23	3.35%	C22	3.32%	C16	3.27%	C11	3.20%
银川	C6	3.40%	C23	3.28%	C19	3.25%	C30	3.25%	C20	3.16%
长治	C6	3.40%	C20	3.33%	C19	3.29%	C30	3.24%	C11	3.15%
阳泉	C6	3.40%	C30	3.34%	C22	3.20%	C23	3.14%	C11	3.10%
陇南	C19	3.40%	C23	3.38%	C30	3.38%	C20	3.32%	C16	3.28%
鹤壁	C30	3.37%	C20	3.32%	C16	3.26%	C23	3.24%	C19	3.15%

表9-3　2015年地级市主要障碍因素分析

地级市	障碍因素1	障碍因素1的障碍度	障碍因素2	障碍因素2的障碍度	障碍因素3	障碍因素3的障碍度	障碍因素4	障碍因素4的障碍度	障碍因素5	障碍因素5的障碍度
三门峡	C20	3.38%	C19	3.37%	C16	3.26%	C30	3.25%	C11	3.20%
东营	C6	3.40%	C20	3.33%	C23	3.32%	C19	3.27%	C21	3.27%
中卫	C16	3.35%	C30	3.35%	C32	3.26%	C7	3.25%	C6	3.20%
临汾	C20	3.36%	C19	3.34%	C11	3.08%	C30	3.06%	C18	2.98%
乌兰察布	C20	3.39%	C19	3.39%	C32	3.30%	C16	3.26%	C11	3.26%
乌海	C30	3.32%	C16	3.30%	C6	3.24%	C7	3.22%	C27	3.20%
兰州	C11	3.30%	C19	3.23%	C20	3.23%	C21	3.13%	C8	3.00%
包头	C6	3.26%	C20	3.24%	C32	3.24%	C18	3.10%	C19	3.10%
吕梁	C20	3.40%	C19	3.39%	C18	3.21%	C30	3.19%	C32	3.03%
吴忠	C6	3.40%	C16	3.33%	C20	3.32%	C30	3.29%	C19	3.28%
呼和浩特	C6	3.39%	C20	3.36%	C19	3.35%	C20	3.20%	C21	3.20%
咸阳	C19	3.39%	C20	3.39%	C6	3.27%	C30	3.18%	C21	3.17%
商洛	C19	3.40%	C20	3.40%	C30	3.37%	C23	3.33%	C6	3.25%

续表

地级市	障碍因素1	障碍因素1的障碍度	障碍因素2	障碍因素2的障碍度	障碍因素3	障碍因素3的障碍度	障碍因素4	障碍因素4的障碍度	障碍因素5	障碍因素5的障碍度
固原	C6	3.40%	C23	3.35%	C20	3.35%	C30	3.32%	C16	3.32%
大同	C20	3.29%	C19	3.20%	C30	3.03%	C32	2.95%	C16	2.93%
天水	C20	3.40%	C22	3.30%	C23	3.30%	C21	3.28%	C19	3.25%
太原	C6	3.40%	C20	3.25%	C21	3.18%	C19	3.17%	C7	3.14%
安阳	C20	3.24%	C7	3.23%	C6	3.20%	C19	3.08%	C11	3.03%
定西	C20	3.40%	C19	3.39%	C22	3.34%	C16	3.33%	C23	3.33%
宝鸡	C6	3.36%	C20	3.36%	C19	3.35%	C30	3.24%	C21	3.23%
巴彦淖尔	C20	3.37%	C19	3.36%	C32	3.35%	C7	3.31%	C6	3.29%
平凉	C6	3.40%	C20	3.36%	C19	3.32%	C16	3.30%	C30	3.28%
庆阳	C20	3.37%	C22	3.33%	C23	3.33%	C19	3.33%	C21	3.30%
延安	C20	3.37%	C19	3.37%	C32	3.27%	C21	3.25%	C23	3.24%
开封	C6	3.40%	C20	3.35%	C19	3.24%	C7	3.17%	C21	3.16%
德州	C20	3.36%	C6	3.34%	C19	3.34%	C11	3.26%	C18	3.19%
忻州	C20	3.37%	C19	3.36%	C30	3.21%	C7	3.21%	C11	3.18%
新乡	C6	3.40%	C20	3.36%	C19	3.33%	C21	3.17%	C23	3.10%
晋中	C19	3.32%	C20	3.29%	C7	3.21%	C11	3.18%	C6	3.16%
晋城	C6	3.40%	C20	3.37%	C19	3.37%	C11	3.29%	C7	3.20%
朔州	C30	3.31%	C20	3.31%	C7	3.30%	C11	3.29%	C16	3.27%
榆林	C20	3.38%	C19	3.37%	C18	3.29%	C11	3.23%	C32	3.23%
武威	C7	3.39%	C20	3.36%	C19	3.33%	C30	3.31%	C32	3.29%
泰安	C6	3.40%	C20	3.38%	C19	3.38%	C21	3.27%	C11	3.23%
洛阳	C20	3.34%	C19	3.28%	C7	3.16%	C6	3.10%	C21	3.09%
济南	C6	3.40%	C20	3.35%	C19	3.33%	C11	3.30%	C21	3.29%

续表

地级市	障碍因素1	障碍因素1的障碍度	障碍因素2	障碍因素2的障碍度	障碍因素3	障碍因素3的障碍度	障碍因素4	障碍因素4的障碍度	障碍因素5	障碍因素5的障碍度
济宁	C6	3.40%	C20	3.37%	C19	3.34%	C7	3.23%	C21	3.21%
海东	C7	3.39%	C16	3.34%	C22	3.32%	C30	3.32%	C18	3.18%
淄博	C6	3.40%	C20	3.30%	C7	3.25%	C19	3.24%	C11	3.16%
渭南	C19	3.40%	C20	3.40%	C23	3.24%	C7	3.23%	C11	3.10%
滨州	C6	3.40%	C20	3.31%	C11	3.26%	C7	3.23%	C19	3.21%
濮阳	C20	3.35%	C19	3.31%	C21	3.25%	C11	3.16%	C7	3.15%
焦作	C6	3.30%	C20	3.27%	C21	3.21%	C30	3.13%	C19	3.09%
白银	C22	3.29%	C23	3.26%	C30	3.26%	C32	3.23%	C6	3.23%
石嘴山	C30	3.35%	C6	3.29%	C16	3.26%	C7	3.19%	C32	3.12%
聊城	C6	3.40%	C20	3.38%	C19	3.36%	C7	3.23%	C23	3.16%
菏泽	C6	3.39%	C20	3.36%	C19	3.33%	C11	3.20%	C18	3.18%
西宁	C6	3.21%	C19	3.14%	C20	3.13%	C30	3.10%	C22	3.04%
西安	C21	3.33%	C6	3.32%	C20	3.30%	C19	3.29%	C23	3.18%
运城	C6	3.40%	C20	3.36%	C7	3.35%	C19	3.33%	C18	3.03%
郑州	C6	3.40%	C20	3.32%	C21	3.26%	C19	3.26%	C11	3.26%
鄂尔多斯	C20	3.40%	C19	3.40%	C32	3.36%	C18	3.26%	C60	3.22%
铜川	C30	3.37%	C22	3.31%	C16	3.28%	C6	3.25%	C20	3.23%
银川	C6	3.40%	C7	3.16%	C23	3.15%	C11	3.05%	C20	3.01%
长治	C20	3.37%	C19	3.34%	C11	3.20%	C7	3.10%	C30	3.10%
阳泉	C22	3.30%	C30	3.28%	C16	3.18%	C19	3.17%	C11	3.16%
陇南	C19	3.38%	C23	3.33%	C30	3.32%	C16	3.32%	C11	3.23%
鹤壁	C20	3.33%	C30	3.29%	C11	3.27%	C16	3.25%	C23	3.21%

表 9-4　2020 年地级市主要障碍因素分析

地级市	障碍因素1	障碍因素1的障碍度	障碍因素2	障碍因素2的障碍度	障碍因素3	障碍因素3的障碍度	障碍因素4	障碍因素4的障碍度	障碍因素5	障碍因素5的障碍度
三门峡	C6	3.38%	C21	3.38%	C19	3.36%	C7	3.31%	C20	3.29%
东营	C6	3.40%	C21	3.36%	C23	3.35%	C7	3.33%	C20	3.23%
中卫	C6	3.37%	C7	3.37%	C16	3.33%	C30	3.30%	C32	3.26%
临汾	C6	3.40%	C19	3.37%	C7	3.35%	C21	3.31%	C20	3.22%
乌兰察布	C7	3.39%	C19	3.37%	C32	3.34%	C6	3.32%	C22	3.28%
乌海	C6	3.40%	C16	3.32%	C30	3.28%	C21	3.26%	C22	3.25%
兰州	C6	3.39%	C21	3.35%	C23	3.30%	C19	3.26%	C7	3.26%
包头	C6	3.40%	C21	3.26%	C32	3.20%	C7	3.20%	C20	3.11%
吕梁	C6	3.40%	C19	3.37%	C18	3.28%	C7	3.28%	C20	3.27%
吴忠	C6	3.39%	C16	3.27%	C23	3.26%	C21	3.26%	C32	3.23%
呼和浩特	C6	3.40%	C7	3.39%	C21	3.35%	C19	3.33%	C20	3.29%
咸阳	C19	3.39%	C6	3.38%	C21	3.38%	C20	3.31%	C7	3.30%
商洛	C21	3.38%	C6	3.34%	C23	3.34%	C30	3.34%	C22	3.32%
固原	C6	3.38%	C22	3.37%	C19	3.35%	C23	3.34%	C21	3.34%
大同	C6	3.40%	C21	3.31%	C23	3.30%	C22	3.29%	C20	3.26%
天水	C6	3.40%	C21	3.37%	C23	3.37%	C7	3.36%	C22	3.32%
太原	C6	3.40%	C7	3.39%	C21	3.37%	C20	3.27%	C23	3.25%
安阳	C6	3.40%	C21	3.36%	C7	3.30%	C20	3.24%	C19	3.14%
定西	C6	3.40%	C19	3.39%	C23	3.36%	C22	3.35%	C16	3.26%
宝鸡	C6	3.39%	C21	3.38%	C19	3.35%	C20	3.33%	C23	3.29%
巴彦淖尔	C6	3.38%	C19	3.37%	C32	3.35%	C7	3.32%	C21	3.31%
平凉	C6	3.40%	C23	3.35%	C7	3.32%	C21	3.31%	C20	3.28%
庆阳	C23	3.38%	C6	3.37%	C21	3.37%	C22	3.35%	C20	3.33%

第9章 黄河流域绿色低碳高质量发展的驱动机制

续表

地级市	障碍因素1	障碍因素1的障碍度	障碍因素2	障碍因素2的障碍度	障碍因素3	障碍因素3的障碍度	障碍因素4	障碍因素4的障碍度	障碍因素5	障碍因素5的障碍度
延安	C19	3.38%	C21	3.36%	C6	3.35%	C20	3.30%	C32	3.28%
开封	C6	3.40%	C21	3.39%	C23	3.38%	C20	3.32%	C19	3.28%
德州	C6	3.40%	C21	3.37%	C7	3.35%	C20	3.31%	C23	3.22%
忻州	C6	3.40%	C19	3.37%	C22	3.25%	C21	3.24%	C7	3.22%
新乡	C6	3.40%	C21	3.38%	C19	3.36%	C7	3.31%	C20	3.30%
晋中	C6	3.39%	C19	3.37%	C21	3.35%	C23	3.30%	C7	3.28%
晋城	C6	3.40%	C7	3.38%	C19	3.37%	C21	3.36%	C20	3.20%
朔州	C6	3.40%	C21	3.34%	C16	3.31%	C11	3.30%	C20	3.29%
榆林	C19	3.38%	C21	3.33%	C6	3.32%	C20	3.29%	C18	3.23%
武威	C6	3.40%	C21	3.37%	C22	3.34%	C19	3.33%	C32	3.31%
泰安	C21	3.36%	C7	3.31%	C20	3.29%	C18	3.29%	C23	3.25%
洛阳	C6	3.40%	C21	3.38%	C19	3.29%	C20	3.29%	C7	3.28%
济南	C6	3.40%	C21	3.38%	C7	3.35%	C20	3.34%	C19	3.30%
济宁	C6	3.40%	C21	3.38%	C7	3.35%	C20	3.30%	C23	3.29%
海东	C7	3.39%	C22	3.35%	C16	3.35%	C21	3.27%	C60	3.25%
淄博	C21	3.37%	C7	3.33%	C20	3.24%	C19	3.18%	C11	3.13%
渭南	C19	3.40%	C20	3.37%	C21	3.35%	C6	3.35%	C7	3.28%
滨州	C6	3.40%	C7	3.35%	C21	3.33%	C11	3.18%	C23	3.06%
濮阳	C6	3.39%	C21	3.39%	C19	3.33%	C20	3.32%	C7	3.31%
焦作	C6	3.40%	C21	3.38%	C7	3.36%	C23	3.35%	C20	3.23%
白银	C6	3.40%	C21	3.30%	C22	3.25%	C32	3.25%	C23	3.24%
石嘴山	C6	3.40%	C7	3.39%	C16	3.33%	C30	3.32%	C12	3.21%
聊城	C6	3.40%	C21	3.36%	C7	3.31%	C23	3.27%	C18	3.27%
菏泽	C6	3.40%	C21	3.37%	C7	3.31%	C20	3.29%	C23	3.28%
西宁	C6	3.35%	C21	3.24%	C7	3.20%	C11	3.18%	C22	3.18%

续表

地级市	障碍因素1	障碍因素1的障碍度	障碍因素2	障碍因素2的障碍度	障碍因素3	障碍因素3的障碍度	障碍因素4	障碍因素4的障碍度	障碍因素5	障碍因素5的障碍度
西安	C21	3.39%	C23	3.37%	C6	3.35%	C19	3.32%	C20	3.31%
运城	C6	3.40%	C22	3.27%	C7	3.21%	C11	3.04%	C16	2.95%
郑州	C6	3.40%	C21	3.39%	C20	3.34%	C7	3.34%	C19	3.33%
鄂尔多斯	C6	3.39%	C19	3.39%	C32	3.35%	C7	3.32%	C18	3.29%
铜川	C16	3.35%	C30	3.34%	C6	3.34%	C23	3.34%	C22	3.32%
银川	C6	3.40%	C21	3.35%	C23	3.32%	C7	3.23%	C20	3.01%
长治	C6	3.40%	C19	3.39%	C23	3.27%	C20	3.27%	C7	3.25%
阳泉	C6	3.40%	C22	3.34%	C21	3.32%	C20	3.29%	C16	3.24%
陇南	C6	3.39%	C19	3.38%	C21	3.38%	C23	3.36%	C22	3.35%
鹤壁	C6	3.40%	C23	3.38%	C21	3.38%	C20	3.31%	C16	3.30%

表9–5 2021年地级市主要障碍因素分析

地级市	障碍因素1	障碍因素1的障碍度	障碍因素2	障碍因素2的障碍度	障碍因素3	障碍因素3的障碍度	障碍因素4	障碍因素4的障碍度	障碍因素5	障碍因素5的障碍度
三门峡	C6	3.40%	C21	3.38%	C23	3.38%	C7	3.35%	C19	3.28%
东营	C6	3.40%	C21	3.37%	C23	3.36%	C7	3.32%	C11	3.20%
中卫	C6	3.37%	C7	3.37%	C16	3.32%	C23	3.30%	C30	3.29%
临汾	C6	3.40%	C19	3.38%	C7	3.37%	C21	3.34%	C20	3.29%
乌兰察布	C19	3.37%	C6	3.34%	C7	3.30%	C32	3.30%	C22	3.28%
乌海	C6	3.40%	C7	3.34%	C16	3.33%	C21	3.31%	C30	3.30%
兰州	C6	3.40%	C21	3.36%	C23	3.32%	C19	3.26%	C7	3.25%
包头	C6	3.40%	C21	3.31%	C7	3.25%	C32	3.24%	C20	3.23%
吕梁	C7	3.39%	C6	3.38%	C19	3.36%	C20	3.32%	C21	3.31%

第 9 章　黄河流域绿色低碳高质量发展的驱动机制

续表

地级市	障碍因素1	障碍因素1的障碍度	障碍因素2	障碍因素2的障碍度	障碍因素3	障碍因素3的障碍度	障碍因素4	障碍因素4的障碍度	障碍因素5	障碍因素5的障碍度
吴忠	C6	3.40%	C21	3.29%	C7	3.28%	C16	3.28%	C30	3.27%
呼和浩特	C6	3.39%	C21	3.36%	C20	3.34%	C19	3.34%	C7	3.31%
咸阳	C19	3.39%	C21	3.38%	C6	3.38%	C23	3.32%	C20	3.31%
商洛	C6	3.40%	C21	3.38%	C7	3.36%	C23	3.35%	C22	3.35%
固原	C6	3.40%	C23	3.38%	C22	3.36%	C19	3.35%	C21	3.34%
大同	C6	3.39%	C22	3.37%	C21	3.36%	C20	3.31%	C23	3.27%
天水	C6	3.40%	C7	3.39%	C21	3.37%	C23	3.36%	C8	3.33%
太原	C6	3.40%	C7	3.39%	C21	3.38%	C20	3.30%	C19	3.21%
安阳	C6	3.40%	C21	3.37%	C7	3.36%	C23	3.29%	C19	3.21%
定西	C6	3.40%	C19	3.39%	C21	3.39%	C23	3.39%	C22	3.35%
宝鸡	C6	3.39%	C21	3.38%	C19	3.36%	C23	3.34%	C20	3.32%
巴彦淖尔	C6	3.40%	C19	3.37%	C7	3.36%	C32	3.35%	C21	3.32%
平凉	C6	3.40%	C23	3.35%	C21	3.33%	C7	3.32%	C22	3.28%
庆阳	C6	3.40%	C23	3.38%	C21	3.38%	C22	3.35%	C20	3.34%
延安	C19	3.38%	C21	3.38%	C6	3.36%	C23	3.31%	C20	3.30%
开封	C6	3.40%	C21	3.39%	C23	3.38%	C19	3.36%	C7	3.25%
德州	C6	3.40%	C21	3.38%	C7	3.33%	C31	3.27%	C23	3.26%
忻州	C6	3.40%	C19	3.37%	C20	3.34%	C21	3.34%	C7	3.26%
新乡	C6	3.40%	C21	3.39%	C23	3.35%	C7	3.34%	C19	3.31%
晋中	C19	3.37%	C21	3.34%	C20	3.33%	C7	3.30%	C23	3.22%
晋城	C6	3.40%	C19	3.38%	C21	3.37%	C7	3.37%	C23	3.35%
朔州	C6	3.40%	C21	3.37%	C7	3.31%	C16	3.31%	C11	3.31%
榆林	C19	3.40%	C6	3.40%	C21	3.37%	C18	3.31%	C20	3.29%
武威	C6	3.40%	C21	3.37%	C23	3.35%	C22	3.35%	C19	3.33%

续表

地级市	障碍因素1	障碍因素1的障碍度	障碍因素2	障碍因素2的障碍度	障碍因素3	障碍因素3的障碍度	障碍因素4	障碍因素4的障碍度	障碍因素5	障碍因素5的障碍度
泰安	C6	3.40%	C21	3.37%	C7	3.32%	C23	3.31%	C20	3.28%
洛阳	C21	3.38%	C7	3.38%	C6	3.35%	C23	3.33%	C19	3.24%
济南	C6	3.40%	C21	3.39%	C7	3.32%	C19	3.29%	C20	3.29%
济宁	C6	3.40%	C21	3.38%	C23	3.34%	C20	3.34%	C7	3.33%
海东	C16	3.36%	C22	3.35%	C23	3.35%	C21	3.28%	C6	3.26%
淄博	C6	3.40%	C21	3.38%	C23	3.33%	C7	3.33%	C20	3.25%
渭南	C6	3.40%	C19	3.39%	C20	3.37%	C21	3.35%	C7	3.22%
滨州	C6	3.40%	C21	3.34%	C7	3.33%	C23	3.31%	C11	3.15%
濮阳	C21	3.39%	C6	3.38%	C23	3.38%	C7	3.33%	C19	3.32%
焦作	C6	3.40%	C21	3.38%	C23	3.36%	C7	3.29%	C19	3.17%
白银	C6	3.40%	C23	3.33%	C21	3.31%	C22	3.23%	C32	3.22%
石嘴山	C6	3.40%	C7	3.39%	C16	3.33%	C30	3.31%	C12	3.25%
聊城	C6	3.40%	C21	3.37%	C23	3.34%	C7	3.33%	C20	3.30%
菏泽	C6	3.40%	C21	3.37%	C7	3.34%	C23	3.33%	C12	3.29%
西宁	C6	3.36%	C23	3.28%	C11	3.25%	C21	3.24%	C22	3.20%
西安	C21	3.39%	C6	3.39%	C23	3.38%	C19	3.32%	C20	3.31%
运城	C6	3.40%	C21	3.31%	C22	3.27%	C7	3.24%	C23	3.16%
郑州	C6	3.40%	C21	3.39%	C7	3.38%	C19	3.36%	C23	3.30%
鄂尔多斯	C6	3.40%	C19	3.39%	C32	3.36%	C20	3.36%	C7	3.34%
铜川	C6	3.40%	C11	3.38%	C16	3.38%	C30	3.34%	C23	3.34%
银川	C6	3.40%	C21	3.35%	C23	3.33%	C7	3.32%	C31	3.01%
长治	C19	3.40%	C6	3.40%	C21	3.36%	C20	3.25%	C23	3.25%
阳泉	C6	3.40%	C23	3.37%	C22	3.36%	C21	3.35%	C16	3.22%
陇南	C6	3.40%	C19	3.38%	C21	3.37%	C22	3.37%	C23	3.32%
鹤壁	C6	3.40%	C21	3.38%	C7	3.38%	C23	3.38%	C19	3.32%

第9章 黄河流域绿色低碳高质量发展的驱动机制

根据 2010 年主要障碍因素分析可得，C20（单位 GDP 能耗）、C30（民用汽车拥有量）以及 C19（单位 GDP 电耗）出现的频数较高，分别出现了 52 次、49 次和 49 次。这说明对于沿黄城市而言，这三种因素是影响沿黄各地级市绿色低碳高质量发展的重要原因。这也意味着，各省（区）、地级市要进一步提高区域绿色低碳高质量发展水平，应不断提升自身的科技创新水平和人民社会生活质量，完善人民日常的物质文化生活基础，进而提高绿色意识和创新能力，推动城市的绿色低碳高质量发展。

作为障碍度最高的指标 C20（单位 GDP 能耗），在 2010 年中对三门峡、乌兰察布、包头、吕梁、商洛、大同、安阳等城市高质量发展的阻碍作用均为最强，这也意味着 C20（单位 GDP 能耗）指标所象征的生活质量是沿黄城市的一个重要的障碍因素。黄河流域的绿色低碳高质量发展，其内涵丰富而深远，它不仅关乎涵养水源、保持水土、净化大气、改善气候等生态效益，更直接关联到满足人民群众日益增长的美好生活需求这一社会效益。因此，在推动高质量发展的进程中，必须在确保环境资源得到有效保护的同时，加大社会保障力度，努力提升人民的生活品质与幸福感。这不仅是实现黄河流域可持续发展的必然要求，也是对人民群众美好生活向往的积极回应。

长治市 2010 年的 C6（生活垃圾无害化处理率）和 C20（单位 GDP 能耗）两个障碍因素的障碍度排在前两位。虽然该地区在环境保护和污染治理方面取得了显著成效，具体表现在长治市环境污染治理情况的提升和部分污染物指标的改善上。然而，伴随经济发展和城市建设步伐的加速，环境压力也日益凸显。区域污染物排放量的大幅增加，以及经济结构布局高能耗、重污染的特点，都使得长治市的环境污染和生态状况面临严峻挑战。因此，加强该地区的环境保护工作已刻不容缓，需要采取有效措施以应对日益严重的环境问题。

2010 年，太原市的五项障碍因素的障碍度均大于或等于 2.99%，特别是 C20（单位 GDP 能耗）和 C6（生活垃圾无害化处理率）。自 2012 年起，太原政府部门持续加大工作力度，对煤炭、化工、冶金、电力等重污染行业的企业实施了一系列严格的管控措施。然而，由于一些大型企业存在风险隐患，搬迁改造工作进展相对缓慢，导致该地区仍面临有毒有害污染物风险隐患的挑战。尽管在政府、社会及个人的共同努力下，当地空气质量得到了持续改善，但大气污染防治工作仍然是一项长期而艰巨的任务，需要持续加大力度，确保环境质量的持续改善。

洛阳市于 2010 年的最主要的障碍因素为 C20（单位 GDP 能耗），其障碍度达到 3.22%，这说明洛阳市的空气污染问题仍是制约其绿色低碳高质量发展的关键因素。作为传统的重工业城市，洛阳市虽拥有丰富的自然资源及开发潜力，但众多电厂、冶炼厂、电解铝厂等的存在，使得空气质量受到严重影响。并且这些工厂多以资源消耗型传统工业为主，导致洛阳市能源结构不合理，整体多为高消耗、高污染的粗放型经济。为推进绿色低碳高质量发展，洛阳市必须加快产业结构调整，促进绿色发展，以实现经济与环境的双赢。

根据 2015 年地级市主要障碍因素分析可得，C20（单位 GDP 能耗）、C19（单位 GDP 电耗）、C6（生活垃圾无害化处理率）、C30（民用汽车拥有量）的出现频次是较高的，分别出现了 51 次、48 次、36 次和 25 次，远超过其他障碍因素出现的频次，这说明对于沿黄城市而言，这五种因素是影响沿黄各地级市绿色低碳高质量发展的重要原因。各省市应持续推进绿色低碳高质量发展的自主创新能力和人民社会生活质量的提升进程。在推动经济快速发展的同时，必须高度重视整体资源的可持续利用，确保经济发展与环境保护相协调。通过加强科技创新、优化产业结构、提高能源利用效率等举措，为实现绿色低碳高质量发展奠定坚实的环境基础，也为人民创造更加美好、宜居的生活环境。

洛阳市 2015 年最大障碍因素仍是 C20（单位 GDP 能耗），障碍度达到 3.34%。相较 2010 年数据，有一定幅度的上升。深入探究其原因，洛阳市工业污染程度不断加剧的根源在于集中资源优先发展区域重工业的策略。尽管各级政府部门已经积极出台了一系列政策，旨在加强污染管理约束和提供环保资金支持，使得该地区的空气质量优良天数比例相比过去有了显著的提升。然而，生态环境改善的成效仍未达到人们的预期。诸如雾霾等环境问题仍未得到有效改善，这充分说明，洛阳市仍需持续加大环境治理力度，努力推进环境保护和治理工作，以实现生态环境的全面改善。除此之外，以生态补偿机制为核心的一系列环境保障机制在改善空气质量方面同样扮演着至关重要的角色。正是基于这样的认识，2015年洛阳市积极行动，采取了一系列举措对大气环境进行了综合治理。这些措施包括加快区域产业的转型优化升级，逐步淘汰和替代落后产能，加大重点行业的污染治理力度，以及针对城市扬尘等空气污染问题开展专项治理。通过这些综合施策，洛阳市致力于推动空气质量持续改善，为人民群众创造更加宜居的生活环境。

长治市的首要障碍因素与洛阳市相同，也为C20（单位GDP能耗），障碍度达到3.37%。长治市大气污染严重的主要原因是该地区能源结构不合理、污染排放监督管理体系不完善以及当地独特的地形和气候条件等众多因素的综合叠加。因此，政府对于该地区污染治理的工作重心应立足于对于长治市能源结构的调整和优化，积极推动清洁能源的使用，减少煤炭等传统高污染能源的消耗。同时，鼓励和支持企业进行能源结构的调整，推广使用低硫煤、天然气等清洁能源，降低污染物排放。此外，相关部门应该加大污染防治工作的力度，加强对污染排放的监管力度，建立健全排污许可制度，严格执行排放标准。同时，加大对违法排放行为的处罚力度，形成有效的威慑机制，如强化移动源尾气污染防治。此外，还要采取一系列政策鼓励和推进对于污染防治工作及相关科研课题的开展和深入研究，为科学治污、精准治污、有效治污搭建平台。

与洛阳和长治两个城市的情况不同，太原市在2015年的首要障碍因素是C6（生活垃圾无害化处理率），障碍度达到3.40%。2017年9月25日，太原市大气重污染成因与治理攻关跟踪研究课题在北京正式启动。重污染预警过程分析体系已经搭建完成，并开始执行驻点值班的工作制度。2018年3月，课题组通过企业走访、实地调研、现场监测、部门会谈等形式，掌握了太原市在工业结构、能源体系、出行体系等方面的城市发展阶段特征，并根据收集到的数据撰写了《太原市大气污染防治三年作战计划科技支撑报告》。基于此，政府部门应当从源头入手，全方位对区域污染排放工作进行管理控制，精准规定排放限额，着力对污染物排放总量进行把关。通过精准化、系统化的污染防治措施，以及加强制度建设与执法力度，确保太原市大气污染防治工作取得长期有效的成果。

根据2020年各地级市主要障碍因素分析可得，C6（生活垃圾无害化处理率)、C21(单位 GDP 二氧化硫排放量)、C7(污水处理厂集中处理率)和 C20(单位 GDP 能耗)出现的频次较高,分别出现了 54 次、49 次、39 次和 35 次,远超过其他障碍因素,这说明对沿黄城市而言,这四种因素是阻碍沿黄各地级市绿色低碳高质量发展的重要原因。各省(区)、地级市在推动绿色低碳高质量发展的进程中,必须进一步深化对人民社会生活保障和自然资源保护的认识与实践。发展经济固然是重要任务,但绝不能忽视对资源的珍视与关注。在追求经济增长的同时,更应注重资源的可持续利用与生态环境的保护,为绿色低碳高质量发展奠定坚实的社会和自然基础。

作为 2020 年障碍度最高的指标 C6(生活垃圾无害化处理率),其对东营、临汾、乌海、包头、吕梁等 34 个城市影响的障碍度为 3.40%,说明 C6(生活垃圾无害化处理率)指标所指向社会保障层面因素对沿黄城市具有重要的影响作用。黄河流域的绿色低碳高质量发展必须以保障和改善民生为重点,具体来看,良好的生态环境是民生的根本,是人类社会的稀缺资源,更是社会发展的基础和关键,只有民生水平良好发展才能更好地实现黄河流域的绿色低碳高质量发展。

洛阳市 2020 年的重要障碍因素分别为 C6(生活垃圾无害化处理率)和 C21(单位 GDP 二氧化硫排放量),通过观察该地区整体的环境状态可以看出,洛阳市的环境承载力相对较弱,因此,怎样加强区域环境污染防治能力成为当地政府需要思考和解决的关键任务。在经济社会长期快速发展的浪潮中,提高区域环境污染防治能力已然成为当地政府亟须思考和解决的关键任务。城镇化进程的推进虽带来了经济的繁荣,但也伴随着资源消耗的加剧和环境污染的日益严重。城市用水难问题逐渐凸显,水资源日益紧张,给居民生活和工业生产带来了不小的困扰。与此同时,持续追求经济的高速发展导致的粗放型经济模式也是阻碍整体环境治理的关键因素之一。长此以往,这种发展模式将对生态环境造成不可逆的损害,严重威胁到人类的生存和发展。因此,当地政府应推动经济结构的优化升级,发展绿色经济和循环经济,减少对环境的压力。同时,加强政策引导和市场调控,推动企业实现清洁生产和资源循环利用,保证人们拥有良好的生活环境,实现生态系统的平衡发展。

太原市 2020 年的重要障碍因素分别为 C6(生活垃圾无害化处理率)和

C7（污水处理厂集中处理率），障碍度分别为3.40%和3.39%，意味着太原市在垃圾处理方面仍存在着较大的问题。大量的生活垃圾未能得到有效、安全的处理，不仅对环境造成了污染，还可能对居民的健康产生潜在威胁。因此，2020年太原市以高质量转型绿色发展为理念，以"强力治气、系统治水"为重点，着力开展环境保护和污染治理等各项工作，空气质量同比持续好转，地表水环境质量明显改善。但是太原地区的环境污染问题仍然存在，未能得到根治。太原市在大气污染防治工作中所肩负的"退后十"任务，其艰巨性不容忽视。"退后十"任务是由2023年太原市印发的《太原市2023年大气污染防治暨空气质量综合指数"退后十"攻坚行动方案》提出的，该方案指出2023年太原市环境空气综合指数要退出全国168个城市后十位的目标。总之，太原地区的环境污染问题依然严峻，需要以更加坚定的决心和更加有力的措施来应对这一挑战。只有这样，才能实现环境质量的根本性改善，为太原市的可持续发展奠定坚实的基础。

长治市在2020年的重要障碍因素分别为C6（生活垃圾无害化处理率）和C19（单位GDP电耗），且由障碍度数值可知，相较于2015年，人民社会保障影响度提高而空气质量有所好转。这是因为长治市作为"2+26"城市大气污染防治城市之一，长期以来在大气环境治理方面始终保持力度不减、即刻整治的积极态度，不断改善生态环境，强化自然环境保护力度。例如，2019年长治市出台了《长治市改善空气环境质量十大任务十项措施》，以实现绿色低碳发展目标，坚持科学治理、高效实施，切实提高环境空气质量，持续深入打好蓝天保卫战。因此，在长治市各级生态环境相关部门的贯彻执行、认真落实以及企业和广大市民的积极配合下，环境空气质量治理效果日益明显，成功守住了长治市的蓝天白云，显著提升人民群众获得感。随着经济社会的不断发展和基本公共服务体系的初步建立，小康社会中的广大人民群众对人力资源和社会保障服务需求产生了一系列新变化，主要体现在更加重视人力资源和社会保障服务权益，更加重视人力资源和社会保障服务的便捷性、高效性、智能性。这些新变化对人力资源和社会保障服务供给提出更高的要求，也为大力推动社会保障事业带来新契机。

根据2021年地级市主要障碍因素分析可知，C6（生活垃圾无害化处理率)、C21(单位 GDP 二氧化硫排放量)、C23(工业烟粉尘排放量)和 C7(污水处理厂集中处理率)的出现频次是最高的,分别出现了 57 次、53 次、42 次和 41 次,远超于其他障碍因素。这说明对于 2021 年而言,这四种因素是阻碍沿黄各地级市绿色低碳高质量发展的重要原因。各省市在促进绿色低碳高质量时,要将保障人民社会生活和推进保护自然资源摆在突出位置,在发展经济的同时提高对废弃资源的关注度,为实现绿色低碳高质量发展提供良好的环境基础。

作为 2021 年障碍度最高的指标 C6(生活垃圾无害化处理率),其对三门峡、东营、中卫、临汾、乌海、兰州、包头和吴忠等城市的影响力最强,同时也说明 C6(生活垃圾无害化处理率)指标所指向的社会保障层面因素对黄河沿线城市具有重要影响作用。黄河流域的绿色低碳高质量发展必须深入贯彻"十四五"规划的指导思想,将保障和改善民生置于首要地位。良好的生态环境既是民众福祉的体现,也是社会发展的宝贵资源,更是推动黄河流域绿色转型的基石。只有不断提升民生水平,确保人民群众在优美环境中享受幸福生活,才能为黄河流域的绿色低碳高质量发展提供坚实支撑和强大动力。因此,必须坚持以人民为中心的发展思想,努力构建人与自然和谐共生的现代化新格局。

洛阳市 2021 年的重要障碍因素分别为 C21(单位 GDP 二氧化硫排放量)和 C7(污水处理厂集中处理率)。通过观察该地区整体的环境状态可以看出,洛阳市的环境承载力相对较弱。因此,为推进黄河流域的绿色低碳高质量发展,应着力推进减污降碳协同增效,深入实施《洛阳市创建国家生态文明建设示范市规划(2020—2030 年)》,不断完善创建工作机制,积极开展示范创建达标专项行动。同时,要严格执行环评与排污许可两项制度,持续优化环评流程,提高审批效率,巩固和扩大固定污染源排污许可全覆盖,加强精细化管理,确保环境质量持续改善。此外,还应积极推动碳排放权交易试点,鼓励重点企业积极参与全国碳排放权交易市场,通过市场机制促进绿色低碳发展,为黄河流域的高质量发展注入新的动力。

太原市 2021 年的重要障碍因素分别为 C6(生活垃圾无害化处理率)和 C7(污水处理厂集中处理率),障碍度分别为 3.40%和 3.39%,由此可见,太原市绿色低碳高质量发展面临环境污染的严峻挑战，而2021年正是实施"十四五"规划的开局之年，对于实现"五年进百强"目标具有划时代的重要意义，同时也是推动高质量转型发展的关键节点。因此，政府工作需紧密围绕习近平新时代中国特色社会主义思想，全面、准确、深入贯彻新发展理念，坚决执行省市决策部署，积极应对环境污染，以坚定的决心和有力的措施推动太原市实现高质量、高速度的发展，为未来的绿色转型之路奠定坚实而稳固的基础。

长治市2021年的重要障碍因素分别为C19（单位GDP电耗）和C6（生活垃圾无害化处理率）。近年来，长治市主要围绕"转型、治企、减煤、控车、降尘"五管齐下，针对环境空气质量进行全面治理，优化对重污染天气治理机制，达到更高的空气质量水平，以空气质量改善推动绿色低碳经济发展。从全面实施重点工业企业超低排放改造、全面实施落后产能淘汰、全面实施夏季臭氧污染攻坚、全面实施燃煤污染防治、全面实施"两高"（高速、高铁）沿线环境综合整治、全面实施环境空气质量保障工作、全面实施秋冬季污染防治攻坚、全面实施"碳达峰、碳中和"工作、全面实施重点工业企业门禁系统安装工作、全面实施路查路检和非道路移动机械管控工作、全面实施重污染天气应对和全面实施信息化管控共12个方面做好大气污染防治攻坚战的工作。

9.2 黄河流域绿色低碳高质量发展的驱动因素识别

通过前述分析可知，现阶段黄河流域各地区之间的绿色低碳高质量发展水平存在不协调、不均衡的情况。因此，本书将进一步对黄河流域绿色低碳高质量发展的影响因素进行深入研究。参考现有文献和研究成果，充分结合各区域发展实际情况，并考虑研究数据的可得性，本书选取数字经济、环境规制、对外开放、人力资本、营商环境5个可能的影响因素展开深入分析。

1. 变量说明

区域绿色低碳高质量发展是一个综合性的演变过程，其空间差异受经济社会、政策制度等多种因素的综合影响。由于不同区域具有不同的要素禀赋，且各要素在不同区域对绿色低碳高质量发展影响力度不同，不可避免地会出现区域差异。本书根据经济发展理论及梳理相关研究文献发现，影响区域绿色低碳高质量发展的因素众多，各因素对区域绿色低碳高质量发展的影响机制和程度不同，故而以绿色低碳高质量发展综合指数为因变量，从数字经济、环境规制、对外开放、人力资本、营商环境 5 个维度探究绿色低碳高质量发展空间分布差异的影响因素，分析各因素对绿色低碳高质量发展的影响机理（见表9-6）。

表9-6 变量描述

变量类型	变量名称	变量符号	变量含义
被解释变量	绿色低碳高质量发展总指数	GLQ	绿色低碳高质量发展水平
解释变量	数字经济	DE	数字金融覆盖广度
	环境规制	ER	环境污染综合指数
	对外开放	FU	外商实际使用投资
	人力资本	UC	教育支出占财政支出比重
	营商环境	BE	营商环境指数

（1）数字经济

数字经济的兴起和发展，为经济社会的发展提供了"新的赛道"和"新的动力"。现阶段，数字经济在推动我国经济增长和社会发展等方面发挥着重要作用。绿色低碳高质量发展是推进现代化建设的关键一环，在实现黄河流域绿色低碳高质量发展的过程中，数字经济的作用不容小觑。正确理解和把握数字经济发展所带来的崭新的机会，推动数字经济和实体经济的交叉融合发展，不仅能够助力我国形成新的竞争优势，助力经济稳定增长和产业结构转型升级，推动区域绿色低碳高质量发展，还能为2035年我国基本实现社会主义现代化、2050年把我国建成富强民主文明和谐美丽的社会主义现代化强

第9章 黄河流域绿色低碳高质量发展的驱动机制

国打下坚实的物质基础。本书以北京大学数字金融研究中心发布的数字金融覆盖广度来衡量黄河流域各区域的数字经济发展水平。

（2）环境规制

环境规制是以保护环境为目的，对污染公共环境的各种行为进行的规制。它常常被作为各地区改善污染问题、实现绿色低碳发展的有效政策手段。通常来说，环境规制与区域绿色低碳发展之间呈正相关关系。政府实施环境规制政策方案，会给各地区带来环境治理压力，从而促使各地区加大对环境污染治理资金的投入。这一政策的实施最终能有效改善环境污染问题，控制污染物的排放强度。并且各地区还可能颁布具有针对性的区域环境治理政策，加大对生态保护的资源投入，从而进一步使得污染物排放等非期望产出降低，保证当地绿色低碳高质量发展。绿色低碳高质量发展是在寻求经济良好发展的同时，保证社会、资源、环境的协调发展。不同的地区环境规制强度不同，使得污染排放的分布不同。本书利用环境污染综合指数来衡量我国环境规制强度，该综合指数越高，说明政府环境治理越松懈，环境规制强度越差。

（3）对外开放

对外开放对区域高质量发展的影响可以通过贸易开发和投资开发体现。贸易对外开放对区域高质量发展的影响主要体现在技术的外部性和规模经济两个方面。贸易的开放能够使得一国的市场规模扩大，出口贸易主要通过出口本国优势产品占据国外市场，进口贸易通过学习国外先进的技术和管理经验，不断提高本国企业的创新能力，提升本国产品的技术含量，使得本国产品在出口贸易中更具有竞争优势，进一步扩大国际市场的占有率。对外开放可以促进我国经济结构优化升级，提高我国经济增长的稳定性和韧性，从而促进区域的高质量发展。对外开放程度的一个重要指标就是外商投资，外商投资在投资地选择上有较高要求，注重投资地区的产业布局、发展潜力、制度环境等因素，从而倒逼经济结构调整升级。一般来说，外商投资越活跃，开放程度越高。本书以外商实际使用投资来衡量黄河流域各区域的对外开放程度。

（4）人力资本

人力资本是指在特定区域下一定时期内所拥有的作为生产要素的人力的

总和。我国通常将年满16岁、具有一定的劳动能力且对社会发展和价值创造有所贡献的人群划分为人力资本。我国的经济高质量发展要秉承创新、协调、绿色、开放、共享的新发展理念，坚持以人为本，在此基础上实现生产力、生产工具以及生产要素的全面提高，不断提升经济发展质量，推动高质量发展，构建新发展格局。其中，实现经济高质量发展的核心思想之一便是以人为本，人力资本是实现科技创新驱动发展的核心推动力。优质的人才能够提升生产效率、推动科技创新和产业升级，促进经济结构优化，增强企业竞争力，促进社会稳定与可持续发展。人力资本的不断提升是推动经济发展的重要动力，为实现经济的高质量增长和可持续发展目标提供了关键支撑。提升人力资源数量、优化结构与挖掘能力等措施，能够提高人力资源的数量和质量，促进我国经济高质量发展。本书以教育支出占财政支出比重来衡量黄河流域各区域的人力资本投入。

（5）营商环境

营商环境是指各类不同的市场主体被批准进入市场、开展生产经营、退出市场等过程中牵涉到财务环境、市场环境、法治环境、人文环境等各类相关的外部因素和条件的总和。营商环境涵盖了对企业活动有影响的多个方面，如社会层面、经济层面、政治层面和法律层面等。地区营商环境的好坏会对地区吸引外资工作的开展造成直接性的影响，同时也会对本区域内现有的经营企业产生直接影响。在世界百年未有之大变局下，一个稳定、透明、公平的营商环境可以减少投资风险，激励企业创新和发展，吸引更多国内外投资者。良好稳定的营商环境越来越能够真正展示一个国家或地区的经济软实力，对于提高国家或地区的区域综合竞争力的作用日益凸显。参考已有研究，本书以营商环境指数来衡量黄河流域各区域的营商环境。

2. 数据来源

基于指标选择以及测度年份保持一致性，本部分使用的数据范围主要涵盖黄河流域各地级市2010—2021年相关指标的面板数据。另外，本部分基于有关数据对黄河流域各地级市绿色低碳高质量发展的驱动因素进行分析，数据主要来源于《中国统计年鉴》、《中国城市统计年鉴》、北京大学数字金融研究中心以及各省市统计年鉴等。数据的具体来源详见表9-7。

表 9-7 指标数据来源

变量类型	变量名称	衡量方法	数据来源
被解释变量	绿色低碳高质量发展总指数	熵值法综合计算得到	前文测算值
解释变量	数字经济	数字金融覆盖广度	北京大学数字金融研究中心
	环境规制	环境污染综合指数	《中国城市统计年鉴》
	对外开放	ln（1+外商实际使用投资）	《中国统计年鉴》、各省市统计年鉴
	人力资本	教育支出占财政支出比重	各省市统计年鉴
	营商环境	营商环境指数	《中国统计年鉴》、各省市统计年鉴

3. 模型构建

面板数据包含时间序列和截面两个维度，一般来说对不可观察的个体一致性，可能会存在内生性问题，而面板数据具有对其进行处理的优点，充分全面展示区域个体的动态信息。因此，本书以 2010—2021 年作为研究期限，将黄河流域内各地级市作为研究对象，通过建立面板模型，采用多元线性回归分析方法检验数字经济、环境规制、对外开放、人力资本、营商环境各因素对中国数字经济发展水平的影响，研究各个因素对绿色低碳高质量发展的影响状况。此模型可用来测量各影响因素对绿色低碳高质量发展水平指数的贡献程度。具体模型如下：

$$GLQ_{jt} = \beta_0 + \beta_1 DE_{jt} + \beta_2 ER_{jt} + \beta_3 FU_{jt} + \beta_4 UC_{jt} + \beta_5 BE_{jt} + \varepsilon_{jt} \quad (9-1)$$

式中，GLQ_{jt} 为第 j 个地级市第 t 年的绿色低碳高质量发展总指数；DE_{jt} 为第 j 个地级市第 t 年的数字金融覆盖广度；ER_{jt} 为第 j 个地级市第 t 年的环境污染综合指数；FU_{jt} 为第 j 个地级市第 t 年的外商实际使用投资加一的对数值；UC_{jt} 为第 j 个地级市第 t 年教育支出占财政支出比重；BE_{jt} 为第 j 个地级市第 t 年的营商环境指数；β_0 为截距项；ε_{jt} 为随机误差项；β_1、β_2、β_3、β_4、β_5 为待估参数。当回归系数 $\beta>0$ 时，说明自变量对因变量存在正向影响，自变量的增加促进了区域绿色低碳高质量发展；反之，说明不利于区域绿色低碳高质量发展。

4. 回归分析

表 9-8 依次列示了应用不同模型得到的黄河流域绿色低碳高质量发展水平影响因素的回归结果。由于双向固定模型通过在回归模型中同时控制空间固定效应和时间固定效应，相较于其他 3 个模型而言，能够减少由于遗漏变量偏差和不可观测的个体特质或时间趋势带来的估计偏误。因此，本研究重点关注双向固定模型所展示的实证结果。

表 9-8 黄河流域绿色低碳高质量发展的影响因素实证结果

变量	无固定模型	空间固定模型	时间固定模型	双向固定模型
数字经济	0.000 5*** (0.000 0)	0.001 0*** (0.000 1)	0.000 3*** (0.000 0)	0.000 5*** (0.000 1)
环境规制	−0.061 6*** (0.015 8)	−0.076 4*** (0.015 2)	−0.070 9*** (0.011 4)	−0.066 0*** (0.012 4)
对外开放	0.002 9*** (0.000 3)	0.002 1*** (0.000 3)	0.003 1*** (0.000 8)	0.002 7*** (0.000 8)
人力资本	0.078 5** (0.032 1)	0.154 4*** (0.029 9)	0.034 3 (0.030 5)	0.034 2 (0.030 0)
营商环境	0.000 5 (0.000 6)	0.001 2** (0.000 6)	0.005 3*** (0.001 2)	0.002 4* (0.001 4)
Constant	0.389 4*** (0.008 8)	0.360 9*** (0.008 8)	0.373 7*** (0.012 7)	0.391 7*** (0.016 8)
N	519	519	519	519
R^2	0.641 0	0.715 7	0.916 5	0.925 7
个体固定	NO	NO	YES	YES
时间固定	NO	YES	NO	YES

注：*、**和***分别表示在 10%、5%和 1%的显著性水平下，括号内数值为标准差。

表 9-8 呈现了 2010—2021 年黄河流域绿色低碳高质量发展影响因素的回归结果。根据回归结果可以分析得知，数字经济、环境规制、对外开放、营商环境对区域绿色低碳高质量发展具有重要影响，这 4 个指标对黄河流域绿色低碳高质量发展有显著的正向效应，对提高数字经济发展水平具有促进作用。

第 9 章 黄河流域绿色低碳高质量发展的驱动机制

数字金融覆盖广度通过了显著性检验,在 1%水平上显著为正,回归系数为 0.000 5,说明区域绿色低碳高质量发展仍受限于数字经济发展水平,数字经济水平越高,区域绿色低碳高质量发展指数越高。究其原因,一方面数字经济促进了信息技术在各地区各行业的广泛应用,并实现绿色技术的不断创新和应用,如数字能源管理系统、清洁生产技术等,能有效提高资源利用效率,降低了能源消耗和排放,有利于实现绿色低碳发展。另一方面数字经济提供了对大数据精准化分析的工具,为各区域政府和企业制定绿色低碳发展政策和方案提供了科学依据,有助于建立绿色低碳管理系统和发展体系。数字经济在资源优化利用、创新驱动发展以及生产效率提高等方面的作用,为区域可持续发展和绿色转型提供了有力支撑,有助于推动中国经济高质量发展,并为推进中国式现代化注入强劲动能。在数字经济的作用下,各部门也势必加速构建更加数字化、信息化、智能化的生产、经营和管理体系,促进数实融合发展。因此,数字化作为推动经济社会高质量发展的关键一环,对于进一步推动"数字中国"建设起到关键作用。

环境规制(ER)的系数为$-0.066\ 0$,为负值,并且通过了显著性检验,这说明环境污染对黄河流域绿色低碳高质量发展指数的作用为负向的,环境污染越严重,环境规制强度越弱,绿色低碳高质量发展指数越低,即环境规制对绿色低碳高质量发展水平的提升有促进作用。究其原因,绿色低碳高质量发展最终体现的是经济社会发展的效率化和生态化,黄河流域大部分城市当前的经济发展是以牺牲生态环境换来的,且生态环境恶化所失去的价值远大于经济发展所创造的财富,经济效益的增长远小于对生态环境效益的弥补。环境规制反映了政府对于生态环境与生态资源的保护、修复所提供的财政支持力度。沿黄地级市整体处于我国中西部内陆地区,过去粗放型发展模式引起了程度不一的资源消耗过度和生态环境污染等问题,而环境规制强度越高,在一定程度上提供给区域的保护和修复力度越大,会促使生态资源逐步向可持续发展状态迈进。对沿黄各地级市进行环境规制,一方面减少了区域高排放高污染的现象,提升了地区的生态环境质量;另一方面也倒逼各区域进行绿色生产和绿色研发,提升对能源的利用效率。各级政府在实行环境治理的同时,可以根据自身情况对各地级市给予政策和资金支持,加快各区域绿色低碳高质量发展，实现区域经济与生态环境效益协同发展。

对外开放（FU）的系数为 0.002 7，为正值，并且通过了显著性检验，说明区域经济开放程度与绿色低碳高质量发展之间存在明显的正向促进作用，"污染避难所"假说在我国并不成立。外商实际使用投资对数与区域绿色低碳高质量发展水平正向相关，说明黄河流域各区域在自身发展的过程中，对经由发达国家转移而来的产业进行了有效筛选，成功地限制了其中重污染行业的进入，避免了产业转移中所谓的"污染避难所"现象。这种现状产生的主要原因可以归结为两方面，一方面，黄河流域各区域在引入外资的同时，切实加强环境规制，设置严格的环境准入门槛，确保经济增长的同时不会以牺牲生态环境为代价，以实现环境和经济双赢的目标；另一方面，外资企业往往具备完善的绿色管理体系、拥有成熟的污染防治和绿色生产技术，黄河流域各区域企业可以充分吸收绿色化知识、先进管理经验和环保技术溢出，构建绿色低碳发展体系，为自身发展带来生态效益和经济效益的双重提高。简单来说，对外开放能够引入新的技术，使得各区域进行一定程度的技术扩散，不仅能够助力区域创新资源高效流动从而提升自身的科创水平，还可以推动市场结构的转型升级，多措并举激发企业创新活力，推动科创行业的进一步发展，为提升城市的绿色创新效率奠定基础。

营商环境（BE）的系数为 0.002 4，为正值，且通过了显著性检验，即营商环境对黄河流域各地级市绿色低碳高质量发展水平存在正向影响。营商环境的回归系数为 0.002 4，说明营商环境指数每增加一个单位，将使区域绿色低碳高质量发展水平平均提高 0.002 4 个单位。营商环境是市场经济发展的基础，是市场主体的力量载体之一。只有不断优化营商环境，才能真正解放生产力、提高竞争力。优化和改善营商环境对于促进经济发展、吸引投资、提升竞争力和推动创新至关重要。营造良好的营商环境，不仅是中国进一步对外开放的重要举措，也是落实高质量发展、实现治理体系和治理能力现代化的内在要求。一个良好的营商环境可以降低企业经营成本，提高效率，增强市场活力，吸引更多国内外投资者。一方面，良好的营商环境，可以通过简化行政程序、加强法治建设、提升市场监管水平等措施来实现，这能为企业创造更加公平竞争的环境，激发市场活力，促进经济的持续增长。另一方面，优化营商环境还有助于提升政府的治理水平和服务质量,增强政府的公信力和透明度,为经济社会发展提供更加稳定可持续的发展环境。这不仅能够深化进一步实现对外开放,还能够为实现绿色低碳高质量发展提供有力保障。构建以国内大循环为主体、国内国际双循环相互促进的新发展格局,对完善我国营商环境提出了新的要求,只有不断增强我国经济的创新力和竞争力,才能以更高水平促进更高质量的发展。

第 10 章　黄河流域绿色低碳高质量发展的提升路径

当前，我国经济发展已进入加快绿色化、低碳化的高质量发展阶段。但是，在推动实现绿色低碳高质量发展过程中仍面临着诸多挑战。对于黄河流域而言，能源化工和原材料等重工产业是地区经济发展的支柱，资源依赖度高、产业结构不合理等问题较为突出。此外，水资源短缺、生态环境脆弱、绿色低碳技术发展水平较低等问题也制约着区域绿色低碳高质量发展进程。基于黄河流域发展的现实背景与国家战略要求，本研究提出了相应的绿色低碳高质量发展提升路径，为实现黄河流域人与自然和谐共生的中国式现代化建设提供参考。

10.1　牢固树立绿色低碳意识，坚定绿色低碳高质量发展方向

长期以来，黄河流域生态环境脆弱、地区发展不均衡以及发展质量低下等问题随着时间推移逐渐显露。特别是黄河流域的中上游地区，传统产业转型升级步伐较慢，高技术产业发展不足，严重阻碍着沿黄区域的可持续发展。绿色低碳意识是促进黄河流域绿色低碳高质量发展的基础，提升公众绿色低碳意识对于促进经济可持续发展、保护生态环境和提高人类生活质量等具有重要意义。然而，由于前期人们的生态保护意识薄弱，同时又过度追求经济

增长，导致黄河流域环境污染、生态破坏等问题愈加严重，进而影响生态平衡和人类健康，制约着地区的可持续发展。因此，需要树立牢固的绿色低碳意识，在发展中平衡经济、社会、环境等多方面利益，并坚定不移地推动黄河流域朝着绿色低碳高质量发展的方向发展。

1. 注重理念创新

在绿色低碳发展成为时代主题的背景下，黄河流域作为我国重要的生态屏障，要注重绿色发展理念创新，及时摒弃以牺牲生态环境为代价的经济发展传统理念。一方面，黄河流域沿线地区应深入贯彻落实绿色发展理念，深刻认识到生态环境保护和可持续发展的重要性，引导各地区树立"绿水青山就是金山银山"的意识。同时，各地区政府要加强对绿色发展理念的宣传和教育，提升企业和公众对环保、低碳、可持续发展的认识和重视程度。另一方面，生态环境的改善直接关系到每个人的生存福祉，是满足人民生活需求、提高人民生活质量的重要条件。良好的生态环境不仅有助于减少污染物对人体健康的危害，降低疾病发生率，保障公众身体健康，还有助于维持生态系统的平衡，保护土壤、水资源等自然资源的可持续利用，为人们提供稳定的生活资源保障。推进生态环境治理不仅是保护地球家园、实现可持续发展的重要基础，也直接关系到每个人的健康、幸福和未来发展。因此，为推动黄河流域朝着绿色低碳方向发展，应当及时转变发展思路，强化绿色经济发展的重要性，坚持"绿水青山就是金山银山"的理念，不断提升公众绿色低碳环保意识，坚定不移地推进黄河流域绿色低碳高质量发展。

2. 瞄准"双碳"目标

传统的经济增长模式以资源消耗和环境破坏为代价，给人类社会带来了巨大的经济损失。2020年9月，习近平总书记在第七十五届联合国大会一般性辩论上发表重要讲话，提出"中国将提高国家自主贡献力度，采取更加有力的政策和措施，二氧化碳排放力争于2030年前达到峰值，努力争取2060年前实现碳中和"。"双碳"目标的提出旨在通过技术革新、产业升级等手段实现经济结构的优化与转型，将经济增长与环境保护相结合，迈向低碳、绿色、可持续的发展道路。

现阶段，为实现"双碳"目标，我国在促进产业结构转型、绿色技术研发等领域采取了一系列积极措施，但部分地区仍存在"双碳"目标认识不到位、工作落实过于激进等问题。"双碳"目标的实现不是一蹴而就的短期过程，而是需要长期、稳定的有序发展。因此，我们要正确认识和把握"碳达峰"与"碳中和"目标，加快形成减污降碳的激励约束机制，创造条件努力实现由能耗"双控"向碳排放总量和强度"双控"转变。对于黄河流域沿线地区而言，应当以国家宏观战略为指引，深刻理解并瞄准"双碳"目标，有针对性地采取科学、合理、可行的措施控制碳排放总量和强度。首先，黄河流域各区域可以结合实际情况，制定具体的"碳达峰""碳中和"时间表和治理措施，逐步减少碳排放总量，推动绿色低碳发展。其次，在生产过程中通过绿色技术创新等手段，不断提升能源利用效率，推广清洁能源使用，降低单位GDP 能耗与碳排放强度，实现能耗"双控"。最后，建立健全碳减排激励机制，通过绿色金融、碳排放交易等政策引导以及市场化手段，推动企业和个人减少温室气体与污染物排放，进一步为实现黄河流域绿色低碳高质量发展贡献力量。

3. 树立底线意识

要落实绿色低碳发展理念，就要树立严格的底线意识。首先，要严守生态环境保护三条红线：生态功能保障基线、环境质量安全底线、自然资源利用上线。通过建立健全相关法律法规体系，强化对环境污染和资源浪费的监管和惩罚，坚决杜绝逾越三条红线，保障生态、环境和资源的安全，达到划定红线的目的。黄河流域各地区必须对红线保持敬畏之心，坚决反对突破红线的行为，在红线之内谋求绿色高质量发展。其次，在重要生态功能区、生态敏感区和生态脆弱区等区域划定最小生态保护空间，确保生态系统的完整性和稳定性。严格控制最小生态保护地区的土地开发和利用，限制建设规模和密度，保留必要的绿地和生态空间，防止人为活动对生态环境造成破坏。根据生态功能的重要性、生态环境的敏感性和脆弱性划定生态保护红线，并将其作为编制空间规划的基础。最后，明确底线意识与经济发展是相辅相成的关系。长期以来，受粗放式经济发展模式的影响，使得生态底线意识与经济发展之间的关系把握不清，造成生态环境破坏严重。当前，我国处于新发展阶段，可以明确的是只有保护好生态环境、守住底线，才能够实现可持续的经济发展。生态环境保护与经济发展之间不是简单的对立关系，而是相辅相成的关系。因此，有关部门可以组织开展针对底线意识的宣传教育活动，普及生态环保、绿色可持续发展等专业知识，在生活中时刻强调底线意识的重要性，使保护生态环境、树立底线意识深入人心。

10.2　加快升级产业结构，确保绿色低碳高质量发展质量

作为我国重要的经济地带，黄河流域具有丰富的煤炭资源，基础工业实力较强。然而，沿黄省区的产业结构偏重，资源利用效率不高，部分地区过度依赖煤炭或石油等单一资源，制造业发展呈现阶梯状空间分布格局。流域内污染物排放强度明显高于全国平均水平，生态环境治理亟须加快步伐。为促进黄河流域绿色低碳高质量发展，要积极采取措施激活绿色创新动力，优化产业结构，加快能源绿色转型进程。具体而言，要努力降低对高耗能和高排放行业的依赖程度，开发利用清洁能源和可再生能源。同时，要促进产业结构多元化发展，大力推广新兴产业，以科技创新赋能经济发展，为加快形成新质生产力奠定基础。

1. 加强生态环境准入管理

加强生态环境准入管理意味着要对企业和项目在环境保护方面的准入条件和规范进行强化和监管，要严格审批和监管高耗能、高排放项目的进入，加大环境监管执法力度，严格执行节能审查以及环保相关标准等措施。首先，制定严格的环境准入标准。针对不同行业和区域，制定差异化的环境准入标准，确保新建、改建、扩建项目符合国家和地方环保要求。这些标准应综合考虑生态环境保护三条红线等管控要求，并涵盖空间布局、污染物排放、环境风险、资源开发利用等方面。不断完善生态环境影响评价方法和准入条件，充分发挥沙漠和荒漠地区风能、太阳能资源丰富且利于建设的特点，全面推进风能、太阳能的开发及利用。其次，严格执法并加强监管。建立健全生态

环境准入管理的执法和监管机制，加大对违法行为的处罚力度。同时，加强对准入清单制定和实施的监管，确保准入标准和条件的科学性和合理性。最后，企业要把握生态环境准入原则，推进清洁技术的研发革新以及清洁装备的研发制造，进而减少高耗能项目的能耗损失，确保项目能达到清洁生产的先进水平。此外，政府要在一定程度上明确产业发展方向，引导产业向专业化、精细化、特色化和绿色化转型。

2. 推动传统产业绿色低碳转型

黄河流域的传统产业，如煤炭、钢铁等，往往伴随着高污染和高能耗，对生态环境安全造成了严重威胁。促进黄河流域传统产业绿色转型有助于降低对环境的污染和破坏，是实现可持续发展的重要途径。为推动传统产业绿色低碳转型，首先，需要系统把握黄河流域产业发展现状。可根据黄河流域产业实际发展情况，建立详细的产业目录，系统梳理产业发展属性及现状，这将有助于详细了解各产业的环境影响及绿色转型潜力。其次，结合我国产业分类清单以及环境规制要求，鼓励并支持黄河流域产业中有生态化改造价值、能够实现绿色低碳转型的产业发展。例如，带动节能环保类以及清洁技术类等具有前景的绿色产业发展。再次，针对产业类型和产业技术特点，通过市场调节和政府干预的方式，如提供财政支持、制定绿色标准和认证体系、建立绿色金融机制等，鼓励企业增加绿色投入，改进生产技术，使企业采用绿色低碳的生产方式。最后，监督企业进行生态化改造，建立有效的环境监测和评估机制，对企业的绿色转型进程进行跟踪和科学评估，确保企业按照规定的要求进行环境改造和绿色升级，以推动实现黄河流域绿色低碳高质量发展目标。

3. 大力发展绿色低碳产业

现阶段，黄河流域绿色低碳产业仍有很大的发展空间。为激发黄河流域沿线地区的绿色发展潜力，可以将重点聚焦于绿色低碳产业，充分借助大数据、区块链、人工智能等新一代信息技术，推进与新能源、新材料、高端装备、新能源汽车、绿色环保及航空航天等战略性新兴产业的融合发展，推动黄河流域沿线地区产业绿色转型升级。在深入发展绿色低碳产业时，黄河流域沿线地区要根据自身资源、技术、人才及政策等实际情况明确发展战略。

坚持实事求是原则，确保产业发展的方向、规模等符合区域实际情况，避免盲目发展和不切实际的情况发生。此外，推动绿色低碳产业与传统产业的融合发展，形成产业链上下游的紧密衔接。加强产业间的协同合作，促进资源共享和优势互补，提升整个产业体系的绿色化水平。

10.3 加速培育绿色发展新动能，提高绿色低碳高质量发展效率

尽管黄河流域的粗放型发展模式带来了经济的迅速增长，但也导致了自然资源的大量消耗，产生了高强度的污染与温室气体排放，使生态环境遭受严重破坏。为实现环境保护与经济发展的协调双赢，要加快培育绿色低碳发展新动能，推动社会–经济–环境系统实现可持续发展。具体而言，需要从原来的"跟踪模仿"型主体支撑转向创新型支撑，从规模速度型导向转向质量效率型导向，从自然资源、资本等一般要素驱动转向人才和技术等高级要素驱动，以可持续的发展模式为实现黄河流域绿色低碳高质量发展创造条件。

1. 创新绿色低碳技术

应对黄河流域沿线地区发展过程中存在的不平衡、不协调、不充分问题，关键在于加强科技自立自强，以技术创新赋能高质量发展。为此，要加快推进绿色低碳技术的研发和应用，解决非化石能源技术研发面临的难题，填补基础研究短板。技术创新的主体是企业，首先，企业应加大在节能技术、再生能源技术、节水技术、污染控制技术等方面的研发投入，推动技术的突破和创新，将发展的眼光放长远，注重长期利益的实现。在此基础上，企业要建立完善的创新体系，包括研发机构、创新团队、创新机制等，为技术创新提供有力的组织保障，并加强知识产权管理和保护，保障企业创新活力持续。同时，政府应采取激励措施鼓励企业加大研发投入力度。例如，为企业提供税收优惠、科研项目资金支持等激励措施，带动企业加大绿色低碳技术研发和应用的投入。其次，企业可以进一步与高校及科研机构等加强产学研联动。

通过建立绿色低碳技术创新平台，促进科研机构、高校和企业间的合作交流，加大专利成果转化应用，促进清洁低碳技术的研发和推广。同时，加大对绿色低碳领域人才培养的支持力度，培养一批具有创新意识和实践能力的专业人才，进而推动绿色低碳技术研发。技术的创新需要市场的支持和推动，企业应积极推广绿色低碳技术的市场应用，通过市场调研了解用户需求，将技术创新与市场需求紧密结合。最后，还可以积极开展国际科技合作，借鉴国外先进技术和经验，加速绿色低碳技术的引进，促进我国绿色低碳技术领域发展。创新绿色低碳技术是全球性的任务，需要各国共同合作与努力。企业应加强与国际先进企业和机构的合作，引进先进技术经验，为黄河流域绿色低碳高质量发展提供技术支撑。

2. 推动产业数字化升级

当前，数字技术的快速发展和广泛应用对经济社会产生了深远影响。为推动产业数字化、智能化和绿色化的融合发展，首先要加强黄河流域地区新型基础设施建设。其关键在于推动新型信息基础设施的绿色升级，以减少数据中心和移动基站的能耗。在关键地区实现大中型数据中心和通信网络基站的绿色建设和改造，通过国家的支持项目促进高能效运营，力争创建国家级绿色数据中心。同时，建设黄河流域全生命周期的低碳基础信息平台，整合基础数据和产业大数据资源，形成资源共享体系，推动信息的整合、资源共享与使用。其次，借助大数据、物联网、云计算等新一代信息技术，提升黄河流域地区对资源利用和环境情况的整体把握，将数字化应用融入生产制造过程中，对再生能源生命周期数据进行智能化收集和管理，实现黄河流域企业能源消耗、污染物排放等情况的动态监测、精准控制和优化管理。最后，企业应积极拥抱数字化转型，将数字技术融入生产、管理、营销等各个环节。通过引入智能化设备、自动化工艺等，提高生产效率和质量；利用大数据和人工智能技术，实现精准的市场分析和用户画像，优化产品和服务；通过数字化营销和服务，提升客户体验和满意度；将数字化应用于高耗能和高排放的生产设备，并采用大数据、物联网等信息技术对其数据进行采集、分析与监测，积极尝试工业互联网与水效管理、能效管理、再生资源回收利用等新模式的应用，以达到绿色低碳化生产目的。

3. 优化能源结构

黄河流域拥有丰富的能源资源，包括煤炭、油气、风能、太阳能和地热能等多种能源类型。为实现黄河流域能源基地的高质量发展，需要统筹考虑能源供给和绿色低碳转型之间的关系，系统全面优化黄河流域能源结构。首先，提高能源利用效率是关键。现阶段，黄河流域在能源利用效率方面还存在较大的提升空间。综合考虑能源消耗控制和碳排放控制之间的关系，可以利用绿色技术创新实现"双控"目标。通过严格控制能源消费总量和能源强度，辅以对能耗强度和碳排放强度进行约束，进而逐步控制碳排放总量，最终达到绿色低碳高质量发展的效果。同时，利用数字化、信息化以及智能化技术评估黄河流域各地区能源利用情况，有针对性地提高不同环节能源利用效率，最终为节能减碳作出贡献。除此之外，在产业发展的同时也要重视与能源消费总量和强度的衔接，提升能源在产业之间的资源配置效率及利用效率，制定精准化和高效化的产业政策，挖掘各产业降耗减排的潜能。

其次，提高清洁能源的比例是未来发展方向。受能源资源禀赋结构的影响，黄河流域地区目前仍然依赖煤炭作为主要能源消费方式。然而，未来的发展趋势是能源消费结构向清洁化转变，包含太阳能、风能、水能等在内的可再生能源具有巨大发展潜力。因此，要鼓励清洁能源的推广和应用，提高风能、太阳能等新能源业务比重。其中，企业应积极推广清洁能源，将清洁能源纳入企业的能源供应体系，并积极投入研发资源，推动清洁能源技术的创新和突破。政府可以通过政策扶持、资金补贴等方式，鼓励企业利用可再生能源进行发电和供热。在发展清洁能源的过程中，可建立完整的产业链条，涵盖清洁能源装备的各个环节，加强各个环节之间的协同合作，以支持清洁能源的开发和利用，推动黄河流域实现绿色低碳高质量发展。在优化过程中，要持续加强能源技术创新。技术创新是提高能源利用效率，推动能源结构升级的关键。通过研发和推广高效节能技术、新能源技术，可以降低能源消耗，提高能源利用效率，减少对传统化石能源的依赖。此外，还应关注煤炭清洁化利用技术、碳捕获和储存技术等的研发和应用，以降低燃煤导致的大气污染问题。

最后，提高能源管理水平是必要举措。建立健全能源法规制度，加强能源计量和监测，推动能源消费的智能化和数字化。通过对能源消费的实时监控和数据分析，可以及时发现和解决能源浪费问题。与此同时，还应当加强对违规行为的监管和处理，确保能源管理的有效执行。

10.4　建立健全绿色政策，强化绿色低碳高质量发展制度建设

制度的功能在于引导、规范、激励以及约束行为，而健全绿色政策、强化绿色制度建设能够促进生产方式和生活方式的绿色低碳转型，从而确保经济社会的可持续发展。建立健全绿色政策，强化绿色低碳高质量发展制度建设是应对环境挑战、推动经济转型、实现社会公平和提升国家形象的重要举措。这不仅是对当前发展问题的积极回应，更是对未来可持续发展的深远谋划。为加速绿色低碳发展，黄河流域沿线地区需要构建以绿色低碳生产和消费为导向的制度体系，并优化相关政策，以逐步实现绿色低碳高质量发展目标。

1. 建立有效的绿色低碳发展制度

为进一步降低碳排放并推动绿色低碳发展，在具体实践中，第一，要建立优化生态安全屏障制度。通过建立一系列生态环境保护相关的法律、法规、政策和管理措施，加强对重要生态系统的保护和修复，重点治理生态脆弱区域和受损生态系统，提升生态功能，构建更加健康的生态安全屏障，确保生态环境安全和健康，维护生态系统的完整性、生物多样性和可持续性发展。第二，改革和升级现有的生态环境监管体系。通过设立国有自然资源资产管理和自然生态监管机构，加强对生态环境的监管，确保资源的可持续利用和生态环境的可持续发展。第三，建立科学合理的绿色评价体系。为推动绿色发展，可以建立一套科学、综合的绿色评价指标体系，并将其纳入领导干部考核体系中，作为衡量领导干部个人素质和能力的重要标准，培养领导干部的环境保护意识，加大对绿色低碳社会发展的关注。第四，完善生态补偿制

度。建立科学、客观、全面的生态环境损失评估机制，对环境资源的损失进行精准测算。探索并采用更多元化的补偿方式，建立独立的监测和评估机构，负责对生态补偿资金使用情况进行监测和评估，确保补偿资金的有效使用和管理。第五，完善金融服务绿色低碳发展制度。健全绿色金融产品体系，提供多元化的绿色金融产品和服务，推动资金流向绿色低碳领域。完善绿色金融评价体系，同时加强对绿色金融的监管和风险防控。通过建立和完善上述制度，可以促进黄河流域的绿色低碳发展，加快生态文明建设，实现可持续发展目标。同时，这些制度的有效实施和落地需要相关部门、企业和社会各方的积极参与和配合。

2. 完善企业环境信用制度

企业绿色低碳转型对于黄河流域绿色低碳高质量发展至关重要。聚焦企业绿色低碳转型，第一，建立企业环境信用评价制度。建立科学、系统的企业环境信用评价指标体系，根据企业环境行为信息，依据规范的方法、手段和流程对企业进行信用评价，并将评价结果划分为绿、蓝、黄、黑四种颜色的信用等级。评价结果应向社会公众公开，以实现公共监督和促进企业环境管理的透明化，鼓励公众参与环境信用评价和监督过程，建立公众举报和投诉机制，让公众成为推动企业环保行为改善的重要力量。第二，建立企业环境信用信息数据库。利用信息技术手段，建立企业环境信用信息数据库，实现信息共享和动态更新。该数据库应包含企业的环境信用评价结果、环保行为记录、污染排放数据等信息，方便公众和相关部门查询和监督。第三，关联评价结果与财政性资金和项目支持。将企业环境信用评价结果与财政性资金和项目的支持优先序相联系，优先资助和支持绿色低碳转型表现优秀的企业。这将为企业提供经济激励，推动企业加快绿色低碳转型的步伐。第四，连通金融部门网络平台，将企业环境信用评价结果与金融部门的网络平台相连通，使评价结果成为企业贷款申请的重要参考依据。这将引导金融机构在贷款审批过程中更加重视企业的环境信用状况，从而鼓励企业加大绿色低碳转型的力度。通过以上措施逐步完善企业环境信用制度，促进企业环保行为的规范化和可持续发展，为实现绿色低碳发展提供有力保障。

3. 强化生态环境监管

强化生态环境监管不仅关系到当前的环境质量，还会影响未来的可持续发展。因此，为进一步完善黄河流域绿色低碳高质量发展的制度建设，有必要采取一系列措施强化生态环境监管。第一，强化流域生态环境监测网络建设。结合黄河流域的监测能力现状，建设全面、实时、信息化的黄河流域一体化生态环境监测网络。通过优化生态环境质量和污染源监测布设网络，提升黄河上、中、下游的监测能力，实现快速、准确获取流域监测数据。通过构建综合评估与预警模型，动态监测黄河上游水源涵养能力、中游水土保持能力、下游河口湿地保护等方面的资源环境承载能力变化情况。其中，要以现代科技手段作为辅助，提高生态环境监管的效率和准确性。例如，运用遥感技术、大数据分析等手段进行环境监测和数据分析，为环境监测网络的构建决策提供科学依据。第二，致力于创新生态环境保护监管机制。在黄河流域的省级层面上，建立多部门、多利益相关方参与的联合会商机制，加强监测信息的整合共享和技术协作。利用大数据技术建立统一的生态环境监管平台，并建立日常监管台账，实现对整个流域资源的常态化监管和共享。及时评估和预警生态风险，提高流域生态环境管理决策的科学性。第三，完善区域联动的应急响应和调度支援机制，建立省（区）级各相关部门之间的紧急联动机制，明确各部门职责和协作机制，实现信息共享、资源共享，提高应急响应效率，以确保在省（区）级层面上有效地应对流域内突发生态环境事件的能力。此外，建立健全多部门联合执法机制，形成监管合力，共同打击环境违法行为，严格保障黄河流域绿色低碳高质量发展深入推进。

参 考 文 献

[1] 安树伟，李瑞鹏．黄河流域高质量发展的内涵与推进方略［J］．改革，2020，（1）：76-86．

[2] 白瑞雪，白暴力．新时代中国特色生态经济理论的理论来源与实践基础［J］．经济纵横，2022，（6）：41-51．

[3] 鲍健强，苗阳，陈锋．低碳经济：人类经济发展方式的新变革［J］．中国工业经济，2008，（4）：153-160．

[4] 曾刚，胡森林．技术创新对黄河流域城市绿色发展的影响研究［J］．地理科学，2021，41（8）：1314-1323．

[5] 钞小静，沈路．新型数字基础设施对黄河流域城市生态效率的空间溢出效应——基于2013—2020年沿线97个城市数据的分析［J］．陕西师范大学学报（哲学社会科学版），2023，52（6）：46-60．

[6] 陈洪章，曾冰，郭虹．黄河流域县域经济时空分异及影响因素——来自夜间灯光数据的检验［J］．经济地理，2022，42（11）：37-44．

[7] 陈明华，岳海珺，郝云飞，等．黄河流域生态效率的空间差异、动态演进及驱动因素［J］．数量经济技术经济研究，2021，38（9）：25-44．

[8] 陈肖飞，杜景新，李元为，等．高质量发展视角下黄河流域城市网络的结构演变与影响因素研究［J］．人文地理，2023，38（1）：87-96．

[9] 程福祐．第二次生态经济座谈会在京召开［J］．生态学杂志，1982，（2）：62．

[10] 笪梓．"全国第一次生态经济讨论会"介绍［J］．环境科学与技术，1983，（1）：13-17．

[11] 杜海波，魏伟，张学渊，等．黄河流域能源消费碳排放时空格局演变及影响因素——基于DMSP/OLS与NPP/VIIRS夜间灯光数据［J］．地理研究，2021，40（7）：2051-2065．

[12] 方创琳．黄河流域城市群形成发育的空间组织格局与高质量发展［J］．经济地理，2020，40（6）：1-8．

[13] 方时姣．绿色经济视野下的低碳经济发展新论［J］．中国人口·资源与环境，2010，20（4）：8-11．

[14] 付允，马永欢，刘怡君，等．低碳经济的发展模式研究［J］．中国人口·资源与环境，2008，（3）：14-19．

[15] 高国力，贾若祥，王继源，等．黄河流域生态保护和高质量发展的重要进展、综合评价及主要导向［J］．兰州大学学报（社会科学版），2022，50（2）：35-46．

[16] 高煜，赵培雅，吉展慧．突破双重制约：黄河流域城市群高质量发展的路径选择——基于"产业—空间"结构的区域比较研究［J］．城市问题，2023，（4）：32-42，54．

[17] 高志远，程柳，张小红．黄河流域经济发展-生态环境-水资源耦合协调水平评价［J］．统计与决策，2022，38（9）：123-127．

[18] 郭付友，高思齐，佟连军，等．黄河流域绿色发展效率的时空演变特征与影响因素［J］．地理研究，2022，41（1）：167-180．

[19] 韩帅帅，苗长虹，李奕灿．黄河流域城市多中心空间结构对碳排放的影响研究［J］．地理研究，2023，42（4）：936-954．

[20] 韩秀丽，胡烨君，马志云．乡村振兴、新型城镇化与生态环境的耦合协调发展——基于黄河流域的实证［J］．统计与决策，2023，39（11）：122-127．

[21] 韩叙，柳潇明，刘文婷，等．黄河流域绿色金融与经济高质量发展耦合协调时空特征及驱动因素［J］．经济地理，2023，43（9）：121-130．

[22] 郝智娟，文琦，施琳娜，等．黄河流域城市群社会经济与生态环境耦合协调空间网络分析［J］．经济地理，2023，43（12）：181-191．

[23] 何悦．马克思生态经济理论中国化困境与展望［J］．中国人口·资源与

环境，2015，25（S2）：221-223．

[24] 胡鞍钢，周绍杰．绿色发展：功能界定、机制分析与发展战略［J］．中国人口·资源与环境，2014，24（1）：14-20．

[25] 黄建洪．绿色发展理念：绿色经济社会治理的新范式［J］．北京师范大学学报（社会科学版），2021，（4）：48-57．

[26] 黄娟．马克思主义生态经济理论的最新成果及其价值思考［J］．马克思主义研究，2009，（10）：96-102．

[27] 黄茂兴，叶琪．马克思主义绿色发展观与当代中国的绿色发展——兼评环境与发展不相容论［J］．经济研究，2017，52（6）：17-30．

[28] 贾向桐，刘琬舒．人类中心主义与非人类中心主义的重叠共识——析彼得·温茨的环境协同论［J］．陕西师范大学学报（哲学社会科学版），2022，51（1）：28-36．

[29] 蒋南平，向仁康．以马克思主义消费理论为指导大力发展文化产业——评尹世杰先生的《略论发展文化产业的几个问题》［J］．理论与改革，2013，（5）：90-91．

[30] 金碚．关于"高质量发展"的经济学研究［J］．中国工业经济，2018，（4）：5-18．

[31] 金乐琴．高质量绿色发展的新理念与实现路径——兼论改革开放40年绿色发展历程［J］．河北经贸大学学报，2018，39（6）：22-30．

[32] 李贝歌，胡志强，苗长虹，等．黄河流域工业生态效率空间分异特征与影响因素［J］．地理研究，2021，40（8）：2156-2169．

[33] 李春梅，沈文科，苏颖喆．黄河流域限制开发区的绿色发展效率及其影响因素［J］．中国人口·资源与环境，2023，33（8）：157-165．

[34] 李蕾．黄河流域数字经济发展水平评价及耦合协调分析［J］．统计与决策，2022，38（9）：26-30．

[35] 李连刚，张平宇，程钰，等．黄河流域经济韧性时空演变与影响因素研究［J］．地理科学，2022，42（4）：557-567．

[36] 李梦程，王成新，刘海猛，等．黄河流域城市发展质量评价与空间联系网络特征［J］．经济地理，2021，41（12）：84-93．

[37] 李汝资，白昳，周云南，等．黄河流域水资源利用与经济增长脱钩及影响因素分解［J］．地理科学，2023，43（1）：110-118．

[38] 李胜，陈晓春．低碳经济：内涵体系与政策创新［J］．科技管理研究，2009，29（10）：41-44．

[39] 李豫新，曹梦渊．贸易开放、环境规制与城市生态效率——基于黄河流域城市面板数据的实证［J］．统计与决策，2023，39（3）：164-169．

[40] 李治国，王杰，王叶薇．经济集聚扩大绿色经济效率差距了吗？——来自黄河流域城市群的经验证据［J］．产业经济研究，2022，（1）：29-42．

[41] 林江彪，王亚娟，马静．黄河流域绿色发展水平时空分异及影响因素研究［J］．统计与决策，2023，39（5）：109-113．

[42] 刘琳轲，梁流涛，高攀，等．黄河流域生态保护与高质量发展的耦合关系及交互响应［J］．自然资源学报，2021，36（1）：176-195．

[43] 刘岩，程钰，王亚平．黄河流域生产性服务业集聚对城市绿色全要素生产率的影响效应与空间溢出［J］．地理研究，2023，42（4）：917-935．

[44] 刘洋，许继红，刘媛媛．黄河流域生态环境与文旅产业耦合协调关系研究［J］．经济问题，2024，（2）：105-112．

[45] 刘耀彬，傅如毅，肖小东．绿色高质量发展的逻辑、框架与路径——基于人与自然和谐共生现代化的视角［J］．兰州大学学报（社会科学版），2023，51（2）：1-8．

[46] 陆大道，孙东琪．黄河流域的综合治理与可持续发展［J］．地理学报，2019，74（12）：2431-2436．

[47] 逯承鹏，纪薇，刘志良，等．黄河流域甘肃段县域"三生"功能空间时空格局及影响因素识别［J］．地理科学，2022，42（4）：579-588．

[48] 马维兢，张闻顺，李程祎，等．黄河流域经济规模与水资源边际效益异速增长时空特征及驱动因素［J］．自然资源学报，2023，38（12）：3116-3134．

[49] 马小雯，郭精军．黄河流域生态安全评价及障碍因素研究［J］．统计与决策，2023，39（8）：63-68．

[50] 孟望生，郑延钦，张扬．黄河流域制造业集聚对城市绿色经济效率的影

响［J］．统计与决策，2023，39（15）：111-116．

［51］穆学青，郭向阳，明庆忠，等．黄河流域旅游生态安全的动态演变特征及驱动因素［J］．地理学报，2022，77（3）：714-735．

［52］潘家华，郑艳．适应气候变化的分析框架及政策涵义［J］．中国人口·资源与环境，2010，20（10）：1-5．

［53］潘桔．黄河流域城市群高质量发展与生态保护的耦合协调性研究［J］．统计与决策，2023，39（24）：113-117．

［54］乔伟桐，高楠，张新成．黄河流域旅游产业韧性的时空分异特征及门槛效应分析［J］．统计与决策，2023，39（2）：58-63．

［55］任保平，杜宇翔．黄河流域经济增长-产业发展-生态环境的耦合协同关系［J］．中国人口·资源与环境，2021，31（2）：119-129．

［56］任保平，巩羽浩．黄河流域城镇化与高质量发展的耦合研究［J］．经济问题，2022，（3）：1-12．

［57］任保平，巩羽浩．数字经济助推黄河流域高质量发展的路径与政策［J］．经济问题，2023，（2）：15-22．

［58］任保平，张倩．黄河流域高质量发展的战略设计及其支撑体系构建［J］．改革，2019，（10）：26-34．

［59］任嘉敏，郭付友，赵宏波，等．黄河流域资源型城市工业绿色转型绩效评价及时空异质性特征［J］．中国人口·资源与环境，2023，33（6）：151-160．

［60］沈世铭，许睿，陈非儿．我国绿色低碳循环经济高质量发展的空间非均衡性及收敛性［J］．中国流通经济，2023，37（2）：18-30．

［61］生延超，周垚，许玲玲．经济高质量增长的驱动要素及作用机制的空间差异——黄河流域的实证研究［J］．经济地理，2022，42（6）：45-54．

［62］师博．黄河流域城市经济高质量发展的社会网络分析［J］．宁夏社会科学，2023，（6）：164-172．

［63］石常峰，俞越，吴凤平，等．近远程耦合视角下黄河流域产业虚拟水流动与水资源短缺风险传递［J］．自然资源学报，2024，39（1）：228-244．

［64］宋梅，郝旭光，张加，等．黄河流域矿业集聚对城市碳平衡的影响及传

导机制——基于空间溢出效应视角［J］．北京理工大学学报（社会科学版），2024，26（1）：58-73．

［65］宋瑞，胥英伟，史瑞应．黄河流域旅游产业效率评价与驱动力分析——基于 DEA 方法和空间杜宾模型的实证研究［J］．中国软科学，2022，（11）：26-36．

［66］睢党臣，张扬，孟望生．黄河流域经济绿色发展效率测度及其空间分异研究［J］．统计与决策，2023，39（2）：116-119．

［67］孙久文，崔雅琪，张皓．黄河流域城市群生态保护与经济发展耦合的时空格局与机制分析［J］．自然资源学报，2022，37（7）：1673-1690．

［68］陶晓华．黄河流域创新创业能力空间均衡程度及时空演变特征［J］．统计与决策，2024，40（1）：81-85．

［69］田刚元，陈富良．数字经济、产业集聚与黄河流域制造业高质量发展［J］．统计与决策，2022，38（21）：10-14．

［70］田泽，肖玲颖，任阳军．交通运输业碳排放强度的空间分异与收敛特征研究［J］．统计与决策，2023，39（20）：61-66．

［71］涂正革，王昆，谌仁俊．经济增长与污染减排：一个统筹分析框架［J］．经济研究，2022，57（8）：154-171．

［72］王菲，孙淑惠，刘天军．数字经济发展推进了农业生产方式变革吗——来自黄河流域地级市的证据［J］．中国农村经济，2023，（9）：122-143．

［73］王静，刘晶晶，宋子秋，等．黄河流域高质量发展的生态保护与国土空间利用策略［J］．自然资源学报，2022，37（11）：2930-2945．

［74］王军，车帅．黄河流域数字经济对高质量发展的影响——来自城市异质性的经验证据［J］．资源科学，2022，44（4）：780-795．

［75］王茹．人与自然和谐共生的现代化：历史成就、矛盾挑战与实现路径［J］．管理世界，2023，39（3）：19-30．

［76］王邵军，李晓冰．黄河流域高质量发展目标下非物质文化遗产与旅游业耦合协调发展研究——以山东省沿黄九市为例［J］．东岳论丛，2023，44（11）：132-147，192．

［77］王晓川，孙秋雨．黄河流域产业匹配动态演变及其对经济高质量发展的

影响——以高端服务业与先进制造业为例 [J]. 经济问题, 2023, (6): 120-129.

[78] 王一鸣. 百年大变局、高质量发展与构建新发展格局 [J]. 管理世界, 2020, 36 (12): 1-13.

[79] 王兆峰, 李静怡. 黄河流域旅游发展与生态环境耦合协调时空演变及交互胁迫关系验证 [J]. 长江流域资源与环境, 2022, 31 (2): 447-460.

[80] 王兆华, 邹朋宇, 李浩, 等. 经济-能源-水耦合视角下黄河流域区域协同发展路径 [J]. 中国人口·资源与环境, 2022, 32 (8): 10-19.

[81] 魏敏, 李书昊. 新时代中国经济高质量发展水平的测度研究 [J]. 数量经济技术经济研究, 2018, 35 (11): 3-20.

[82] 邬彩霞. 中国低碳经济发展的协同效应研究 [J]. 管理世界, 2021, 37 (8): 105-117.

[83] 武宵旭, 任保平, 葛鹏飞. 黄河流域技术创新与绿色发展的耦合协调关系 [J]. 中国人口·资源与环境, 2022, 32 (8): 20-28.

[84] 席振鑫, 马丽, 金凤君, 等. 黄河流域典型资源型城市工业转型的时空特征、类型与路径 [J]. 资源科学, 2023, 45 (10): 1977-1991.

[85] 徐祥民, 孙喜雨. 流域绿色高质量发展及其环境法保障——"黄河流域发展会议"引发的思考 [J]. 河南大学学报 (社会科学版), 2022, 62 (1): 35-41, 153.

[86] 徐勇, 王传胜. 黄河流域生态保护和高质量发展: 框架、路径与对策 [J]. 中国科学院院刊, 2020, 35 (7): 875-883.

[87] 许宪春, 任雪, 常子豪. 大数据与绿色发展 [J]. 中国工业经济, 2019 (4): 5-22.

[88] 许玉洁, 刘曙光. 黄河流域绿色创新效率空间格局演化及其影响因素 [J]. 自然资源学报, 2022, 37 (3): 627-644.

[89] 薛明月. 黄河流域经济发展与生态环境耦合协调的时空格局研究[J]. 世界地理研究, 2022, 31 (6): 1261-1272.

[90] 闫丽洁, 赵永江, 邱士可, 等. 黄河流域高质量发展指标体系构建与评价——以河南段为例 [J]. 地域研究与开发, 2022, 41 (6): 37-43.

[91] 杨慧芳, 张合林. 黄河流域生态保护与经济高质量发展耦合协调关系评价 [J]. 统计与决策, 2022, 38 (11): 114–119.

[92] 杨伟民. 贯彻中央经济工作会议精神推动高质量发展 [J]. 宏观经济管理, 2018, (2): 13–17.

[93] 杨耀武, 张平. 中国经济高质量发展的逻辑、测度与治理 [J]. 经济研究, 2021, 56 (1): 26–42.

[94] 姚璐, 王书华. 黄河流域金融集聚对绿色经济效率影响的空间溢出效应研究——兼论环境规制的调节作用 [J]. 地理科学, 2023, 43 (10): 1783–1792.

[95] 易淼, 任毅. 五大发展理念: 中国特色社会主义政治经济学的重要拓展 [J]. 财经科学, 2016, (4): 50–57.

[96] 尹艳林. 切实推动高质量发展: 经验、要求与任务 [J]. 经济研究, 2023, 58 (8): 32–42.

[97] 于法稳, 林珊, 王广梁. 黄河流域县域生态治理的重点领域及对策研究 [J]. 中国软科学, 2023, (2): 104–114.

[98] 岳立, 闫慧贞. 黄河流域技术进步对资源型城市绿色发展影响 [J]. 科学学研究, 2023, 41 (9): 1615–1626, 1637.

[99] 云小鹏. 黄河流域城镇化与生态环境耦合协调测度及交互关系研究 [J]. 经济问题, 2022, (8): 86–95.

[100] 詹玉华, 金小方. 当代中国生态经济理论的思想来源与构建 [J]. 华东经济管理, 2017, 31 (7): 62–67.

[101] 张安忠. 黄河流域文化产业高质量发展水平评价 [J]. 统计与决策, 2023, 39 (4): 127–131.

[102] 张国兴, 张婧钰. 黄河流域资源型城市高质量发展的时空演变 [J]. 中国人口·资源与环境, 2023, 33 (2): 124–133.

[103] 张军扩, 侯永志, 刘培林等. 高质量发展的目标要求和战略路径 [J]. 管理世界, 2019, 35 (7): 1–7.

[104] 张明斗, 李学思. 黄河流域市域大气污染治理效率的空间关联网络及其驱动因素 [J]. 经济地理, 2023, 43 (8): 62–72.

[105] 赵剑波,史丹,邓洲.高质量发展的内涵研究[J].经济与管理研究,2019,40(11):15-31.

[106] 者彩虹,韩燕.黄河流域绿色发展效率时空分异与空间驱动[J].统计与决策,2022,38(21):87-92.

[107] 钟顺昌,邵佳辉.黄河流域创新发展的分布动态、空间差异及收敛性研究[J].数量经济技术经济研究,2022,39(5):25-46.

[108] 周光迅,郑珺.习近平绿色发展理念的重大时代价值[J].自然辩证法研究,2020,36(3):116-121.

[109] 周珂,蒋昊君.整体性视阈下黄河流域生态保护体制机制创新的法治保障[J].法学论坛,2023,38(3):86-96.

[110] 周清香,李仙娥.数字经济与黄河流域高质量发展:内在机理及实证检验[J].统计与决策,2022,38(4):15-20.

[111] 周文慧,钞小静.黄河流域数字基础设施、经济发展韧性与生态环境保护的耦合协调发展分析——基于三元系统耦合协调模型[J].干旱区资源与环境,2023,37(9):1-9.

[112] 周晓艳,郝慧迪,叶信岳,等.黄河流域区域经济差异的时空动态分析[J].人文地理,2016,31(5):119-125.

[113] 朱竑,陈晓亮,尹铎.从"绿水青山"到"金山银山":欠发达地区乡村生态产品价值实现的阶段、路径与制度研究[J].管理世界,2023,39(8):74-91.

[114] 诸大建,臧漫丹,朱远.C模式:中国发展循环经济的战略选择[J].中国人口·资源与环境,2005,(6):8-12.

[115] 庄贵阳,潘家华,朱守先.低碳经济的内涵及综合评价指标体系构建[J].经济学动态,2011,(1):132-136.

[116] 左其亭,张志卓,马军霞.黄河流域水资源利用水平与经济社会发展的关系[J].中国人口·资源与环境,2021,31(10):29-38.

[117] AN, S., ZHANG, S., HOU, H., et al. Coupling coordination analysis of the ecology and economy in the Yellow River Basin under the background of high-quality development [J]. Land, 2022, 11(8):1235.

[118] GUO, S., WU, C., WANG, Y., et al. Threshold effect of ecosystem services in response to climate change, human activity and landscape pattern in the upper and middle Yellow River of China [J]. Ecological Indicators, 2022, 136, 108603.

[119] KOSOY, N., CORBERA, E. Payments for ecosystem services as commodity fetishism [J]. Ecological Economics, 2010, 69 (6): 1228-1236.

[120] LI, C., WU, J. Land use transformation and eco-environmental effects based on production-living-ecological spatial synergy: Evidence from Shaanxi Province, China [J]. Environmental Science and Pollution Research, 2022, 29 (27): 41492-41504.

[121] LIU, K., QIAO, Y., SHI, T., ZHOU, Q. Study on coupling coordination and spatiotemporal heterogeneity between economic development and ecological environment of cities along the Yellow River Basin [J]. Environmental Science and Pollution Research, 2021, 28: 6898-6912.

[122] LOU, Y., YANG, D., ZHANG, P., et al. Multi-scenario simulation of land use changes with ecosystem service value in the Yellow River Basin [J]. Land, 2022, 11 (7): 992.

[123] QIU, M., YANG, Z., ZUO, Q., et al. Evaluation on the relevance of regional urbanization and ecological security in the nine provinces along the Yellow River, China [J]. Ecological Indicators, 2021, 132, 108346.

[124] SHEN, W., ZHENG, Z., QIN, Y., LI, Y. Spatiotemporal characteristics and driving force of ecosystem health in an important ecological function region in China [J]. International Journal of Environmental Research and Public Health, 2020, 17 (14): 5075.

[125] SHI, F., LIU, S., SUN, Y., et al. Ecological network construction of the heterogeneous agro-pastoral areas in the upper Yellow River basin [J]. Agriculture, Ecosystems & Environment, 2020, 302, 107069.

[126] TANG, J., ZHOU, L., DANG, X., et al. Impacts and predictions of urban expansion on habitat quality in the densely populated areas: A case study of the Yellow River Basin, China [J]. Ecological Indicators, 2023, 151, 110320.

[127] WANG, Z., CHEN, Q. Comprehensive partitions and optimisation strategies based on tourism urbanization and resources environment carrying capacity in the Yellow River Basin, China [J]. Environmental Science and Pollution Research, 2022, 29 (16): 23180-23193.

[128] WU, H., FANG, S., ZHANG, C., et al. Exploring the impact of urban form on urban land use efficiency under low-carbon emission constraints: A case study in China's Yellow River Basin [J]. Journal of Environmental Management, 2022, 311, 114866.

[129] YANG, X., LIU, S., JIA, C., LIU, Y., YU, C. Vulnerability assessment and management planning for the ecological environment in urban wetlands [J]. Journal of Environmental Management, 2021, 298, 113540.

[130] YU, H., HUANG, J., JI, C., LI, Z. A. Construction of a landscape ecological network for a large-scale energy and chemical industrial base: a case study of Ningdong, China [J]. Land, 2021, 10 (4): 344.

[131] YUAN, X., SHENG, X., CHEN, L., et al. Carbon footprint and embodied carbon transfer at the provincial level of the Yellow River Basin [J]. Science of The Total Environment, 2022, 803, 149993.

[132] ZHANG, C., ZHAO, L., ZHANG, H., et al. Spatial-temporal characteristics of carbon emissions from land use change in Yellow River Delta region, China [J]. Ecological Indicators, 2022, 136, 108623.

[133] ZHANG, H., DUAN, Y., HAN, Z. Research on spatial patterns and sustainable development of rural tourism destinations in the Yellow River Basin of China [J]. Land, 2021, 10 (8): 849.

[134] ZHANG, H., SUN, Y., ZHANG, W., et al. Comprehensive evaluation of the eco-environmental vulnerability in the Yellow River Delta wetland

[J]. Ecological Indicators, 2021, 125, 107514.

[135] ZHANG, Y., XU, X. Carbon emission efficiency measurement and influencing factor analysis of nine provinces in the Yellow River basin: Based on SBM-DDF model and Tobit-CCD model [J]. Environmental Science and Pollution Research, 2022, 29 (22): 33263-33280.

[136] ZHANG, Y., GENG, W., ZHANG, P., et al. Dynamic changes, spatiotemporal differences and factors influencing the urban eco-efficiency in the lower reaches of the Yellow River [J]. International Journal of Environmental Research and Public Health, 2020, 17 (20): 7510.

[137] ZHAO, Y., HOU, P., JIANG, J., et al. Coordination study on ecological and economic coupling of the Yellow River Basin [J]. International Journal of Environmental Research and Public Health, 2021, 18 (20): 10664.

[138] ZHOU, Z., SUN, X., ZHANG, X., WANG, Y. Inter-regional ecological compensation in the Yellow River Basin based on the value of ecosystem services [J]. Journal of Environmental Management, 2022, 322, 116073.